高等职业教育航空运输类专业系列教材
国家级职业教育专业教学资源库/陕西省精品在线开放课程配套教材
陕西省“十四五”首批职业教育规划教材

民航国内客票销售

（第二版）

主　编　先梦瑜
副主编　王　珺　王　帅　李　超

科 学 出 版 社
北　京

内 容 简 介

本书围绕民航客票销售岗位的工作内容展开编写，依托中国民航订座系统的操作，从知识储备、售前准备、客票销售、售后服务、技能拓展五个方面进行了比较系统全面的介绍，将民航客票销售的知识、岗位操作技能介绍给学生。全书以任务教学法为主线进行编排，由案例引入学习知识点，激发学生的学习兴趣，民航订座系统的实际操作部分附有详细图解，方便学生学习掌握。

本书既可作为高等职业院校民航运输服务类专业的教材，也可供民航客票销售岗位工作人员培训参考使用。

图书在版编目（CIP）数据

民航国内客票销售 / 先梦瑜主编. —2 版. —北京：科学出版社，2024.2
（高等职业教育航空运输类专业系列教材）
ISBN 978-7-03-071151-9

Ⅰ. ①民…　Ⅱ. ①先…　Ⅲ. ①民用航空-旅客运输-售票-中国-高等职业教育-教材　Ⅳ. ①F562.5

中国版本图书馆 CIP 数据核字（2021）第 259602 号

责任编辑：高立凤　都　岚 / 责任校对：赵丽杰
责任印制：吕春珉 / 封面设计：东方人华平面设计部

科学出版社 出版
北京东黄城根北街 16 号
邮政编码：100717
http://www.sciencep.com
三河市中晟雅豪印务有限公司印刷
科学出版社发行　各地新华书店经销
*
2010 年 2 月第　一　版　开本：787×1092　1/16
2024 年 2 月第　二　版　印张：14 1/4
2024 年 2 月第十五次印刷　字数：330 000
定价：59.00 元
（如有印装质量问题，我社负责调换〈中晟雅豪〉）
销售部电话 010-62136230　编辑部电话 010-62135319-2052

第二版前言

党的二十大报告指出："培养造就大批德才兼备的高素质人才，是国家和民族长远发展大计。"职业教育要实现高质量发展，必须坚持人才是第一资源，不断完善应用型人才培养体系。"十四五"时期是民航强国"转段进阶"迈向高质量发展的重要时期，我国民航运输业对于高素质复合型人才的需求，尤其对于具有扎实基础理论知识、全球化视野与业务能力、职业素养全面发展的人才需求十分迫切。在当前民航运输业高质量发展的背景下，对民航运输服务类专业的人才需求也显得极为迫切，而高质量教材有助于培养高水平的民航运输服务人才。

本书在第一版的基础上，根据岗位工作内容的变化对全书结构进行了调整，以活页式形式进行教材编写，增加了岗位的技能拓展模块，全书配套省级精品在线开放课程资源（https://www.xueyinonline.com/detail/236314927）。一方面，满足了职业院校师生教学的需要；另一方面，满足了学习者的需要。通过本书的学习，学生可以掌握民航客票销售工作的相关技能。

本书由先梦瑜担任主编，由王珺、王帅、李超担任副主编。具体编写分工如下：项目一、项目四由西安航空职业技术学院王珺编写，项目二由三亚航空旅游职业学院李超编写，项目三由西安航空职业技术学院先梦瑜编写，项目五由北京汇佳职业学院王帅编写。全书由先梦瑜统稿并审定。

本书在编写过程中得到了成都民航西南凯亚有限责任公司、上海兰鸿教育科技有限公司的指导和帮助，在此谨向他们表示真诚的感谢。

由于编者水平有限，书中难免存在不当与疏漏之处，敬请业内人士及广大读者提出宝贵意见。

先梦瑜

2023 年 10 月

第一版前言

近年来，随着国民经济的不断发展、机场及相关配套服务设施的扩建与完善，越来越多的旅客选择了乘坐飞机出行。民航客票销售作为旅客运输服务的首要服务，在整个运输过程中起着至关重要的作用，客票销售工作做得好不好，直接影响旅客的后续旅行。

民航经济的快速发展，也带动了我国民航职业教育的发展。目前，国内开设民航国内客票销售课程的院校较多，但在教材的选取方面存在一定困难。市场上可供选用的教材存在知识点落后、与工作内容不匹配等现象，给教师教学带来一定的困难，也使培养出的人才不能完全满足企业的需求。针对此现象，我们在对民航客票销售行业调研的基础上，制定了编写大纲，力求教材内容充分满足行业需求。

本书分为知识篇和技能篇。知识篇主要介绍与民航客票销售工作相关的民航基础知识，包括民航运输业务基础知识、民航运输业概况、国内航空公司概况、城市机场三字代码、客票常识等内容，旨在让读者更好地掌握航班信息，为后面学习民航客票销售技能操作打下良好基础。技能篇主要以民航客票销售工作中的三大内容为主进行编写，包括航班信息查询、旅客订座记录的处理及异常票务的处理。

本书知识篇单元 1 由王锐编写，单元 2 由李娜娜编写。技能篇项目 1 由李超编写；项目 2 由许越男编写；项目 3 的任务 1～任务 4 由先梦瑜编写，任务 5 由唐忍雪编写，任务 6 由罗良翌编写；项目 4 由胡涛编写。全书由唐忍雪统稿并审定。

编者希望通过本书，能够使读者全面了解民航国内客票销售工作内容，掌握民航客票销售工作技能。同时，希望通过本书与行业工作人员进行探讨，为提高民航国内客票销售服务人员的业务水平作出应有的贡献。

本书在编写过程中得到许多民航客票销售行业人士的热情指导和帮助，在此谨向他们表示真诚的感谢。

由于编者水平有限，书中难免存在不当之处，敬请广大业内人士及读者提出宝贵意见。

编　者

2011 年 8 月

目　　录

项目1 知识储备

随着我国经济的快速发展，航空运输需求不断增多。如何高效地服务于航空旅客并提高旅客的出行体验质量，一直以来都是民航服务工作的核心和重点。本项目结合民航运输服务类专业的特点和先进理论，强化基础知识，集实用性、创新性于一体，使学生掌握民航基础知识外，还扩大了民航知识面、开拓了思路。本项目内容包括国内航空公司概况、民用机场概况、民航运输业务的基础知识、国内客票运价等业务知识。

知识目标

1. 掌握航线的规划标准。
2. 掌握航班号的编排规则。
3. 掌握航班计划的编排规则。
4. 掌握代码共享航班的运营规则。
5. 了解中国民航目前的运输规模。
6. 了解中国民航未来发展面临的机遇和挑战。
7. 掌握中国航空运输市场格局。
8. 掌握各航空公司的发展运营特点。
9. 掌握国内主要城市机场三字代码。

能力目标

1. 能够合理规划航线。
2. 能够合理编排航班号。
3. 能够合理编排航班计划。
4. 能够利用代码共享航班运营规则为航空公司培育新市场、拓展航线网络。
5. 能够分析民航发展面临的机遇，采取措施迎接挑战。

考证标准

中国航信BSP[①]自动出票证书。

① BSP中性机票（billing and settlement plan，BSP），即开账与结算计划，它是国际航空运输协会根据运输代理业的发展和需要而建立，供航空公司和代理人之间使用的销售结算系统。

学习笔记

任务 1　民航运输业务概述

知识目标

1. 掌握航线的规划标准。
2. 掌握航班号的编排规则。
3. 掌握航班计划的编排规则。
4. 掌握代码共享航班的运营规则。
5. 了解中国民航未来发展面临的机遇和挑战。

能力目标

能够正确阐述当前中国航空运输市场局势。

素质目标

培养民航人应有的良好的政治素质与职业素质。

案例引入

基于自身发展战略的需要和全球航空运输业合作模式的新趋势，2018 年 11 月 15 日，中国南方航空股份有限公司（以下简称“南航”）决定自 2019 年 1 月 1 日起不再续签天合联盟成员协议，并在 2019 年内完成各项过渡工作。根据公告，退出天合联盟后，南航通过双边合作方式与天合联盟成员航空公司继续保持原有代码共享合作，与天合联盟成员厦门航空、法国航空、荷兰皇家航空、达美航空、大韩航空、中东航空、捷克航空、台湾中华航空、越南航空、欧罗巴航空、阿根廷航空、意大利航空、俄罗斯航空、沙特航空继续保持常旅客合作。南航明珠俱乐部会员乘坐以上天合联盟合作伙伴航班将继续享有里程累积、兑换及精英会员服务权益。

南航表示，自 2020 年 1 月 1 日（含）起，南航正式启用“南航优享 CZ Priority”服务品牌，取代“天合优享 Sky Priority”，确保南航金、银卡会员及以上天合联盟合作伙伴 Elite/ Elite Plus 会员搭乘南航航班时享受的权益不变，包括优先值机、优先行李、优先登机、享用贵宾休息室等。此外，南航还表示，除天合联盟合作伙伴外，南航已加快扩大全球“朋友圈”，与美航、英航、芬兰航、阿联酋航、卡塔尔航、澳航、日航等开展双边代码共享合作，网络通达世界各地，旅客可通过南航及其合作伙伴往返全球各主要城市。

学习笔记

请思考：航空公司加入航空联盟有哪些好处？

案例分析

航空联盟是两家或两家以上航空公司之间所达成的合作协议，提供全球的航空网络，加强国际联系，并使跨国旅客在转机时更方便。代码共享，航空联盟可提供更大的航空网络，共用维修设施、运作设备、职员，相互支援地勤与空勤作业以降低成本。

情景1 民航运输业务基础知识

航班计划是航空公司最重要的生产作业计划，航线的开辟与调整、航班号的编排都属于航班计划的内容。将航线分解为航段，通过对航段空运业务量的大小和运输能力利用情况的统计，能够准确地反映航空运输生产状况，从而为规划航线、安排航班、调配运力提供统计信息。代码共享航班的出现有助于航空公司扩展航线网络，提高运营效率，增强竞争能力。

1. 航线

（1）定义

飞机飞行的路线称为空中交通线，简称航线。飞机的航线不仅确定了飞机飞行的具体方向、起讫点和经停点，而且还根据空中交通管制的需要，规定了航线的宽度和飞行高度，以维护空中交通秩序，保证飞行安全。

（2）分类

按照飞机飞行的起讫点，航线可分为国际航线、国内航线和地区航线三大类。

1）国际航线是指飞行路线连接两个或两个以上国家的线路，如北京—慕尼黑、北京—首尔—洛杉矶航线。

2）国内航线是指在一个国家内部的航线，它又可分为干线、支线和地方航线三类。

3）地区航线是指在一国之内，连接普通地区和特殊地区的航线，如港澳台地区航线。

另外，航线还可分为固定航线和临时航线。临时航线通常不得与航路、固定航线交叉或是通过飞行频繁的机场上空。

截至2022年，我国共有定期航班航线4 670条，国内航线4 334条，其中港澳台地区航线27条，国际航线336条。按重复距离计算的航线里程为1 032.79万千米，按不重复距离计算的航线里程为699.89万千米。定期航班国内通航城市（或地区）249个（不含港澳台地区），国际定期航班通航50个国家的77个城市，内地航空公司定期航班从20个内地城市通航香港，从5个内地城市通航澳门，大陆航空公司从7个大陆城市通航台湾地区。

学习笔记

（3）航线网络

航线网络是指某一地域内的航线按一定方式连接而成的构造系统，航线网络由机场、航线和飞机等要素构成，其中机场和航线构成了航空运输的空间分布，决定了航空运输地面和空中保障能力。

航线网络是航空公司航班计划和机组安排等运行计划的先决条件，对航空公司的运行效率和客户的服务质量有着重要的影响作用，是航空公司生存和发展的基础。

目前，民航运输航线结构的主要形式有以下三种。

1）轴心辐射式。

以大城市为中心，大城市之间建立干线航线，同时以支线航线形式由大城市辐射至附近各个小城市，以汇集和疏散旅客与货物。这是一种比较先进的航线网络结构，其优点是能够节省大量资金，将有限的资金集中于大型中心骨干机场的建设，促使现有运力发挥最大效率，提高航班密度和客座利用率，进而降低票价。但这种网络势必增加旅客中转次数，给旅客出行带来不便。这种航线网络结构约在 20 世纪 80 年代中期开始运行，目前国际上一些发达航空公司都采用这种航线网络结构。

2）城市对式。

城市对式是最早的航线网形式，即两个城市间开通往返航班，把城市两两连接起来组成一个航线网。中国的航线结构主要是城市对式。它的优点是航线之间互不相关、操作简单、容易控制，缺点是不能有效地组织和利用航路资源和乘客资源。

3）城市串式。

城市串式结构的特点是一条航线由若干航段组成，航班在途中经停获得补充的客货源，以弥补起讫航站之间的运量不足。它的优点是航班在途中经停可获得补充的客货源，提高飞机的利用率、载运率和客座率，节省运力，缺点是容易造成航班延误和影响正常的运力调配。

（4）航线的开辟

航线的开辟是指在原来没有航线的情况下，建立各种基础设施和服务系统，使航空器得以运行，这项工作主要由民航主管当局统一规划并协调工作的进程。内容涉及国民经济中统一运输网的建立、全国机场的合理布局、生产力的配置、城市发展规划、国家基本建设投资、运输工具的选型及运输能力的发展规划等一系列需要进行全面规划与综合平衡的重大问题。

航空公司要经营某条航线必须考虑以下三个方面的因素：①应该考虑这条航线的市场状况，包括市场的大小、市场预测、市场竞争情况及可能占据的市场份额；②技术要求，即要有怎样的机队、选用怎样的机型及相应的维修训练等配套设备和各类专业人员的水平；③在满足前两项要求

学习笔记

后，应作出合理的班次计划、预测收入及利润水平。决定投入航线后，应向主管当局申请，经审查批准后可以开航。其中，最重要的依据就是航空运输市场需求，尤其要注意摸清旅客、货物航空运输的原始出发地和最终目的地，即人们常说的O&D（original and destination，出发地和目的地）需求，根据 O&D 需求来安排航空公司的航线。假设甲航空公司执飞湛江—上海的451航班，乙航空公司执飞上海—福州—新加坡的329航班。如果甲航空公司发现 451 航班上有相当数量的旅客需要取道上海前往新加坡，在符合中、新两国政府双边航空协议的条件下，甲公司应当考虑开辟湛江至新加坡的航线。新航线的开辟需要考虑经营该航线的经济效益，但并不意味着每条航线都要盈利。对于具体某一条航线来说，它有可能正处于市场培养期，目前尚不能盈利，但发展潜力很大；也有些航线虽然自身不盈利，但能够为其他航线带来运量，对于航空公司的整个航线网络具有重要贡献，这样的航线应当继续经营下去。评价航线经济价值的基本标准是航班运输收入大于航班经营的变动成本。

2. 航段

航段是指在航线上各经停点之间的航程。有的航线只有一个航段，有的则由几个航段组成。直达航线只有一个航段，非直达航线则有两个或两个以上航段，如乌鲁木齐—武汉—广州航线，就是由乌鲁木齐—武汉、武汉—广州两个航段所组成。一个航段两端都在国内的称为国内航段，有一端或两端都在国外的称为国际航段。同一航线上的不同航段，由于其所处的地理位置不同、经济环境不同，空运业务量的大小也不相同。因此，有必要将航线分解为航段，通过航段运量统计来观察每个航段空运业务量的大小和运输能力的利用情况，以便更准确地反映航空运输生产状况，为规划航线、安排航班、调配运力提供统计信息。

3. 航班

（1）定义

按照民航管理局批准的民航运输飞行班期时刻表、使用指定的航空器、沿规定的航线，在指定的起讫经停点停靠的客货邮运输飞行服务，称为航班。

航班号即航班编号，是指为了便于区别和业务处理，民航运输企业按照一定的办法，给各个航班以不同的号码，并加上航空公司的代码组成航班号。目前，我国国内编号由执飞航空公司二字英文代码和四位阿拉伯数字组成，四位数字中的第一位是执飞该航班的航空公司的航班数字代号，第二位数字是航班终点站所属民航管理局的数字代号，第三位和第四位数字是航班的顺序号。其中，单数表示去程（由飞机基地飞出的航程），双数表示回程（飞回基地的航程）。

学习笔记

区域编号表示如下：“1”为华北，“2”为西北，“3”为华南，“4”为西南，“5”为华东，“6”为东北，“7”为海南，“8”为厦门，“9”为新疆。

中国民航业逐步与国际接轨后，民营资本能否进入中国民航业，能否通过民营资本为中国民航业带来新活力，成为主管部门不得不思考的问题。为了避免恶性竞争，同时为了鼓励民营资本进入中国民航业，国务院颁布《公共航空运输企业经营许可规定》，放宽对民营资本的市场准入条件，对民营投资主体投资组建公共航空运输企业不作限制，鼓励民营资本进入中国民航业、放松航线准入、放松价格管制，奥凯航空有限公司（以下简称“奥凯航空”）、春秋航空股份有限公司（以下简称“春秋航空”）、上海吉祥航空股份有限公司（以下简称“吉祥航空”）等一大批民营航空企业以各具特色的方式参与市场竞争，成为我国民航业新的生力军。截至 2022 年年底，全国共有 65 家航空公司，现有的区域编号不能满足这些要求，因此前两位区域编号不一定符合新发展的航空公司，但后两位航班编号依然以奇数代表飞出基地的航班，偶数代表飞回基地的航班。

（2）分类

1）按照运输飞行的去向分类。

按照运输飞行的去向，航班可分为去程航班和回程航班。去程航班是指从航空公司机队所在基地出发的飞行航班。回程航班是指返回机队所在基地的飞行航班。

2）按照民航运输飞行的时间规律分类。

按照民航运输飞行的时间规律，航班可分为定期航班和不定期航班。定期航班是指按向社会公布的航班时刻表，按照规定的航线、机型、日期、时刻运营的航班。定期航班是民航运输的基本形式，是航空公司赖以生存的主要生产方式。因此，衡量航空公司的生产水平时，总是以定期航班的运输周转量为主要生产目标。不定期航班是指航空公司根据运输需要提供的非规则性飞行服务，如包机运输飞行。这类航班没有固定的航班飞行时刻表，也没有固定的飞行航线，通常是根据运输需要和合同需求安排机型、飞行时刻、飞行航线和运价。

（3）航班计划的内容

航班计划是航空公司最重要的生产作业计划，是组织与协调航空运输生产活动的基本依据。从飞机调配、空勤组排班，到座位销售、地面运输服务组织，航空公司运输生产过程的各个环节，都要依据航班计划进行组织与安排。航班计划的内容主要包括航线、机型、航班号、每周班次、班期、时刻。

（4）航班计划的编排

1）时间要求。

为了适应空运需求的季节性变化，目前我国的航空公司每年编制两期航班计划，一期是夏秋航班计划，自当年 3 月的最后一个星期天至当年

学习笔记

10月的最后一个星期六执行；另一期是冬春航班计划，自当年10月的最后一个星期天至来年3月的最后一个星期六执行。航空公司需提前10个月左右开始编制航班计划，提前半年做出航班计划草案，报中国民用航空局（以下简称“民航局”）审核，并在民航局召开由航空公司、机场、空中交通管理部门参加的航班协调会上进行平衡和协调。航班计划正式确定之后，要在执行前两个月左右进入销售系统，在执行前一个月左右以班期时刻表的形式向社会公众公布。

2）航班计划的编制过程。

第一，需要对航空运输生产的外部环境和内部条件进行调查研究和预测。

第二，提出一定时期内的航空运输周转量、运输量、运输收入及市场占有率等目标。

第三，编制草案。这是编制航班计划的核心环节，主要工作是逐条对航线进行分析，根据企业内外条件和发展目标，对每条航线的机型、每周班次、班期时刻等提出安排意见。

第四，综合平衡，确定航班计划。航班计划草案初步形成后，还需要对飞机使用、航线班期密度、机场工作量等进行一系列的平衡工作，才能生成正式的航班计划。

第五，航班计划的执行与调整。航班计划确定之后，航空公司要在正式执行前向社会公众公布，并严格按计划执行定期飞行。机务部门要按照航班计划安排飞机的使用，航务部门要按照航班计划进行机组和乘务组排班，销售部门按照航班计划进行座位销售。当遇到特殊原因，如天气变化、需求量大量减少等情况，需要对航班计划中的机型、班次进行调整（如取消航班、合并航班等），做出调整方案，然后报公司主管部门批准，并注意切实安排好已订座旅客的行程。

4. 代码共享

（1）定义

代码是指由国际航空运输协会（International Air Transport Association，IATA）提供的、用以在旅客机票、计算机订座系统、航空运输指南和机场信息牌上区分航空公司的名称代码。

代码共享（code-sharing）是指由一家航空公司营销，由另一家航空公司运营的航班。也就是说，旅客在全程旅行中有一段航程或全程航程在A航空公司购买的机票，实际乘坐的是B航空公司航班，那么A和B的此航班号为代码共享。这对航空公司而言，不仅可以在不投入成本的情况下完善航线网络、扩大市场份额，而且越过了某些相对封闭的航空市场的壁垒。对于旅客而言，则可以享受更加便捷的服务。例如，众多的航班和时刻选择，一体化的转机服务、优惠的环球票价、共享的休息厅及常旅客计

学习笔记

划等。因为代码共享优化了航空公司的资源，并使旅客受益匪浅，所以它于 20 世纪 70 年代在美国国内市场诞生后，短短 20 年便已成为全球航空运输业最流行的合作方式。

（2）代码共享的两种形式

代码共享分为互补代码共享和平行代码共享。互补代码共享是指两家相互合作的航空公司，通过代码共享把它们相互独立的航线相连接，形成一个新的互补型航线网络，但每家航空公司仍经营它原有的航线。平行代码共享是指代码共享的航空公司在同一条航线上经营，相互竞争的承运人在资源和运营方面进行合作，提供更高频率的航班运输。

（3）代码共享的发展历史

代码共享诞生于 20 世纪 70 年代的美国国内市场。当时美国的航空业经营远程及骨干航线的主要由航空公司和经营短程支线的区域性航空公司组成。为了占据支线市场，美国各主要航空公司纷纷以订立合同、投资参股等方式，支持甚至拥有为自身干线网络服务的支线公司。在经营中，各主要航空公司直接安排持有本公司联程客票的旅客乘坐支线航班，这样一来，经营干线的主要航空公司实际上使用了非本公司营运的小型支线飞机来替代自己的飞机营运支线市场。这样既避免了因无法经营支线航班而损失客源，又达到了在支线市场上维护本公司市场形象的目的。这就是最早出现的代码共享，即在航空公司的营运中，在同一架飞机上同时使用两家航空公司的不同代号。

20 世纪 80 年代以后，美国的大航空公司开始将代码共享的做法用于国际运输。为了占据加勒比海地区的支线市场，美国的泛美航空公司与加勒比海地区国家的支线公司签署代码共享协议。泛美航空公司在拥有了“有限经营”其本无权经营的国际航线之后，代码共享开始引起国际航空界的普遍关注，各国航空公司开始意识到代码共享的国内和国外应用价值，代码共享的应用深度也逐步拓展，与协调航班、共享服务设施等手段配合使用，形成了一套新的合作方式。

1998 年 8 月 18 日，中、美两国的航空公司第一对代码共享合作伙伴［美利坚航空公司与中国东方航空股份有限公司（以下简称“东航”）］之间的代码共享协议开始正式实施。中国国际航空股份有限公司（以下简称“国航”）随即和美国西北航空公司签署了跨太平洋中美航线的协议，这是中国民航参与国际代码共享经营的开始。

（4）代码共享航班的意义

1）合作互补，提高运载率，增加航班频率。

通过代码共享，拥有航权的公司授权其他航空公司以本公司的名义运营，营运共享公司利用非营运公司的市场开拓和旅客数量达到维持航班的目的，非营运公司则在不增加运力投入的情况下维持“运营”。例如，中

学习笔记

国三大航空运输集团基本不经营延安—西安这样的短程国内航线，但为了保证它们在西安—广州、西安—上海、西安—北京、西安—昆明等干线运营的较高客座率，它们可允许海南航空控股股份有限公司（以下简称“海南航空”）、幸福航空公司等地方航空公司使用其航班号码，甚至其公司名称，为西安这一中型枢纽输送和疏散旅客。美国国内市场95%的短程旅客都是以这种方式承运的。在国际民航运输市场的情况也是如此，通过代码共享，航空公司之间获得“双赢”。例如，荷兰皇家航空公司与日本航空公司在1993年签订了东京—阿姆斯特丹—马德里和东京—阿姆斯特丹—苏黎世航线的代码共享协议，日本航空公司经营东京—阿姆斯特丹航段，荷兰皇家航空公司经营欧洲境内阿姆斯特丹—苏黎世、阿姆斯特丹—马德里等航线。这样，日本航空公司利用代码共享代替了它原有的东京—苏黎世和东京—马德里的无停留航班，大大提高了东京—阿姆斯特丹的航班频率。同时，荷兰皇家航空公司在阿姆斯特丹至欧洲境内其他目的地航线的运载率和航班频率也大大提高。

2）开辟新航线，培育新市场，拓展航线网络。

对于单个航空公司来说，新航线的开辟一般需要投入新的人力、运力、设备等，这意味着大量资金的占用和很高的投资风险，单个航空公司往往承受不起，从而使新市场的开拓变得较为困难。例如，华盛顿—维也纳之间有一定的市场潜力，但美、奥两国的航空公司都无法承担单独开辟直达航班的市场风险，在三角航空公司（以下简称“三角航”）和奥地利航空公司（以下简称“奥航”）实行代码共享后，奥航得以利用三角航所提供的一部分运量，使得直达航班达到或超过盈亏点，同时三角航则可以在不投入任何运力的情况下，在奥航的航班上“经营”华盛顿—维也纳航线。两公司协调运力销售，在一方的飞机上使用了各航空公司的航班号，使双方都达到了经营直达航班的目的，既开辟了新市场，又拓宽了原有的航线网络。

3）绕过双边政府协定，快速进入他国空运市场。

一般情况下，任何航空公司要想获得在其他国家的国内营运权（第六航权），都要由双方国家政府通过漫长的谈判按国际对等的原则协商批准，障碍很多，在参与航线运营后，不能随意退出。代码共享的最大优势就是可以“绕过”国际双边航空协定的约束，使航空公司在其有权经营的航线以外的航线上实际使用本公司的航班号客票，经营它本来无权经营的国际航线。例如，东航与美利坚航空公司在1998年8月18日签署代码共享协议后，东航到达洛杉矶的航班可连接纽约、芝加哥、华盛顿、达拉斯四个城市，不同的是这几个航段都是由美利坚航空公司运营，但它挂有东航的航班代码，其中一些乘客持有的机票是东航的机票。总之，代码共享已被世界绝大多数航空公司所采用，在20世纪90年代以后，航空联盟以10倍

学习笔记

的速度增长，其中70%是代码共享，其原因就是合作伙伴通过代码共享实现了航空网络的合并，航空公司可在不增加实际投入的情况下，在更广泛的地域范围内销售更多的机票，获得额外的运输量，从而降低成本。但在看到联盟航空公司效益提高和旅客受益的同时，还应看到代码共享是一个相对较新的商业航空运营实践，它的运用产生了一些新问题，对民航运输业的发展提出了挑战。

（5）代码共享航班引发的问题

代码共享改变了竞争格局，易于形成市场垄断。代码共享改变了航空公司各自为政的竞争格局，形成了联盟之间及联盟与非联盟航空公司之间的竞争，极易形成市场垄断。

代码共享限制了非代码共享公司的发展。代码共享在一定程度上提高了共享伙伴的市场份额和经济效益，但这往往是以没有参与代码共享协议的航空公司的客运量的流失为代价的。

代码共享和计算机订座系统（computer reservation system，CRS）的结合，形成了一种不正当的竞争手段。

代码共享对一个国家的民航产业政策法规构成挑战。跨国代码共享对一个国家的经济的影响也不容忽视。如果一个国家越来越多的远程航班由外国航空公司营运，将会导致本国航空产业萎缩，收入减少。

代码共享对于旅客影响深远。代码共享使旅客享受到更加便捷、丰富服务的同时（如众多的航班和时刻选择、一体化的转机服务、优惠的环球票价、共享的休息厅及常旅客计划等），也可能会给旅客造成以下不便：①由于代码共享的出现，航班数量呈几何级数增长，可能使旅客错过实际上更方便的联运航班，限制了旅客的自主选择权利；②代码共享协调航班的出现可能使城市对之间直达航班数量减少，增加旅客的中转和换机次数；③不利于交通量稀少航线上的旅客选择最合适的出行时间；④跨国共享中的服务语言问题，如果运营公司的机舱及机面服务人员不能流利使用共享公司所属国家的母语，也会给旅客带来不便。

情景2　国内航空公司概况

截至2022年，我国航空运输企业有65家。目前，我国的航空运输市场形成了一个三级市场格局，即以国航、东航、南航三大航空公司为主，海南航空、四川航空股份有限公司（以下简称“川航”）、深圳航空有限责任公司（以下简称“深航”）、山东航空股份有限公司（以下简称“山航”）、厦门航空有限公司（以下简称“厦航”）等中枢、区域性航空公司为辅，奥凯航空、春秋航空、成都航空股份有限公司等新兴航空公司为补充的航空运输体系。

1. 国航[①]

国航，英文名称为 Air China Limited，简称“Air China”，其前身为中国国际航空公司，成立于 1988 年。根据国务院批准通过的《民航体制改革方案》，2002 年 10 月，中国国际航空公司联合中国航空总公司和中国西南航空公司，成立了中国航空集团公司，并以联合三方的航空运输资源为基础，组建新的中国国际航空公司。2004 年 9 月 30 日，经国务院国有资产监督管理委员会批准，作为中国航空集团控股的航空运输主业公司，国航股份有限公司在北京正式成立。2004 年 12 月 15 日，国航在香港（股票代码 0753）和伦敦（交易代码 AIRC）成功上市。

国航的企业标志由一只艺术化的凤凰和“中国国际航空公司”及英文“AIR CHINA”构成，如图 1-1-1 所示。“凤凰”是中华民族远古传说中的祥瑞之鸟，为百鸟之王。国航的标志是凤凰，集中体现在“中国红 凤凰体 VIP”上。标志颜色为中国传统的大红，造型以简洁舞动的线条展现凤凰姿态，同时又是英文“VIP”（尊贵客人）的艺术变形。“凤凰者，仁鸟也”“见则天下宁”，凤凰“出于东方君子之国，翱翔四海之外”，撷英咀华，志存高远。国航推崇的凤凰精神的核心内涵是“传递吉祥，引领群伦，超越自我”。国航的愿景是“全球领先的航空公司”，使命是“安全第一，四心服务，稳健发展，成就员工，履行责任”，价值观是“人本，担当，进取，乐享飞行”，品牌定位是“专业信赖，国际品质，中国风范”。

图 1-1-1 国航标志

国航是中国唯一载国旗飞行的民用航空公司，是世界最大的航空联盟——星空联盟成员，也是 2008 年北京奥运会和残奥会官方航空客运合作伙伴、2022 年北京冬奥会和冬残奥会官方航空客运合作伙伴，具有国内航空公司第一的品牌价值（世界品牌实验室 2023 年评测为 2 351.62 亿元），在航空客运、货运及相关服务诸方面，均处于国内领先地位。

国航承担着中国国家领导人出国访问的专机任务，也承担许多外国元首和政府首脑在国内的专包机任务，这是国航独有的国家载旗航的尊贵地位。国航总部设在北京，辖有西南、浙江、重庆、天津、上海、湖北、新疆、广东、贵州、西藏和温州分公司，国航主要控股子公司有深航（含昆明航空有限公司）、山航、澳门航空股份有限公司、北京航空有限责任公司、大连航空有限责任公司、中国国际航空内蒙古有限公司、北京飞机维修工程有限公司、国航进出口有限公司、成都富凯飞机工程服务有限公司、中国国际航空汕头实业发展公司等；合营公司主要有北京集安航空资产管理有限公司、四川国际航空发动机维修有限公司等；另外，中国国航参股

① 国航概况内容来自国航官网。

学习笔记

国泰航空有限公司、山东航空股份有限公司、西藏航空有限公司等，且为山东航空集团有限公司的第一大股东。曾为国航控股、现同为中航集团所属的北京航空食品有限公司于 1980 年 5 月 1 日在北京成立，是我国《中外合资经营企业法》颁布后的第一家中外合资企业。

截至 2023 年 6 月 30 日，国航（含控股公司）共拥有以波音、空中客车为主的各型飞机 902 架，平均机龄 9.05 年，通过与星空联盟成员等航空公司的合作，将服务进一步拓展到 180 多个国家（地区）的 1 200 多个目的地。

国航致力于为旅客提供放心、顺心、舒心、动心的“四心”服务，拥有中国历史最长的常旅客计划——“国航知音”，又通过整合控股、参股公司多品牌常旅客会员，统一纳入“凤凰知音”品牌。国航坚持以客户为导向，持续提升服务品质，创新服务产品，满足旅客多元化、个性化的需求。国航具有很强的国内国际联程运输能力和销售网络，拥有广泛的高品质客户群体，已经成为众多中国政府机构及商务客户首选的航空公司。

国航拥有一支业务技术精湛、作风严谨、服务良好的飞行员和乘务员队伍。飞行队伍曾获得“国际民航组织荣誉奖章”“全国安全生产先进集体”“安全飞行标兵单位”等诸多荣誉，创造了堪称世界一流的安全飞行纪录，成功进行极地飞行，在飞行难度举世公认、曾经被国际民航界视为“空中禁区”的成都—拉萨航线上创造了安全飞行 58 年（截至 2023 年）的奇迹。空中乘务队伍具有良好的职业素质和敬业精神，致力于为旅客打造美好旅程，带给旅客独特、舒适的乘机体验。除中国籍乘务员外，日籍、韩籍、德籍、俄籍、泰籍、意籍乘务员陆续加盟，彰显了队伍的国际化水准。其中，“金凤”乘务组代表着国航空中服务的最高水平，2014 年被中央宣传部授予“时代楷模”称号。

国航的飞机拥有专业化、规范化的技术保障。2015 年 6 月，原国航工程技术分公司与原北京飞机维修工程有限公司进行资源整合，成立全新的北京飞机维修工程有限公司，总部设在北京，下辖华北航线中心、成都分公司、西南航线中心、飞机大修产品事业部、附件/起落架大修产品事业部、发动机/APU 大修产品事业部、飞机客舱产品事业部 7 个事业部，17 个运行和管理支持部门，以及重庆、杭州、天津、呼和浩特、上海、武汉、贵阳、大连、广州、温州等航线分公司，拥有 200 多个国内维修站点和国际维修站点，形成了辐射国内外的维修网络。国航机务系统持有中国民用航空局（Civil Aviation Administration of China，CAAC）、美国联邦航空局（Federal Aviation Administration，FAA）及欧洲航空安全局（European Union Aviation Safety Agency，EASA）等在内的近 30 个国家或地区颁发的维修执照，是民航局授权的民用航空器改装设计委任单位代表

（Designated Modification Design Organization Representative，DMDOR）并获得 EASA 设计机构批准，具备强大的维修能力，赢得了全球百余家客户的选择和信赖。从 20 世纪 80 年代末至今，国航机务共取得近 20 项国内维修项目的突破，100 余项科技研发项目先后获得国家或民航局的科技奖，填补了中国民航维修业诸多技术空白。

国航推行一体化运营，具有强大的运行控制能力。遍布全球的国航航班皆在运行组织指挥和协调中枢的控制之下，计算机飞行计划系统从飞机性能数据库、全球导航数据库、全球机场数据库和高空气象数据库中提取信息，优选航路，制订飞行计划，把握飞机性能，确认飞行资格，严格把关放行。国航自行研制开发了运行控制系统，集成了卫星电话系统、空地数据通信系统和短波无线电系统等，实现航班 7×24 小时实时监控，成为国内第一家具有超远程监控能力的航空公司。

国航具备专业高效的地面服务保障能力，可为国内外航空公司提供包括旅客进出港、中转服务、特殊旅客服务、高端旅客服务、“两舱”休息室服务、行李运输、载重平衡、站坪运行、客舱清洁及各种特殊运输任务保障等多项地面服务内容。国航在国内外 100 多个航站开通了中心配载业务，是国内第一家采用中心配载工作模式的航空公司，也是国内首家推出旅客自助办理乘机服务、旅客自助办理托运行李服务及自主分配航站楼部分机位的航空公司。

国航高度重视人才的储备和培训。飞行训练大队承担国航飞行学员和新雇飞行员的培养和管理。飞行运行培训中心是国航飞行员训练基地，拥有高素质教员队伍和一流的训练设备，持续为公司培养作风优良、技术精湛、尽职尽责的专业人才。乘务培训中心是中国首家培训空中乘务员的大型多功能训练基地，是民航局确认的首家具备培训资格的乘务训练机构，被誉为“亚洲第一舱”。乘务培训中心拥有一支具有空中服务工作经验的专、兼职教员队伍，由国航优秀的客舱乘务员组成，他们在多年的飞行和训练工作中积累了丰富的教学培训经验，持续培养业务精湛、尽职尽责的客舱服务人才，树立起空中服务的行业标准。

国航管理水平持续提升，品牌价值不断扩大。国航连续 16 年被世界品牌实验室评为“世界品牌 500 强”，是中国民航唯一一家进入“世界品牌 500 强”的企业，同时连续 16 年获得了“中国品牌年度大奖 NO.1（航空服务行业）”和“中国年度文化品牌大奖”；2023 年，国航被世界品牌实验室评为中国 500 最具价值品牌第 24 名，位列国内航空服务业首位；国航荣获国资委 2013～2015 年任期“品牌建设优秀企业”荣誉称号；国航品牌曾被英国《金融时报》和美国麦肯锡管理咨询公司联合评定为“中国十大世界级品牌”；在各类社会评选中多次获得“最佳中国航空公司”“年度最佳航空公司奖”“极度开拓奖”“最佳企业公众形象奖”“全国企业文化优秀成果奖”“中国经济十大领军企业”等称号。

国航自觉履行社会责任，始终视承担公共责任为己任。通过自身的持续发展，稳定为国家创造税收，提供就业机会；积极参与社会公益实践，投身赈灾救灾，为国家和社会做出了贡献。国航领导班子曾被中组部、国资委党委评为“全国国有企业创建‘四好班子’先进集体”。国航出色完成了 2008 年北京奥运会、残奥会和 2022 年北京冬奥会、冬残奥会的服务保障任务，创下中国民航史上诸多之最，2008 年 9 月 29 日，党中央、国务院在人民大会堂隆重召开北京奥运会、残奥会总结表彰大会，国航被授予“北京奥运会、残奥会先进集体”荣誉称号。国航在承担国内外各种紧急救援运输飞行任务中，如 2003 年抗击“非典”疫情、2008 年汶川抗震救灾，2010 年海地救援、2011 年日本海啸救灾和利比亚撤侨、2015 年尼泊尔地震救援等包机任务，国航都不计得失，快速行动，全力组织，力尽中央企业职责，完成祖国和人民赋予的使命。

2. 东航[①]

东航总部位于上海，是中国三大国有骨干航空公司之一，前身可追溯到 1957 年 1 月原民航上海管理处成立的第一支飞行中队，是首家在纽约、香港、上海三地挂牌上市的中国航企。

2014 年 9 月，东航启用新标志如图 1-1-2 所示，依然选用红蓝品牌基准色，燕首及双翅辉映朝霞的赤红“日出东方”，升腾着希望、卓越、激情；弧形的尾翼折射大海的邃蓝“海纳百川”，寓意着广博、包容、理性，巧妙地呼应东航“激情超越、严谨高效”的企业精神。

图 1-1-2　东航标志

新标志传承了初始标志中的核心元素“飞燕”，承载对旅客和顺吉祥的祝愿；突破了保守的对称式圆框设计风格，优化了硬朗尖锐的线条，令轻盈灵动的“领头燕”昂首高飞，彰显出东航人开拓创新、奋发有为的进取精神。形如大桥飞架的翅膀寓意东航振臂架设往来交流的桥梁；圆润的弧形燕尾形似连接天际的彩虹和闻名世界的黄浦江湾，寓意连接五湖四海之间的和谐欢畅。飞燕姿态自然勾勒出“CHINA EASTERN”的首字母“CE”，又形似跃动的音符，显示了东航推动品牌无国界的竞合意识。

① 东航概况内容来自东航官网。

学习笔记

作为天合联盟成员，东航的航线网络通达全球 184 个国家和地区的 1 088 个目的地，每年能为全球 1.5 亿人次提供航空出行服务，旅客运输量位列全球前十。“东方万里行”常旅客可享受联盟多家航空公司的会员权益及全球超过 750 间机场贵宾室。

东航的机队规模近 800 余架，是全球最年轻的机队之一，拥有中国规模最大、商业和技术模式领先的互联网宽体机队。

东航在国内拥有京沪“两市四场”双核心枢纽和西安、昆明等区域枢纽，业务范围实现省会城市及千万级以上机场的全覆盖，并在全球设有 100 余个海内外分支机构。公司近年来开通多条“一带一路”国际新航线，积极构建连通全球的“空中丝绸之路”。

东航关注高品质航空出行服务，致力于加快建设世界一流企业。近年来荣获中国民航飞行安全最高奖——“飞行安全钻石奖”，连续多年获评全球品牌传播集团 WPP“BrandZ 最具价值中国品牌”前 100 强、“BrandZ 中国全球化品牌”前 50 强及 Brand Finance“全球最有价值的 50 个航空公司品牌”等多项荣誉。

长期以来，东航积极履行社会责任，执行一系列应急救灾和海外公民接运任务。全面推动“节能减碳、绿色飞行”，打赢“蓝天保卫战”，在“十三五”期间实现减碳 200 万吨。

3. 南航[①]

南航总部设在广州，以蓝色垂直尾翼镶红色木棉花为公司标志，如图 1-1-3 所示。南航是中国航线网络最发达、年客运量最大的航空公司。南航旗下拥有厦航、河南航空、贵州航空、汕头航空、珠海航空、重庆航空、南方货运航空等 7 家航空运输子公司；拥有新疆、北方、北京、深圳、上海等 18 家分公司及基地，设有杭州、南京、西宁等 21 个境内营业部，洛杉矶、纽约、伦敦、巴黎等 53 家境外营业部。

图 1-1-3 南航标志

南航以“阳光南航”为文化品格，以“连通世界各地 创造美好生活”为企业使命，以“顾客至上、尊重人才、追求卓越、持续创新、爱心回报”为价值观，大力弘扬“勤奋、务实、包容、创新”的南航精神，致力于建设具有全球竞争力的世界一流航空运输企业。

截至 2022 年 12 月，南航运营包括波音 787、777、737 系列，空客 A350、A330、A320 系列及商飞 ARJ21 等型号客货运输飞机超过 890 架。南航每天约有 3 000 多个航班飞往全球 40 多个国家和地区、200 多个目的

① 南航概况内容来自南航官网。

学习笔记

地，航线网络 1 327 条。通过与美国航空、英国航空、卡塔尔航空等合作伙伴密切合作，南航航线网络延伸到全球更多目的地。

近年来，南航全力打造广州、北京两个核心枢纽。通过新开和优化航线网络，致力建设两大综合性国际航空枢纽。在广州，南航持续 10 年稳步建设“广州之路”（Canton Route），服务“一带一路”和粤港澳大湾区。南航广州枢纽已成为中国至大洋洲、东南亚的第一门户。广州与国内、东南亚主要城市形成“4 小时航空交通圈”，与全球主要城市形成“12 小时航空交通圈”。

在北京大兴国际机场，南航集团拥有近 50%的时刻资源。2020 年 10 月，南航往返北京航班全部转至北京大兴国际机场。南航在北京大兴国际机场还运营着亚洲跨度最大的机库、亚洲最大的运行控制中心和航空食品生产基地。预计到 2025 年，南航将在北京大兴国际机场投入飞机超过 200 架，日起降航班超过 900 班次，与各方共同将北京大兴国际机场打造成为世界级航空枢纽新标杆、世界一流便捷高效新国门。

在“一带一路”涉及的南亚、东南亚、南太平洋、中西亚等区域，南航已经建立起完善的航线网络，航线数量、航班频率、市场份额均在国内航空公司中居于首位，已成为中国与共建国家和地区航空互联互通的主力军。

南航保持着中国航空公司最好的安全纪录，安全管理水平处于国际领先地位。2018 年 6 月，南航荣获中国民航飞行安全最高奖“飞行安全钻石二星奖”，是中国国内安全星级最高的航空公司。

南航拥有独立培养飞行员的能力，目前专业飞行员逾万人，旗下珠海翔翼模拟机训练中心是亚洲规模最大、机型最全、国内历史最悠久的训练中心之一；与德国 MTU 腓德烈斯哈芬有限公司共同投资国内最大、维修等级最高的航空发动机维修基地；自主研发的飞行运行控制系统和发动机性能监控系统双双获得国家科技进步二等奖，是国内航空业最先进的 IT 系统。旗下南航物流公司以广州和上海为枢纽，拥有 17 架 B777 货机，为中国大陆最大规模的 B777 货机机队。

南航努力打造“亲和精细”的国际一流服务品牌，通过全链条、系统性、一体化的服务管理，致力于为旅客提供“人性化、数字化、精细化、个性化、便捷化”的服务体验。截至 2022 年 12 月，南航明珠俱乐部会员超过 8 900 万人。2020 年 7 月，南航正式推出全新会员级别铂金卡，全面升级会员体系，为会员提供全方位立体化的出行服务。南航拥有年配餐能力超过 9 000 万份的专业航空配餐中心，为旅客提供“食尚南航”家乡味地道美食。作为 SKYTRAX“四星级航空公司”，南航 2021 年名列 SKYTRAX“2021 全球航空公司 TOP100”榜单第 12 名，居国内主要航空公司之首，2022 年获评 SKYTRAX“中国最佳航司”奖。2017 年和

学习笔记

2020年，南航两次荣膺中国质量协会全国“用户满意标杆”企业，并获市场质量信用最高等级AAA级认证。2020年，南航成为亚洲第一家、全球第三家获得IATA行李追踪全网络合规认证的航空公司；南航“绿色飞行”按需用餐服务累计减少超过500万份机上餐食浪费，获首届“金钥匙——面向SDG的中国行动”冠军赛冠军奖。

南航认真履行中央企业社会责任，得到社会各界广泛认可。2021年，南航获评Brand Finance“全球最有价值的50个航空公司”第7名，2019年中央广播电视总台中国品牌强国盛典“榜样100品牌”。南航位列世界品牌实验室2021年“中国500最具价值品牌”第41名。2020年起，南航连续五年赞助中国国际进口博览会，成为进博会的“核心支持企业”和“指定航空承运商”。

4. *海南航空*[①]

海南航空于1993年1月成立，起步于中国最大的经济特区和自由贸易港——海南省，致力于为旅客提供全方位无缝隙的航空服务，打造安全舒适的旅行体验。海南航空标志如图1-1-4所示。

图1-1-4 海南航空标志

1993年至今，海南航空连续安全运行30年，拥有以波音系列为主的年轻豪华机队。2022年海南航空及旗下控股子公司共运营国内外航线近1900条，其中国内航线近1700条，国际航线逾200条，航线覆盖亚洲、欧洲、非洲、北美洲和大洋洲，通航境外44个城市。海南航空积极融入“一带一路”建设，专注打造国际国内高效互动的、品质型、规模化的卓越型世界级航空网络。积极落实“民航强国”发展战略，在北京、广州、海口、深圳等24个城市建立航空营运基地/分公司。

海南航空以优质的产品及服务连续12年蝉联“SKYTRAX五星航空公司”称号，成为中国（除港澳台地区）唯一入围并蝉联该项荣誉的航司。

品牌目标：打造世界卓越航空品牌。

品牌理念：不期而遇 相伴相惜 FLY YOUR DREAMS。

品牌使命：让旅客感受最人性化的飞行服务体验。

品牌个性：活力、创新、现代东方神韵。

品牌核心价值：人性化、文化体验、超越预期。

海南航空对旅客未满足的需求感同身受，让每位旅客体验贴心、舒适、便捷的产品，感受温暖、细致的服务。通过将传统东方文化与现代东方创新能力与活力的有机融合，对通过人性化的服务便捷旅客出行进行更深层

① 海南航空概况内容来自海南航空官网。

次的诠释与解读。从细节着眼，点亮平淡的航空出行体验，让旅客在高质量飞行体验中感受惊喜。

5. 川航[①]

熊猫之路，连接世界。川航总部位于成都。作为中国最具特色的航空公司之一，川航以安全为品牌核心价值，持续安全飞行 35 年，现运营中国国内最大的全空客机队超过 190 架飞机，执飞国内外航线 500 余条，航线网络覆盖亚洲、欧洲、大洋洲、北美洲及非洲地区，每年为全球超过 300 万旅客提供深具“中国元素四川味道”的航空服务，品牌价值超过 700 亿元。

川航的航徽是一只海燕，它奋力翱翔、志存高远的气质，与川航人“咬定青山”的企业精神紧密契合，如图 1-1-5 所示。圆圈代表地球，四条波浪纹寓意百川赴海，奔流勇进，上善若水，厚德载物，同时对应川航“真、善、美、爱”的价值观，象征着川航从内陆起飞，萃取陆地文明的稳定持重与海洋文明的外向开拓，以“东成西就，南北纵横，上山出海，网络搭台”的战略布局，架起一座座贯通南北、联通中外的空中金桥。

图 1-1-5　川航标志

近年来，川航持续推进“东成西就，南北纵横，上山出海，网络搭台”的战略布局，除成都总部以外，川航设有天府、重庆、云南、北京、浙江、黑龙江、陕西、海南、新疆、西昌、天津、南宁、深圳等分公司、运行基地。

随着成都迈入双机场时代，川航正式开启“两场一体”运行新时代。川航按照中国民航规划和四川省委省政府战略部署，构筑高效的航班波结构，形成以成都为核心，辐射欧洲、大洋洲、北美洲、非洲，以及东南亚、东北亚的中转网络；依托全空客货机机队，进一步整合航空物流地面综合服务，为客户提供定制化、多样化和专业化高端物流解决方案。通过“熊猫之路”客货齐飞，川航正实现多元化、高质量发展，为国家、地方经济建设贡献力量。

6. 山航[②]

山航是由国航、山东省财金投资集团有限公司等股东合资组成的有限

---

① 川航概况内容来自川航官网。

② 山航概况内容来自山航官网。

学习笔记

责任公司，其前身是山东航空有限责任公司，于 1994 年 3 月经中国民航局和山东省委、省政府批准成立，于 1995 年 2 月在山东省工商行政管理局正式注册成立。

自 1994 年成立以来，根植齐鲁大地的山航从无到有、从小到大、从弱到强，不忘初心、厚道待客、蓄力腾飞。作为山东省第一家本土航空公司，山航用自身的跨越式发展，填补了山东民航运输与飞机维修产业的空白，搭建起了山东连接世界的“空中桥梁”，打造出山东民航发展史的一张亮丽名片。山航标志如图 1-1-6 所示。

图 1-1-6　山航标志

山航保持了连续 29 年的安全飞行纪录，先后四次获得民航局安全最高荣誉奖“金雁杯”“金鹰杯”，荣获中国民航“飞行安全四星奖”。截至 2023 年年底，山航累计安全飞行 527.59 万小时，安全起落 275.68 万架次，运输旅客 2.84 亿人次，货邮 237.39 万吨。在济南、青岛、烟台、厦门、重庆、北京、乌鲁木齐、贵阳等地设有分公司和飞行基地，形成了以山东、厦门、重庆为支点，“东西串联、南北贯通”的航线网络布局。目前，经营国内、国际、地区航线共 290 多条，每周 4 300 多个航班飞往全国 90 多个大中城市，并开通韩国、日本、泰国、印度、柬埔寨等周边国家航线，以及中国台湾、中国香港等地区航线。

经过近几年的积累发展，山航的综合管理能力、组织力、掌控力显著提高，安全管理、运行体系、运营效率有了质的提升。2017 年 11 月 9 日，山航获得由中国质量协会评选的第 17 届全国质量奖，成为首家也是唯一一家获奖的民航企业，实现了中国民航历史上零的突破。2015 年至今，山航集团本部连续保持“全国文明单位”称号。2023 年 6 月 20 日，2023 CAPSE 年度峰会宣布山航连续第 9 年获得“最佳航空公司奖”。2023 年 6 月 15 日，世界品牌实验室在北京发布第十九届《中国 500 最具价值品牌》，山航以 859.36 亿元的品牌价值位列第 99 位，连续 5 年跻身前百位，连续 16 年获评“中国 500 最具价值品牌”。

山航一直致力于履行社会责任，拓航线，提服务，把展示山东省与省会济南的社会形象、推动山东省和国家经济社会发展作为义不容辞的使命，致力于将自身打造成山东的亮丽新名片。在抗震救灾、奥运保障中，山航多次圆满完成急难险重的航空运输保障任务，并于近年来一直积极投身社会公益活动。

学习笔记

7. 深航[1]

深航总部设在深圳，于 1992 年 11 月成立，1993 年 9 月 17 日正式开航，深航标志如图 1-1-7 所示。股东为国航、深国际全程物流（深圳）有限公司等，主要经营航空客、货、邮运输业务。截至目前，深航拥有 8 家分公司、7 家基地、3 家子公司、71 个境内外营业部及商务机构。机队规模超 200 架。年运输旅客近 4 000 万人次。持续安全飞行超 600 万小时。

图 1-1-7　深航标志

深航以“安全第一，客户至上、追求卓越、以价值创造者为本”为核心价值观，保持飞行安全，扩大机队规模，拓展国际航线，优化服务产品，创新服务特色，致力于成为最受青睐的卓越航空公司。

2012 年，深航加入星空联盟，提高了国际知名度，开启了深航国际航线发展的快车道。目前，旅客可选乘深航及联盟成员 21 000 多个航班，无缝中转通达 190 多个国家和地区，超过 1 300 个目的地。成立 30 年来，深航在保证航空安全、提升服务品质方面做出了不懈努力，获得“中国 500 最具价值品牌”称号、深圳市长质量奖、航空行业“中国最具影响力品牌”、亚洲最佳服务航空公司、CAPSE“年度最佳航空公司”、“世界最美空姐”等殊荣。

深航一贯履行社会责任，通过自身的不断发展，持续为国家创造税收和就业岗位；主动参与社会公益，多次完成赈灾救灾航班任务。深航先后荣获全国总工会抗震救灾重建家园“工人先锋号”、民航局打赢蓝天保卫战先进单位等荣誉，为国家和社会贡献力量。

8. 厦航[2]

厦航成立于 1984 年 7 月 25 日，是由民航局与福建省合作创办的中国首家按现代企业制度运营的航空公司。厦航承运人代码为“MF”，企业标志为“蓝天白鹭”，如图 1-1-8 所示。

图 1-1-8　厦航标志

截至 2023 年 12 月，厦航机队规模达到 211 架飞机，运营国内外航线

① 深航概况内容来自深航官网。

② 厦航概况内容来自厦航官网。

学习笔记

400 余条，年旅客运输量近 4 000 万人次，构建了以厦门、福州、杭州为核心，覆盖全国、辐射东南亚、连接港澳台地区的航线网络。

多年来，厦航在保证航空安全、提升服务品质方面做出不懈努力，累计安全飞行超过 800 万小时，荣获民航局颁发的“飞行安全五星奖”，连续 8 年被中国旅客评为“最佳航空公司”。

9. 春秋航空

春秋航空是中国首批民营航空公司之一，也是首家由旅行社起家的低成本航空公司。春秋航空 2011 年净利润逾 4.7 亿元，成为国内最成功的低成本航空公司，总部设在上海，在石家庄、沈阳、扬州（泰州）等地设有基地。春秋航空成立于 2004 年 5 月 26 日，由春秋旅行社创办，注册资本 8 000 万元人民币。首航班机于 2005 年 7 月 18 日上午由上海虹桥国际机场起飞前往山东烟台。创立之初，只有 3 架租赁的 A320 飞机，经营国内航空客货运输业务和旅游客运包机运输业务。

截至 2023 年 12 月，春秋航空拥有 122 架空客 A320 系列飞机。航点覆盖了中国、东南亚、东北亚的主要商务和旅游城市，经营航线 211 余条，年运输旅客 2 000 万人次。

春秋航空鼓励乘客从其网站购票，对乘客可免费携带的行李重量及体积作了较其他航空公司更为严格的限制，简化了机票和登机牌。同时在飞机上，不提供免费的机上膳食和饮料，乘客如有需要，可购买便餐及饮料。

春秋航空的标志采用了 3 个“S”相互重叠、交叉组合，意为互动、团结联结，如图 1-1-9 所示。

图 1-1-9 春秋航空标志

2022 年 2 月 22 日，春秋航空西安分公司正式揭牌。

情景 3 城市/机场三字代码

三字代码是按 IATA 制定的代表不同机场的特定代码。本节主要介绍国内、国际主要城市机场的三字代码。

1. 国内主要城市/机场三字代码

国内主要城市/机场三字代码，如表 1-1-1 所示。

学习笔记

表 1-1-1　国内主要城市/机场三字代码

城市名称	机场名称	三字代码	城市名称	机场名称	三字代码
阿坝	阿坝红原机场	AHJ	重庆	重庆江北国际机场	CKG
阿克苏	阿克苏红旗坡机场	AKU	重庆	重庆仙女山机场	CQW
阿拉善右旗	阿拉善右旗巴丹吉林机场	RHT	重庆	重庆巫山机场	WSK
阿拉善左旗	阿拉善左旗巴彦浩特机场	AXF	达州	达州河市机场	DAX
阿勒泰	阿勒泰雪都机场	AAT	大理	大理凤仪机场	DLU
阿里	阿里昆莎机场	NGQ	大连	大连周水子机场	DLC
安康	安康富强机场	AKA	大庆	大庆萨尔图机场	DQA
安庆	安庆天柱山机场	AQG	大同	大同云冈机场	DAT
鞍山	鞍山腾鳌机场	AOG	丹东	丹东浪头机场	DDG
安顺	安顺黄果树机场	AVA	稻城	稻城亚丁机场	DCY
巴彦淖尔	巴彦淖尔天吉泰机场	RLK	德宏	德宏芒市机场	LUM
巴中	巴中恩阳机场	BZX	东营	东营胜利机场	DOY
白城	白城长安机场	DBC	敦煌	敦煌莫高国际机场	DNH
白山	白山长白山机场	NBS	鄂尔多斯	鄂尔多斯伊金霍洛国际机场	DSN
百色	百色巴马机场	AEB	额济纳旗	额济纳旗桃来机场	EJN
保山	保山云瑞机场	BSD	恩施	恩施许家坪机场	ENH
包头	包头东河机场	BAV	二连浩特	二连浩特赛乌苏国际机场	ERL
北海	北海福成机场	BHY	佛山	佛山沙堤机场	FUO
北京	北京首都国际机场	PEK	福州	福州长乐国际机场	FOC
北京	北京大兴国际机场	PKX	抚远	抚远东极机场	FYJ
毕节	毕节飞雄机场	BFJ	阜阳	阜阳西关机场	FUG
滨州	滨州大高机场	CBZ	富蕴	富蕴可可托海机场	FYN
博乐	博乐阿拉山口机场	BPL	甘南	甘南夏河机场	GXH
沧源	沧源佤山机场	CWJ	甘孜	甘孜格萨尔机场	GZG
昌都	昌都邦达机场	BPX	甘孜	甘孜康定机场	KGT
长春	长春龙嘉国际机场	CGQ	赣州	赣州黄金机场	KOW
长沙	长沙黄花国际机场	CSX	格尔木	格尔木机场	GOQ
长治	长治王村机场	CIH	固原	固原六盘山机场	GYU
常德	常德桃花源机场	CGD	广元	广元盘龙机场	GYS
常州	常州奔牛国际机场	CZX	广州	广州白云国际机场	CAN
承德	承德普宁机场	CDE	桂林	桂林两江国际机场	KWL
成都	成都双流国际机场	CTU	贵阳	贵阳龙洞堡国际机场	KWE
成都	成都天府国际机场	TFU	果洛	果洛玛沁机场	GMQ
池州	池州九华山机场	JUH	哈尔滨	哈尔滨太平国际机场	HRB
赤峰	赤峰玉龙机场	CIF	哈密	哈密伊州机场	HMI

学习笔记

续表

城市名称	机场名称	三字代码	城市名称	机场名称	三字代码
海北	海北祁连机场	HBQ	克拉玛依	克拉玛依古海机场	KRY
海口	海口美兰国际机场	HAK	库车	库车龟兹机场	KCA
海西	海西德令哈机场	HXD	库尔勒	库尔勒梨城机场	KRL
海西	海西花土沟机场	HTT	昆明	昆明长水国际机场	KMG
邯郸	邯郸机场	HDG	拉萨	拉萨贡嘎国际机场	LXA
汉中	汉中城固机场	HZG	澜沧	澜沧景迈机场	JMJ
杭州	杭州萧山国际机场	HGH	兰州	兰州中川国际机场	LHW
河池	河池金城江机场	HCJ	丽江	丽江三义国际机场	LJG
合肥	合肥新桥国际机场	HFE	连云港	连云港白塔埠机场	LYG
和田	和田昆冈机场	HTN	临沧	临沧博尚机场	LNJ
荷泽	荷泽牡丹机场	HZA	临汾	临汾尧都机场	LFQ
黑河	黑河瑷珲机场	HEK	临沂	临沂启阳机场	LYI
衡阳	衡阳南岳机场	HNY	林芝	林芝米林机场	LZY
红坪	神农架红坪机场	HPG	柳州	柳州白莲机场	LZH
呼和浩特	呼和浩特白塔国际机场	HET	六盘水	六盘水月照机场	LPF
呼伦贝尔	呼伦贝尔海拉尔机场	HLD	龙岩	龙岩冠豸山机场	LCX
淮安	淮安涟水国际机场	HIA	陇南	陇南成县机场	LNL
怀化	怀化芷江机场	HJJ	泸州	泸州云龙机场	LZO
黄山	黄山屯溪国际机场	TXN	吕梁	吕梁大武机场	LLV
惠州	惠州平潭机场	HUZ	洛阳	洛阳北郊机场	LYA
霍林郭勒	霍林郭勒霍林河机场	HUO	满洲里	满洲里西郊机场	NZH
鸡西	鸡西兴凯湖机场	JXA	梅州	梅州梅县机场	MXZ
吉安	吉安井冈山机场	JGS	绵阳	绵阳南郊机场	MIG
济南	济南遥墙国际机场	TNA	漠河	漠河古莲机场	OHE
济宁	济宁曲阜机场	JNG	牡丹江	牡丹江海浪国际机场	MDG
加格达奇	大兴安岭鄂伦春机场	JGD	南昌	南昌昌北国际机场	KHN
佳木斯	佳木斯东郊机场	JMU	南充	南充高坪机场	NAO
嘉峪关	嘉峪关酒泉机场	JGN	南京	南京禄口国际机场	NKG
揭阳	揭阳潮汕国际机场	SWA	南宁	南宁吴圩国际机场	NNG
金昌	金昌金川机场	JIC	南通	南通兴东国际机场	NTG
锦州	锦州锦州湾机场	JNZ	南阳	南阳姜营机场	NNY
荆州	荆州沙市机场	SHS	嫩江	嫩江墨尔根通用机场	NJJ
景德镇	景德镇罗家机场	JDZ	宁波	宁波栎社国际机场	NGB
九寨沟	九寨黄龙机场	JZH	宁蒗	宁蒗泸沽湖机场	NLH
九江	九江庐山机场	JIU	攀枝花	攀枝花保安营机场	PZI
喀纳斯	布尔津喀纳斯机场	KJI	普洱	普洱思茅机场	SYM
喀什	喀什机场	KHG	齐齐哈尔	齐齐哈尔三家子机场	NDG
凯里	凯里黄平机场	KJH	黔南	黔南荔波机场	LLB

学习笔记

续表

城市名称	机场名称	三字代码	城市名称	机场名称	三字代码
黔江	黔江武陵山机场	JIQ	图木舒克	图木舒克唐王城机场	TWC
且末	且末玉都机场	IQM	吐鲁番	吐鲁番交河机场	TLQ
秦皇岛	秦皇岛北戴河机场	BPE	威海	威海文登机场	WEF
青岛	青岛流亭国际机场	TAO	威海	威海大水泊机场	WEH
庆阳	庆阳西峰机场	IQN	温州	温州龙湾国际机场	WNZ
琼海	琼海博鳌机场	BAR	文山	文山砚山机场	WNH
衢州	衢州机场	JUZ	乌海	乌海机场	WUA
泉州	泉州晋江国际机场	JJN	乌拉特	乌拉特中旗海流图机场	WZQ
日喀则	日喀则和平机场	RKZ	乌兰察布	乌兰察布集宁机场	UCB
日照	日照山字河机场	RIZ	乌兰浩特	乌兰浩特义勒力特机场	HLH
若羌	若羌楼兰机场	RQA	乌鲁木齐	乌鲁木齐地窝堡国际机场	URC
三明	三明沙县机场	SQJ	无锡	苏南硕放国际机场	WUX
三沙	三沙永兴机场	XYI	梧州	梧州西江机场	WUZ
三亚	三亚凤凰国际机场	SYX	五大连池	五大连池德都机场	DTU
莎车	莎车叶尔羌机场	QSZ	武汉	武汉天河国际机场	WUH
上海	上海浦东国际机场	PVG	武夷山	武夷山机场	WUS
上海	上海虹桥国际机场	SHA	西安	西安咸阳国际机场	XIY
上饶	上饶三清山机场	SQD	西昌	西昌青山机场	XIC
邵阳	邵阳武冈机场	WGN	锡林浩特	锡林浩特机场	XIL
沈阳	沈阳桃仙国际机场	SHE	西宁	西宁曹家堡国际机场	XNN
深圳	深圳宝安国际机场	SZX	西双版纳	西双版纳嘎洒国际机场	JHG
石河子	石河子花园机场	SHF	厦门	厦门高崎国际机场	XMN
石家庄	石家庄正定国际机场	SJW	香格里拉	迪庆香格里拉机场	DIG
十堰	十堰武当山机场	WDS	襄阳	襄阳刘集机场	XFN
松原	松原查干湖机场	YSQ	新源	新源那拉提机场	NLT
塔城	塔城机场	TCG	忻州	忻州五台山机场	WUT
台州	台州路桥机场	HYN	信阳	信阳明港机场	XAI
太原	太原武宿机场	TYN	兴义	兴义万峰林机场	ACX
唐山	唐山三女河机场	TVS	徐州	徐州观音国际机场	XUZ
腾冲	腾冲驼峰机场	TCZ	延安	延安南泥湾机场	ENY
天津	天津滨海国际机场	TSN	盐城	盐城南洋国际机场	YNZ
天水	天水麦积山机场	THQ	延吉	延吉朝阳川国际机场	YNJ
通化	通化三源浦机场	TNH	烟台	烟台蓬莱国际机场	YNT
通辽	通辽机场	TGO	扬州	扬州泰州国际机场	YTY
铜仁	铜仁凤凰机场	TEN	阳江	阳江合山机场	YJR

学习笔记

续表

城市名称	机场名称	三字代码	城市名称	机场名称	三字代码
宜宾	宜宾五粮液机场	YBP	运城	运城张孝机场	YCU
宜昌	宜宾三峡机场	YIH	扎兰屯	扎兰屯成吉思汗机场	NZL
宜春	宜春明月山机场	YIC	湛江	湛江机场	ZHA
伊春	伊春林都机场	LDS	张家界	张家界荷花国际机场	DYG
伊宁	伊宁机场	YIN	张家口	张家口宁远机场	ZQZ
义乌	义乌机场	YIW	张掖	张掖丹霞通用机场	DXA
银川	银川河东国际机场	INC	张掖	张掖甘州机场	YZY
营口	营口兰旗机场	YKH	昭通	昭通昭阳机场	ZAT
永州	永州零陵机场	LLF	郑州	郑州新郑国际机场	CGO
榆林	榆林榆阳机场	UYN	中卫	中卫沙坡头机场	ZHY
于田	于田万方机场	YTW	舟山	舟山普陀山机场	HSN
玉林	玉林福绵机场	YLX	珠海	珠海金湾机场	ZUH
玉树	玉树巴塘机场	YUS	遵义	遵义茅台机场	WMT
岳阳	岳阳三荷机场	YYA	遵义	遵义新舟机场	ZYI

2. 国际主要城市/机场三字代码

为方便航空公司间的合作及业务联系，协调、制定国际运价及其规则，IATA 将全球划为三个运输会议区域，简称 A1 区、A2 区和 A3 区。下面分区域来介绍各个国家的主要空港城市和机场三字代码。

（1）A1 区

A1 区主要空港城市和机场三字代码，如表 1-1-2 所示。

表 1-1-2 A1 区主要空港城市和机场三字代码

国家	城市名称	机场名称	三字代码	国家	城市名称	机场名称	三字代码
美国	夏威夷	檀香山国际机场	HNL	美国	丹佛	丹佛国际机场	DEN
	西雅图	塔科马国际机场	SEA		拉斯维加斯	拉斯维加斯麦卡伦国际机场	LAS
	洛杉矶	洛杉矶国际机场	LAX		华盛顿	华盛顿里根国家机场	DCA
	旧金山	圣弗朗西斯科国际机场	SFO		华盛顿	华盛顿杜勒斯国际机场	IAD
	波特兰	波特兰国际机场	PDX		费城	费城国际机场	PHL

学习笔记

续表

国家	城市名称	机场名称	三字代码	国家	城市名称	机场名称	三字代码
美国	亚特兰大	哈兹菲尔德-杰克逊亚特兰大国际机场	ATL	墨西哥	墨西哥城	墨西哥城国际机场	MEX
	达拉斯	达拉斯-沃思堡国际机场	DFW	多米尼加	拉罗马纳	拉罗马纳国际机场	LRM
	安克雷奇	泰德·史蒂文斯安克雷奇国际机场	ANC	伯利兹	贝尔莫潘	帕勒莫机场	BCV
	纽约肯尼迪	约翰·菲次杰拉德肯尼迪国际机场	JFK	尼加拉瓜	马那瓜	马那瓜国际机场	MGA
	纽约拉瓜迪	拉瓜迪亚机场	LGA	萨尔瓦多	圣萨尔瓦多	萨尔瓦多国际机场	SAL
	纽约纽瓦克	纽瓦克自由国际机场	EWR	洪都拉斯	特古西加尔巴	特古西加尔巴	TGU
	伯明翰	伯明翰国际机场	BHM	哥斯达黎加	圣何塞	胡安圣玛利亚机场	SJO
	波士顿	爱德华·劳伦斯·洛根将军国际机场	BOS	巴巴多斯	布里奇顿	布里奇敦国际机场	BGI
	芝加哥	奥黑尔机场	ORD	巴哈马	拿骚	拿骚国际机场	NAS
加拿大	温哥华	温哥华国际机场	YVR	安圭拉	瓦利	安圭拉机场	AXA
	维多利亚	维多利亚国际机场	YYJ	开曼群岛	乔治城	欧文·罗伯蔺国际机场	GCM
	多伦多	多伦多皮尔逊国际机场	YYZ		开曼布拉克	开曼布拉克机场	CYB
	渥太华	渥太华麦克唐纳-卡蒂埃国际机场	YOW	圣基茨和尼维斯	巴斯特尔	圣基茨机场	SKB
	蒙特利尔	特鲁多	YUL	圣卢西亚	希瓦诺拉	希瓦诺拉国际机场	UVF

学习笔记

续表

国家	城市名称	机场名称	三字代码	国家	城市名称	机场名称	三字代码
英属特克斯和凯科斯群岛	大特克岛	大特克岛机场	GDT	玻利维亚	圣克鲁斯	维鲁维鲁国际机场	VVI
美属维尔京群岛	圣克罗伊岛	圣克罗伊岛机场	STX	智利	圣地亚哥	阿图罗梅里诺-贝尼特斯机场	SCL
安提瓜和巴布达	安提瓜岛圣约翰	维尔伯德国际机场	ANU	巴拉圭	亚松森	亚松森国际机场	ASU
格林纳达	格林纳达	格林纳达圣乔治国际机场	GND	乌拉圭	蒙德维的纳	卡拉斯科国际机场	MVD
瓜德罗普	皮特尔角城	彭德-雅皮特国际机场	PTP	委内瑞拉	加拉加斯	迈克蒂亚西蒙·玻利瓦尔国际机场	CCS
英属蒙特塞拉特岛	蒙特塞拉特岛	约翰奥斯本机场	MNI	巴西	圣保罗	圣保罗瓜鲁柳斯国际机场	GRU
特立尼达和多巴哥	斯卡伯勒	多巴哥岛克朗角国际机场	TAB	厄瓜多尔	基多	基多国际机场	UIO
古巴	哈瓦那	约瑟马蒂国际机场	HAV	秘鲁	利马	利马国际机场	LIM
海地	太子港	太子港国际机场	PAP	圭亚那	乔治敦	乔治敦国际机场	GEO
牙买加	金斯顿	诺曼曼利国际机场	KIN	法属圭亚那	卡宴	卡宴罗尚博国际机场	CAY
危地马拉	危地马拉	拉奥罗拉国际机场	GUA	巴拿马	巴拿马城	巴拿马城托库门国际机场	PTY
阿根廷	布宜诺斯艾利斯	埃塞萨皮斯塔里尼部长国际机场	EZE	苏里南	帕拉马里博	约翰·阿道夫·彭格尔国际机场	PBM

（2）A2 区

A2 区主要空港城市和机场三字代码，如表 1-1-3 所示。

表 1-1-3　A2 区主要空港城市和机场三字代码

国家	城市名称	机场名称	三字代码	国家	城市名称	机场名称	三字代码
德国	杜塞尔多夫	杜塞尔多夫国际机场	DUS	德国	汉堡	汉堡国际机场	HAM

学习笔记

续表

国家	城市名称	机场名称	三字代码	国家	城市名称	机场名称	三字代码
德国	柏林	勃兰登堡国际机场	BER	西班牙	巴塞罗那	巴塞罗那国际机场	BCN
	法兰克福	法兰克福机场	FRA		马德里	马德里巴拉哈斯机场	MAD
	慕尼黑	慕尼黑机场	MUC	俄罗斯（乌拉尔山以西）	莫斯科	谢列梅捷沃亚历山大·普希金国际机场	SVO
	科隆	科隆机场	CGN		圣彼得堡	圣彼得堡普尔科沃机场	LED
英国	伦敦	伦敦城市机场	LCY	葡萄牙	里斯本	里斯本波尔特拉机场	LIS
	曼彻斯特	曼彻斯特机场	MAN	瑞典	斯德哥尔摩	斯德哥尔摩阿兰达国际机场	ARN
	利物浦	利物浦约翰·列侬机场	LPL		哥德堡	兰德维特机场	GOT
法国	巴黎	巴黎夏尔·戴高乐国际机场	PAR	阿尔巴尼亚	地拉那	地拉那特蕾莎修女国际机场	TIA
	里昂	里昂圣埃克絮佩里机场	LYS	捷克共和国	布拉格	布拉格瓦茨拉夫·哈维尔国际机场	PRG
	马赛	马赛普罗旺斯机场	MRS	拉脱维亚	里加	里加国际机场	RIX
意大利	罗马	罗马菲乌米奇诺机场	FCO	摩洛哥	卡萨布兰卡	卡萨布兰卡穆罕默德五世国际机场	CMN
	米兰	米兰马尔彭萨机场	MXP	阿尔及利亚	阿尔及尔	阿尔及尔胡阿里·布迈丁机场	ALG
	都灵	卡塞莱机场	TRN	丹麦	哥本哈根	哥本哈根凯斯楚普机场	CPH
瑞士	苏黎世	苏黎世机场	ZRH	白俄罗斯	明斯克	明斯克国家机场	MSQ
	日内瓦	日内瓦国际机场	GVA	斯洛文尼亚	卢布尔雅那	卢布尔雅那约热·普奇尼克机场	LJU
	伯尔尼	伯尔尼贝尔普机场	BRN	波黑	萨拉热窝	萨拉热窝国际机场	SJJ

学习笔记

续表

国家	城市名称	机场名称	三字代码	国家	城市名称	机场名称	三字代码
比利时	布鲁塞尔	布鲁塞尔国际机场	BRU	匈牙利	布达佩斯	布达佩斯李斯特•费伦茨国际机场	BUD
希腊	雅典	埃勒弗瑟里奥斯韦尼泽罗斯国际机场	ATH	土耳其	安卡拉	安卡拉埃森博阿机场	ESB
卢森堡	卢森堡	卢森堡机场	LUX		伊斯坦布尔	伊斯坦布尔国际机场	IST
保加利亚	索非亚	索非亚机场	SOF	叙利亚	大马士革	大马士革机场	DAM
摩尔多瓦	基希讷乌	基希讷乌国际机场	KIV	突尼斯	突尼斯	突尼斯迦太基国际机场	TUN
立陶宛	维尔纽斯	维尔纽斯国际机场	VNO	黑山	波德戈里察	波德戈里察机场	TGD
荷兰	阿姆斯特丹	阿姆斯特丹史基浦机场	AMS	塞尔维亚	贝尔格莱德	贝尔格莱德尼古拉•特斯拉机场	BEG
爱尔兰	都柏林	都柏林机场	DUB	格鲁吉亚	第比利斯	第比利斯国际机场	TBS
挪威	奥斯陆	挪威奥斯陆国际机场	OSL	爱沙尼亚	塔林	塔林伦纳特•梅里国际机场	TLL
冰岛	雷克雅克	雷克雅未克国际机场	KEF	保加利亚	索非亚	索非亚机场	SOF
芬兰	赫尔辛基	赫尔辛基万塔机场	HEL	奥地利	维也纳	维也纳国际机场	VIE
乌克兰	基辅	茹良尼国际机场	IEV	塞浦路斯	拉纳卡	拉纳卡国际机场	LCA
波兰	华沙	华沙弗里德里克•肖邦机场	WAW	直布罗陀	直布罗陀	直布罗陀机场	GIB
克罗地亚	萨格勒布	普雷索机场	ZAG	阿塞拜疆	巴库	盖达尔•阿利耶夫国际机场	GYD
马耳他	马耳他	卢卡国际机场	MLA	亚美尼亚	埃里温	兹瓦尔特诺茨国际机场	EVN
罗马尼亚	布加勒斯特	布加勒斯特奥托佩尼国际机场	OTP	爱沙尼亚	塔林	伦纳特•梅里塔林机场	TLL
斯洛伐克	布拉迪斯拉法	布拉迪斯拉发机场	BTS	马其顿	奥赫里德	奥赫里德机场	OHD

学习笔记

续表

国家	城市名称	机场名称	三字代码	国家	城市名称	机场名称	三字代码
赞比亚	卢萨卡	卢萨卡国际机场	LUN	贝宁	科托努	科托努国际机场	COO
南非	开普敦	开普敦国际机场	CPT	科特迪瓦	阿比让	阿比让机场	ABJ
	约翰内斯堡	约翰内斯堡奥利弗·雷金纳德·坦博国际机场	JNB	加蓬	梅多纽	梅多纽机场	MDV
利比亚	的黎波里	的黎波里国际机场	TIP	加纳	阿克拉	科托卡国际机场	ACC
埃塞俄比亚	亚的斯亚贝巴	亚的斯亚贝巴博莱机场	ADD	冈比亚	班珠尔	班珠尔国际机场	BJL
肯尼亚	内罗毕	焦莫肯亚塔国际机场	NBO	赤道几内亚	马拉博	马拉博机场	SSG
马达加斯加	塔娜那利佛	伊瓦图国际机场	TNR	利比里亚	蒙罗维亚	蒙罗维亚罗伯茨国际机场	ROB
科特迪瓦	阿比让	费里克斯霍佛特博伊戈尼机场	ABJ	毛里塔尼亚	努瓦克肖特	努瓦克肖特机场	NKC
坦桑尼亚	达累斯萨拉姆	朱利叶斯尼雷尔国际机场	DAR	尼日利亚	拉各斯	穆尔塔拉穆罕默德国际机场	LOS
津巴布韦	奇雷济	布法罗兰奇机场	BFO	塞拉利昂	弗里敦	弗里敦隆吉国际机场	FNA
吉布提	吉布提	吉布提·安布利国际机场	JIB	乍得	恩贾梅纳	恩贾梅纳国际机场	NDJ
卢旺达	基加利	基加利国际机场	KGL	马拉维	利隆圭	利隆圭国际机场	LLW
乌干达	恩德培市/坎帕拉	恩德培市国际机场	EBB	厄立特里亚	阿斯马拉	阿斯马拉国际机场	ASM
莱索托	马塞鲁	莫舒舒一世国际机场	MSU	索马里	摩加迪沙	摩加迪沙国际机场	MGQ
纳米比亚	温得和克	霍希库塔科国际机场	WDH	博茨瓦纳	哈博罗内	塞雷茨·哈马爵士国际机场	GBE
科摩罗	莫罗尼	赛义德·易卜拉欣王子国际机场	HAH	莫桑比克	马普托	马普托机场	MPM
法属留尼汪岛	圣但尼	留尼汪岛罗兰·加洛斯机场	RUN	斯威士兰	曼齐尼	曼齐尼国际机场	MTS

续表

国家	城市名称	机场名称	三字代码	国家	城市名称	机场名称	三字代码
毛里求斯	毛里求斯	西沃萨古尔·拉姆古兰爵士国际机场	MRU	阿拉伯联合酋长国	阿布扎比	阿布扎比国际机场	AUH
塞舌尔	马埃岛	塞舌尔国际机场	SEZ		沙迦	沙迦机场	SHJ
马约特岛	扎乌兹	扎乌兹机场	DZA		迪拜	迪拜国际机场	DXB
布基纳法索	瓦加杜古	瓦加杜古机场	OUA		多哈	哈马德国际机场	DOH
刚果	卢本巴希	卢本巴希国际机场	FBM	沙特阿拉伯	利雅得	哈利德国王国际机场	RUH
喀麦隆	杜阿拉	杜阿拉国际机场	DLA	埃及	开罗	开罗国际机场	CAI
佛得角	佛得角萨尔岛	阿米尔卡-卡布拉尔国际机场	SID	苏丹	喀土穆	喀土穆国际机场	KRT
几内亚	科纳克里	格贝西亚国际机场	CKY	约旦	安曼	马尔卡机场	ADJ
几内亚比绍	比绍	比绍国际机场	OXB	伊朗	德黑兰	德黑兰机场	THR
尼日尔	阿加德兹	阿加德兹国际机场	AJY	科威特	科威特	科威特国际机场	KWI
	尼亚美	尼亚美机场	NIM	卡塔尔	多哈	哈马德国际机场	DOH
圣多美和普林西比	普林西比	普林西比机场	PCP	也门共和国	亚丁	亚丁国际机场	ADE
塞内加尔	达喀尔	达喀尔约夫国际机场	DKR	以色列	特拉维夫	特拉维夫·本·古里安国际机场	TLV
多哥	洛美	托科安机场	LFW	黎巴嫩	贝鲁特	拉菲克·哈里里国际机场	BEY
伊拉克	巴格达	巴格达国际机场	BGW	巴林	麦纳麦	巴林国际机场	BAH
阿曼	马斯喀特	马斯喀特国际机场	MCT				

（3）A3 区

A3 区主要空港城市和机场三字代码，如表 1-1-4 所示。

学习笔记

表 1-1-4　A3 区主要空港城市和机场三字代码

国家	城市名称	机场名称	三字代码	国家	城市名称	机场名称	三字代码
马来西亚	吉隆坡	吉隆坡国际机场	KUL	中国	北京	北京首都国际机场	PEK
	槟城	槟城国际机场	PEN		北京	北京大兴国际机场	PKX
	马六甲	巴都伯伦丹机场	MKZ		广州	广州白云国际机场	CAN
泰国	曼谷	素汪那普国际机场	BKK		上海	上海虹桥国际机场	SHA
	普吉	普吉国际机场	HKT		上海	上海浦东国际机场	PVG
吉尔吉斯斯坦	比什凯克	玛纳斯国际机场	FRU		深圳	深圳宝安国际机场	SZX
东帝汶	帝力	尼古劳·洛巴托总统国际机场	DIL	密克罗尼西亚	楚克岛	楚克国际机场	TKK
文莱	斯里巴加湾	文莱国际机场	BWN	柬埔寨	暹粒	暹粒吴哥国际机场	SAI
新加坡	新加坡	樟宜机场	SIN	关岛	阿加尼亚	关岛国际机场	GUM
印度尼西亚	雅加达	雅加达国际机场	JKT	缅甸	仰光	仰光国际机场	RGN
菲律宾	马尼拉	奎松市国际机场	MNL	塔吉克斯坦	杜尚别	杜尚别国际机场	DYU
越南	河内	内排国际机场	HAN	乌兹别克斯坦	塔什干	塔什干国际机场	TAS
	胡志明市	新山一国际机场	SGN	土库曼斯坦	阿什哈巴德	阿什哈巴德国际机场	ASB
老挝	万象	瓦岱国际机场	VTE	蒙古国	乌兰巴托	成吉思汗国际机场	ULN
俄罗斯（乌拉尔山以东）	叶卡捷琳堡	叶卡捷琳堡机场	SVX	尼泊尔	加德满都	特里布万国际机场	KTM
马绍尔群岛	马朱罗	马绍尔国际机场	MAJ	不丹	帕罗	帕罗机场	PBH
哈萨克斯坦	阿拉木图	阿拉木图国际机场	ALA	孟加拉国	达卡	达卡哈兹拉特·沙迦国际机场	DAC

学习笔记

续表

国家	城市名称	机场名称	三字代码	国家	城市名称	机场名称	三字代码
斯里兰卡	科伦坡	科伦坡班达拉奈克国际机场	CMB	朝鲜	平壤	平壤顺安国际机场	FNJ
马尔代夫	马累	维拉纳国际机场	MLE	基里巴斯	圣诞岛	基里巴斯岛机场	CXI
印度	新德里	英迪拉·甘地国际机场	DEL	汤加	瓦瓦乌	瓦瓦乌机场	VAV
	孟买	孟买迪拜国际机场	BOM	库克群岛	阿瓦鲁阿	拉罗汤加国际机场	RAR
阿富汗	喀布尔	喀布尔国际机场	KBL	法属波利尼西亚	阿黑	阿黑机场	AHE
	坎大哈	坎大哈机场	KDH	新喀里多尼亚	努美阿	努美阿机场	NOU
巴基斯坦	卡拉奇	真纳国际机场	KHI	纽埃	阿洛菲	纽埃国际机场	IUE
	伊斯兰堡	伊斯兰堡国际机场	ISB	图瓦卢	富纳富提	富纳富提国际机场	FUN
日本	东京成田	东京成田国际机场	TYO	瓦利斯岛和富图纳岛	瓦利斯岛	瓦利斯岛机场	WLS
	东京羽田	东京羽田国际机场	HND	澳大利亚	悉尼	金斯福德·史密斯机场	SYD
	大阪关西	大阪伊丹机场	ITM		墨尔本	墨尔本机场	MEL
	冲绳	那霸机场	OKA		堪培拉	堪培拉国际机场	CBR
	福冈	福冈国际机场	FUK		布里斯班	布里斯班机场	BNE
	名古屋	中部国际机场	NGO		珀斯	珀斯国际机场	PER
	仙台	仙台国际机场	SDJ	巴布亚新几内亚	莫尔兹比港	杰克逊斯国际机场	POM
	广岛	广岛机场	HIJ	所罗门群岛	霍尼亚拉	霍尼亚拉国际机场	HIR
韩国	首尔、仁川	金浦国际机场	SEL	汤加	努库阿洛法	努库阿洛法机场	TBU
	釜山	金海国际机场	PUS	瓦努阿图	维拉港	维拉港国际机场	VLI
	济州	济州国际机场	CJU	萨摩亚	阿皮亚	法莱奥洛国际机场	APW

学习笔记

续表

国家	城市名称	机场名称	三字代码	国家	城市名称	机场名称	三字代码
瑙鲁	瑙鲁岛	瑙鲁国际机场	INU	新西兰	惠灵顿	惠灵顿国际机场	WLG
新西兰	奥克兰	奥克兰国际机场	AKL	斐济	苏瓦	瑙索里国际机场	SUV

任务实施

一、任务设计

1．分小组进行机场三字代码及航空公司标志抢答，主要考核国内机场三字代码及航空公司二字代码。

2．讨论：以小组为单位，讨论某一航空公司航线开辟及航班设置情况，并进行分析和总结。

3．点评：请教师针对各小组分析和总结进行点评。

学习笔记

二、课后练习

1. 航线的构成形式分为（　　）。
   A. 轴心辐射式　　B. 城市对式
   C. 网络连接式　　D. 城市串式
2. （　　）是民航运输的基本形式，也是航空公司赖以生存的主要生产方式。
   A. 定期航班　　B. 不定期航班
   C. 包机运输飞行　　D. 加班运输飞行
3. 航班计划的内容有（　　）。
   A. 航线　　B. 机型　　C. 班期　　D. 班次
4. “HU”是（　　）航空公司的 IATA 代码。
   A. 国航　　B. 上航　　C. 海南航空　　D. 南航
5. 航线的开辟应该考虑什么因素？
6. 请简单介绍航班计划的编制过程。
7. 请解释 CA1202 航班号的含义。
8. 如何辨认代码共享航班的客票？

任务评价

民航运输业务概述学习任务评价表和学习任务总结表如表 1-1-5 和表 1-1-6 所示。

表 1-1-5　学习任务评价表

班级		姓名		总分	
日期		学号			
序号	评价内容	评价要求		分值	得分
1	航线规划标准	是否掌握航线的分类		10	
		是否掌握航线的开辟		10	
2	航班号编排规则	是否掌握航班号编排目的		10	
		是否掌握航班号数字字母含义		10	
3	航班计划编排规则	是否掌握航班计划编排的时间要求		10	
		是否掌握航班计划编排的过程		10	
4	代码共享	是否掌握代码共享的意义		10	
		是否了解代码共享引发的问题		10	
5	素质要求	能否分析、总结中国民航业的发展情况		10	
		学习参与度是否高		10	

学习笔记

表 1-1-6 学习任务总结表

<table>
<tr><td rowspan="2">学习总结</td><td>学习的新知识</td></tr>
<tr><td>掌握的新技能</td></tr>
<tr><td>学习反思</td><td>对本任务的学习表现是否满意，请写出自我反思</td></tr>
</table>

任务 2 民航客票业务基础知识

知识目标

1. 掌握国内航线各种票价的具体规定。
2. 掌握国内票价的使用原则。
3. 掌握电子客票状态的具体变更流程。
4. 掌握电子客票票联状态的指示代码。

能力目标

1. 能够为旅客提供国内航线各种票价的具体规定。
2. 能够为旅客正确阐释国内票价的使用原则。
3. 能够根据电子客票状态的具体变更流程向旅客提供服务。
4. 能够为旅客正确阐释票价的适用原则。

素质目标

1. 培养民航客票从业人员认真负责的态度。
2. 养成严谨细致的工作态度。
3. 养成较强的规范意识和安全意识。

学习笔记

案例引入

旅客在某机票代售点预订了1月16日从南京飞往乌鲁木齐再飞往阿克苏的航班。由于售票员失误，预订乘机日期弄错为12月16日，电子客票行程单显示日期是“16DEC”。由于旅客不懂英文，未及时发现错误而错过航班。旅客投诉后，售票员责怪旅客不懂英文，未认真核对。

案例分析

根据《公共航空运输服务质量》(GB/T 16177—2007)第6.3.1条规定:“应认真核对旅客的有效身份证件和填写的购票单，内容一致后方可填开运输凭证。”从投诉叙述可以看出，售票处和当事人都负有责任。因此，本案客票可以按相关规定做退票处理。

鉴于目前电子客票行程单内容为英文或代码，不符合国人阅读习惯。中国消费者协会认为，在中国境内服务的航空公司提供的民航客票等承运凭据应当加注中文标注。民航局已要求自2011年12月1日起在行程单中增加中文标注，以更好地保护旅客的知情权。

情景1 国内客票运价的种类

航空运价是民航运输产品价格，是单位旅客或单位货物由始发地机场至目的地机场的航空运输价格，不包括机场与市区之间的地面运输。航空运价随运输对象的类别、运输方式和运输距离的不同而变化。根据客舱布局、餐桌及服务标准的等级差别，在大型客机上分为头等舱票价、公务舱票价、经济舱票价。每个舱位等级下面复设若干子舱位，分别代表不同的折扣，形成了多等级舱位运价体系。国内航线客运价格还根据旅客年龄、出票时间、地点等具体情况，分为儿童和婴儿票价、特种票价、包舱票价等。

1. 国内各种客票运价种类

（1）头等舱票价

2010年4月13日，民航局、国家发展改革委联合发布《关于民航国内航线头等舱、公务舱票价有关问题的通知》，通知规定自2010年6月1日起，民航国内航线头等舱、公务舱票价实行市场调节价，具体价格由各运输航空公司自行确定。价格种类、水平及适用条件（含头等舱和公务舱的座位数量、与经济舱的差异及相匹配的设施设备和服务标准等），提前30日通过航空价格信息系统报民航局和国家发展改革委备案后，向社会公布执行。各运输航空公司应合理确定民航国内航线头等舱、公务舱票价，努力改善经营管理，降低经营成本，为消费者提供质价相符的航空运输服

学习笔记

务。各级民航主管部门和价格主管部门要按照各自职责分工，加强对民航国内航线头等舱、公务舱票价的监管，维护正常的市场秩序，保护消费者的合法权益。各运输航空公司必须严格遵守《中华人民共和国价格法》（以下简称《价格法》）、《中华人民共和国反垄断法》等有关法律、行政法规和政策的规定。对价格违法行为、价格垄断行为，政府价格主管部门应依法监督检查，并实施行政处罚。执行过程中，如国内航线头等舱、公务舱票价水平出现剧烈波动等异常情况，可依据《价格法》进行价格临时干预。

头等舱的座位较公务舱的座位宽；向旅客免费提供的餐食及地面膳宿标准高于公务舱；每人免费交运行李的限额为 40 千克。头等舱票价为经济舱的 1～2.5 倍，由各航空公司按照《价格法》等规定确定头等舱的价格。

（2）公务舱票价

航空运输企业在有公务舱布局的飞机飞行的国内航班上向旅客提供公务舱座位。公务舱比普通舱宽，但比头等舱窄；餐食及地面膳宿标准低于头等舱，高于经济舱；每人免费交付的行李限额为 30 千克。

2013 年《关于完善民航国内航空旅客运输价格政策有关问题的通知》，取消政府指导价国内航线的票价下浮幅度限制，对部分与地面交通方式形成竞争且由两家及两家以上航空公司共同经营的国内航线，由政府指导价改为市场调节价。2014 年 11 月 25 日，民航局、国家发展改革委联合发布《民航国内航线旅客运输基准票价定价规则》，实行至今，规定自行制定、调整基准票价。航空公司可继续以基准票价为基础，在上浮不超过 25%、下浮不限的浮动范围内自主确定票价水平。

（3）经济舱票价

航空运输企业在飞机飞行的国内航班上向旅客提供经济舱座位，每人免费交付的行李限额为 20 千克，其正常票价以国家对外公布的直达票价为基础。

（4）儿童和婴儿票价

凡旅客购买儿童或婴儿票时，均应按以下规定办理。

1）旅行开始之日起，年满 12 周岁的旅客按成人适用普通票价购票。

2）旅行开始之日起，年满 2 周岁但不满 12 周岁的儿童应按适用成人全票价 50%付费，单独占用一个座位，免交民航发展基金，须交一半燃油费。

3）旅行开始之日起，出生 14 天且未满 2 周岁的婴儿，按适用成人全票价 10%付费，不单独占用一个座位，无免费行李额，无民航发展基金和燃油费，仅可免费携带一个摇篮或可折叠式婴儿车，如需要单独座位，应购买儿童票。每位成人旅客所带婴儿超过一名时，其中只有一名婴儿可按成人全票价的 10%付费，其余婴儿按成人全票价的 50%付费，并可享受一

学习笔记

个单独座位。持儿童票的婴儿，有客票等级规定的行李额免费。

4）5 周岁以下的儿童乘机，须有成人陪伴而行，如无成人陪伴，不予接受。

5 周岁（含）以上、12 周岁以下无成人陪伴儿童乘机时，应在购票时提出申请，经承运人同意后方可购票乘机。有成人陪伴的儿童应购买与其陪伴人相同舱位等级的客票。无成人陪伴的儿童应由儿童的父母或监护人陪送到上机地点，并在儿童下机地点安排人员予以迎接和照料。

5）儿童和婴儿的年龄是指开始旅行时的实际年龄，如其在开始旅行时未满规定的年龄，而在旅行途中超过规定的年龄，不另外补收票价。

（5）特种票价

特种票价是指航空公司对特殊的运输对象给予一定折扣的票价，它以公布的成人全价票为计算基础，除另有规定外，一般不得重复享受其他优惠。目前，存在的特种票价主要是按旅客类型、航班时刻和购买方式来制定的，如老人优惠、师生优惠、军人优惠、员工优惠、代理人优惠、团体优惠、首航优惠、来回程优惠、常旅客优惠等。

1）团体旅客票价。

旅客人数在 10 人（含）以上，航程、乘机日期、航班和舱位等级相同并按同一类团体票价支付票款的旅客称为团体旅客。购买儿童、婴儿票价客票的旅客不计入团体旅客人数内。团体旅客订妥座位后，应在规定或预先约定的时限内购票，否则所订座位不予保留。航空公司可视团体旅客人数和航班座位销售情况，向团体旅客提供优惠票价。大多数航空公司采用一团一议的方法给予优惠，同时采用多等级舱位的方法进行管理。该票价一般附有不得签转、出票时限等限制运输条件。

2）军（警）残票价。

凡因公致残的现役军人和因公致残的人民警察在乘坐国内航班时，凭《革命伤残军人证》或《人民警察伤残抚恤证》，在规定的购票时限前，按适用正常票价的 50%付费。代理人销售此类客票须得到航空公司的授权。

3）教师/学生票价。

教师/学生在寒暑假期间乘坐国内航班时，凭教师证/学生证，按适用正常票价的 60%/50%付费（具体参见各航空公司的相关业务规定）。

4）季节票价。

航空公司在旅游淡季向旅客提供的优惠票价，属于季节票价。

5）免票、优惠票。

由承运人特殊批准的旅客，凭乘机优待证可以填开由该承运人承运的免票、优惠票。

学习笔记

货运包机押运人员凭包机货运单和包机单位介绍信可填开免费客票。在客票的票价计算栏内写明包机运输协议书号码。

航空公司常旅客可凭里程积分换取免票。

（6）包舱票价

包舱票价是根据旅客乘坐飞机的特殊需要，购票单位向航空公司包购飞机中某一客舱舱位的全部座位，但旅客人数不得超过所包舱的座位总数。包舱票价按照包舱的座位总数乘以适用的票价计算。包舱票价旅客的免费行李额，按适用舱位票价享受的免费行李额乘以包舱的座位总数计算，而不是按旅客实际人数计算。

2. 国内票价的使用原则

1）航空公司公布的票价，适用于直达运输。如果旅客要求经停或转乘其他航班时，则应按实际航段分段相加计算票价。

2）客票价为旅客开始乘机之日适用的票价。客票出售后，如票价调整，票款不作变动。

例如，某旅客于 3 月 26 日购买一张 4 月 1 日出发的 CZ3103 航班 Y 舱由广州至北京的客票，假设当时票价为 1 100 元，但 4 月 1 日起调整票价为 1 300 元，由于旅客在 3 月 26 日购买客票，该旅客在 4 月 1 日乘机时不必补交票价差额。

相反，若 3 月 26 日购票时，票价为 1 300 元，而 3 月 29 日票价调整为 1 100 元，其票价也不变动。若旅客要求退还差价，处理时应按自愿退票处理，然后另按新票价重新购票。退票时，根据退票的有关规定收取退票手续费。

3）使用特种票价的旅客，应遵守该特种票价规定的条件。

4）旅客应按国家规定的货币和付款方式交付票款，除与航空公司另有协议外，票款一律现付。

5）当收取的票款与适用的票价不符或计算有错误时，应按照航空公司规定，由旅客补付不足的票款或由航空公司退还多收的票款。

6）客票价以人民币 10 元为计算单位，航空公司收取或支付的其他任何费用以人民币元为计算单位，尾数一律四舍五入。

7）政府、有关当局或机场经营者规定的对旅客或由旅客享用的任何服务、设施而征收的税款或费用不包括在航空公司所公布的票价范围内。

情景 2　电子客票概述

根据 IATA 全球实施电子客票的统一部署，自 2008 年 6 月 1 日起，停止纸质客票的使用，全部电子化。因此，电子客票是目前最先进的客票形

学习笔记

式，在世界主要发达国家和地区的民航运输领域得到广泛使用。自2000年南航在国内推出第一张电子客票开始，到2007年11月，IATA已停止向中国的机票代理人发放国际纸质机票，中国的电子客票基本达到全覆盖。

1. 电子客票基础知识

（1）定义

电子客票（electronic ticket，ET）是普通纸质客票的电子形式。电子客票将票面信息存储在订座系统中，可以像纸质客票一样执行出票、作废、退票、换、改、转签等操作。

与传统纸质客票相比，电子客票具有明显优势，主要体现在以下几方面。

1）可直接通过互联网在线支付票款，无须送票、取票，减少了因送票、付款等带来的烦琐手续及额外费用。

2）旅客只需记住航班号和起飞时间，凭借有效身份证件就能在机场办理登机手续，不存在丢失机票的问题。“无纸化”乘机，轻松环保，绿色健康。

（2）分类

电子客票按照运输类型，分为国内电子客票和国际电子客票；按使用对象，分为本票电子客票和BSP电子客票。本票电子客票（ICS-ET）由航空公司自行分配，其票面信息的右上方显示为“ARL-D”或“ARL-I”，表示国内客票或国际客票。BSP电子客票（BSP-ET）由IATA统一分配，供机票代理人销售使用，其票面信息的右上方显示为“BSP-D”或“BSP-I”，表示国内客票或国际客票。

（3）电子客票状态代码

电子客票状态代码如表1-2-1所示。

表1-2-1 电子客票状态代码

序号	状态名称	状态说明	是否最终状态
1	OPEN FOR USE	客票有效	否
2	CHECK IN	正在办理登机	否
3	LIFTED/BOARDED	已登机	否
4	SUSPENDED	挂起状态，客票禁止使用	否
5	AIRPCNTL/YY	航段控制权在YY航空公司处	否
6	CPNNOTE	信息航段没有控制权	否
7	USED/FLOWN	客票已使用	是
8	FIM EXCH	已经填开FIM单	是
9	VOID	已作废	是

学习笔记

续表

序号	状态名称	状态说明	是否最终状态
10	REFUND	已退票	是
11	PRINT/EXCH	电子客票已换开为纸票	是
12	EXCHANGED	电子客票已换开为其他客票	是

（4）电子客票票联状态的指示代码

航程中的每一个航段都有一个票联使用情况代码，表示这一票联的状态。这些状态指示代码如下。

A（airport control）：机场控制的票联，表明一个航空公司获得了票联的控制，此控制最多发生在所规定的航班起飞时刻后的 72 小时内。超过上述时间，如果票联的状态还没有更新，那么该票联的控制权将重新回到出票航空公司手里。

C（check-in）：已办理乘机手续的票联，表明旅客已经前往值机柜台或通过电子方式（如自助值机设备）完成值机手续。

E（exchanged/reissued）：换开/重新出票的票联/客票，表明原电子客票联的价值已被使用，已更换为一个新的交易（如改变航程或变更舱位）。

F（flown/used）：已乘机/已使用的票联，表明电子客票中行程已完成，等待着开账/销售报告。

G（exchanged/FIM）：因中转已由机场地服换开的票联，表明在航班中断的情况下，票联由地面工作人员改换上航班中断舱单，并将旅客改换另一承运人的航班。

I（irregular operation）：不规则操作的票联，表明由于某些原因，航空公司的控制时间延伸至正常的 72 小时以外，这种延伸从规定的航班起飞后至 7 天之内。

L（lifted/boarded）：已撕下/已登机的票联，表明旅客已经登机。

N（coupon notification）：票联通知，表明没有告知由票联数据显示的票联最后状态（如 E、F、P、R 或 X）。

O（open for use）：可以使用的票联，表明电子客票的票联有资格进行所有票联状态的更新，但纸票不行。

P（printed）：打印票联，表明电子客票票联的电子记录已转换成纸票文本（注：有相同的电子票证号）。

R（refunded）：已退款的票联/客票（退票），表明没有使用过的有价值的电子客票退款给了旅客。

S（suspended）：出票航空公司暂停使用的票联，表明出票航空公司对此票联限制使用。

T（paper ticket）：已填开纸质客票，表明出了一张纸质客票。

U（unavailable）：客票不可用，表明客票中没有可提供的票联，需要重新补收费用（如变更航程中出现了新的航段）。

V（void）：已作废的票联/客票，表明根据出票航空公司电子客票的规定，整个电子销售记录都已经取消。

X（print exchange）：换开纸质凭证的票联，表明承运人将电子客票打印在一个具有新的票号的票本上，而这不影响先前支付的票款及相关的运价（注：有新票证号）。

Z（closed）：价值被使用完的票联，表明现有的票联因换票或升舱或退票等原因，票联的价值已被用完。因此，这份客票所支付的票款不允许改变航程或完成其他业务（自愿退票或非自愿退票）。

注意：不得将这些代码同订座情况代码相混淆，电子客票的票联应按顺序使用。

（5）电子客票行程单

电子客票行程单作为旅客购买电子客票的付款凭证或报销凭证，同时具有提示旅客行程的作用，采用一人一票制，不作为机场办理乘机手续和安全检查的必要凭证使用。旅客发生退票或其他客票变更导致票价余额与原客票不符时，若已打印行程单，要将原行程单退回，方能为其办理有关手续。

2. 电子客票销售模式

电子客票的销售模式如下。

1）航空公司直销。由航空公司直属售票处销售本票电子客票。

2）网络直销。旅客直接在网上购买航空公司本票电子客票，其票面信息的签注栏中显示为“B2CET”。

3）代理人分销。由机票代理人销售 BSP 电子客票。

4）航空公司联运。各航空公司间互为销售电子客票。

3. 改签规定

（1）定义

客票改签包括两种：变更和签转。

旅客购买定期客票后，由于个人原因或航空公司安排失误（如航班取消、提前、延误、航程改变或承运人未能向旅客提供已经订妥的座位舱位等级，或未能在旅客的中途分程地点或目的地停留，或造成旅客已经订妥座位的航班衔接错失）而要求变更乘机日期、航班、航程、座位级别或换乘机人，称为客票变更。按照变更原因的不同，客票变更分为自愿变更和非自愿变更。

学习笔记

旅客购票后，如要求改变原客票的指定承运人，称为客票签转。按照签转原因的不同，客票签转又可分为自愿签转和非自愿签转。

（2）客票自愿变更、签转规定

客票变更有效规定：要求变更的客票必须在客票有效期内，逾期的无效客票不得变更；电子客票变更，必须先用 DETR 指令查看客票信息，状态为“OPEN FOR USE”才可予以更改。要求变更的客票不得违反票价限制条件，如承运人提供的较低折扣的机票往往都附加“不得签转”“不得变更”等限制条款，客票的变更工作一定要遵循限制条款。变更航程或乘机人，均应按退票处理，重新购票。客票变更后，客票的有效期仍按原客票出票日期或开始旅行日期算。要求变更航程、乘机日期的，必须在原定航班离站时间前提出，承运人可按有关规定办理。

旅客客票签转有效性规定：旅客的客票无签转限制，旅客未在航班规定的离站时间前 72 小时内改变航班、日期，旅客应在航班规定离站时间 24 小时以前提出，新承运人与原承运人有票证结算关系且新承运人的航班有可利用座位。

（3）国航客票自愿变更、签转规定

1）国航客票自愿变更规定。

对于改期费、子舱位变更及升舱差额，均按客票票面价格计算。

① 变更航班/日期规定。使用头等舱/公务舱和经济舱正常票价、B/M/H 舱票价及使用儿童/婴儿/革命伤残军人和因公致残人民警察票价的客票，客票有效期内免费更改。K/L/Q 舱票价的客票，允许免费更改一次，再次更改每次收取 10%的改期费。G/V/U 舱票价的客票，每次更改收取 20%的改期费。

② 变更子舱位（不改变舱位等级）。高舱位改低舱位，按自愿退票处理。低舱位改高舱位，补收实际舱位票价差额。如客票改期与低舱位改高舱位同时进行，则取其高者收取，子舱位变更后如需改期，按子舱位变更后的舱位规定执行。

③ 变更舱位等级。提高舱位等级（升舱），按照票面价格与变更后适用舱位票价的差价收取差额。头等舱降经济舱（降舱），按照票面价格与变更后适用舱位票价的差价额。

2）国航自愿签转规定。

使用头等舱/公务舱和经济舱正常票价及使用儿童/婴儿/革命伤残军人和因公致残人民警察票价客票，允许自愿变更承运人。使用其他明折明扣票价的客票不得自愿变更承运人；如旅客要求自愿变更承运人，需补齐明折明扣票价与正常票价的差价。国航自愿变更手续费收费标准如表 1-2-2 所示。

表 1-2-2 国航自愿变更手续费收费标准

自愿变更手续费收费标准（按对应航段的票面百分比价格收取）状态说明					
舱位服务等级	舱位等级代码	航班起飞前14天（336小时）（含）之前	航班起飞前14天（不含）至48小时（含）	航班起飞前48小时（不含）至4小时（含）	航班起飞前4小时（不含）至航班起飞后
头等舱	F	免费	免费	5%	10%
	A	免费	5%	10%	15%
公务舱	J	免费	免费	5%	10%
	C/D/Z/R	5%	5%	10%	15%
超级经济舱	G	免费	5%	5%	10%
	E	5%	10%	15%	20%
经济舱	Y	免费	5%	5%	10%
	B/M/U	5%	10%	15%	20%
	H/Q/V	10%	15%	30%	40%
	W/S	15%	25%	45%	60%
	T/L/P/N/K	20%	30%	50%	60%

（4）非自愿变更、签转处理规定

为旅客优先安排有可利用座位的本承运人的后续航班。

征得旅客及有关承运人的同意后，办理签转手续。

若是承运人原因造成的变更，承运人有义务安排航班将旅客运达目的地或中途分程地点，票款、逾重行李费和其他服务费的差额多退少不补。

由于承运人原因，造成旅客舱位等级变更时，票款的差额多退少不补。如普通舱改为头等舱，不再收取差额；如头等舱改为普通舱，则应退还票价差额。

4. 退票规定

（1）定义

旅客购票后，由于旅客或承运人原因，不能在客票有效期内完成部分或全部航程，而要求退还部分或全部未使用航段票款，称为退票。退票分为自愿退票、非自愿退票和旅客因病退票3种。

自愿退票是指由于旅客原因，未能按照运输合同（客票）完成全部或部分航程，在客票有效期内要求的退票。

非自愿退票是指由于航班取消、提前、延误、航程改变或承运人不能提供原订座位时，旅客要求退票。

旅客因病退票是指旅客因个人身体健康原因未能全部或部分完成机票中所列明的航程。

（2）退票规定具体内容

旅客购票后，因旅客自身原因要求退票时，如旅客客票的使用条件允

学习笔记

许退票，将根据适用的客票使用条件办理客票未使用航段的退票。如果旅客在航班的经停地自愿终止旅行，该航班未使用航段的票款不退，并按照原购票渠道办理自愿退票。退票只限在出票地、航班始发地、终止旅行地的承运人或其销售代理人售票处办理。票款只能退给客票上列明的旅客本人或客票的付款人。

自愿退票规定：旅客自愿退票，除凭有效客票外，还应提供本人的有效身份证件。各航空公司根据旅客购买客票折扣舱位不同，收取的退票费率也不同。旅客购买经济舱子舱位较高折扣的机票，退票时扣除退票手续费率较低。相反，旅客购买经济舱子舱位较低折扣的机票，退票时扣除的手续费率较高。特价折扣舱位客票一般不得自愿退票。

非自愿退票规定：始发站应退还全部票款，经停地应退还未使用航段的全部票款，均不收取退票费。若班机在非规定的航站降落，旅客要求退票，原则上退还由降落站至旅客到达站票款，但不得超过原付票款金额。例如，旅客购买广州至北京机票，因飞机机械故障在深圳备降且取消飞行，旅客要求退票。按规定应退还深圳至北京的票款，但由于深圳至北京的票价（1 400 元）高于广州至北京的票价（1 360 元）。因此，只能退还广州至北京的原付票款，即 1 360 元。

旅客因病退票的规定：旅客购票后，因病不能旅行要求退票的，必须在航班规定离站时间前提出并提供县级（含）以上医疗单位的证明原件（如诊断书原件、病历和旅客不能乘机的证明）。如因病情突然发生，或在航班经停站临时发生病情，一时无法取得医疗单位证明，也必须经承运人认可后才能办理。旅客因病退票，在航班始发站提出，退还全部票款。在航班经停站提出的，退还的票款金额为旅客所付票价减去已使用航段相同折扣率的票价金额，但所退金额不得超过原付票款金额。旅客的同行人员要求退票的，必须与患病旅客同时提出，也按上述规定办理，否则一律按自愿退票处理。

（3）国航退票规定

国航退票费按票面价格计算，子舱位变更或升舱后如需退票，按变更前的舱位规定执行，并全额退还补收的差额。改期后，如需退票，已收取的改期费不退。散客和团体旅客的退票规定有所不同。

1）散客退票规定。

退票手续费按对应航段的票面价格计算，以人民币元为单位，尾数四舍五入至个位。

按未使用航段的取消订座时间距离客票票面上显示的航班起飞时间，收取适用时间段的退票手续费。

客票有多个航段、仅部分航段使用时的退票规则：客票部分使用后的退票，扣除已使用航段票面价格，按未使用航段的取消订座时间距离客票票面上显示的航班起飞时间，收取适用时间段的退票手续费，余额退还旅客。

换开客票退票规则：换开客票在 2021 年 4 月 1 日（含）以后申请退票，按换开客票的取消订座时间和原始客票的价格、舱位及收费标准收取退票手续费，如有补收的票价差额，则差额全部退还，已收取的变更手续费不退。也就是说：按照换开客票未使用航段的取消订座时间距离换开客票票面上显示的航班起飞时间，选择适用的时间段，按照原始客票（即第一张客票）对应航段和舱位的退票手续费标准和票面价格计算退票手续费；全部退还换开客票时补收的未使用航段的票价差额；已收取的变更手续费不退。

对于上述场景，如在国航官网或旗舰店办理自愿退票手续，须按照提交退票申请的时间距离客票上显示的航班起飞时间，收取适用时间段的退票手续费。

旅客在《中国国际航空股份有限公司旅客行李运输总条件》规定时间内办理退票时，未使用的民航发展基金和燃油附加费一并退还。

国航自愿退票手续费收费标准如表 1-2-3 所示。

表 1-2-3　国航自愿退票手续费收费标准

自愿退票手续费收费标准（按对应航段的票面百分比价格收取）状态说明					
舱位服务等级	舱位等级代码	航班起飞前 14 天（336 小时）（含）之前	航班起飞前 14 天（不含）至 48 小时（含）	航班起飞前 48 小时（不含）至 4 小时（含）	航班起飞前 4 小时（不含）至航班起飞后
头等舱	F	免费	5%	5%	10%
	A	5%	5%	10%	20%
公务舱	J	免费	5%	5%	10%
	C/D/Z/R	5%	10%	15%	20%
超级经济舱	G	免费	5%	10%	15%
	E	10%	15%	25%	30%
经济舱	Y	免费	5%	10%	15%
	B/M/U	10%	20%	25%	30%
	H/Q/V	15%	30%	40%	50%
	W/S	30%	50%	70%	90%
	T/L/P/N/K	40%	60%	90%	100%

2）团体旅客退票规定。

团体旅客自愿要求退票，按下列规定收取退票费：

① 旅客在航班规定离站时间 72 小时（含）以前，收取客票价 10%的退票费；

② 在航班规定离站时间前 72 小时以内至航班规定离站时间前一日中午 12 时（含）以前，收取客票价 30%的退票费；

学习笔记

③ 在航班规定离站时间前一日中午 12 时以后至航班规定离站时间以前，收取客票价 50%的退票费；

④ 在航班规定离站时间后，客票作废，票款不退；持联程、来回程客票的旅客要求退票，分别按前 3 条条款的规定收取各航段的退票费。

部分团体旅客自愿要求退票，除客票附有限制条件者外，按下列规定办理。

① 如乘机的旅客人数不少于该票价规定的最低团体人数时，按“团体旅客自愿退票”规定办理。

② 如乘机的旅客人数少于该票价规定的最低团体人数时，分别按下列规定办理：如客票全部未使用，应按团体旅客原折扣票价总金额扣除乘机旅客正常票价计算的票款总金额后，再扣除“团体旅客自愿退票”规定的退票费，差额多退少不补；如客票部分未使用，应将团体旅客原折扣票价总金额扣除该团体已使用航段的票款后，再扣除乘机旅客按正常票价计算的未使用航段票款总金额及“团体旅客自愿退票”规定的退票费，差额多退少不补。

任务实施

一、任务设计

1. 分小组进行国内主要航空公司客票票价、客票变更、退票等相关规定的学习。

2. 讨论：以小组为单位，讨论某一航空公司客票相关情况，并进行分析和总结。

3. 点评：请教师针对各小组分析和总结进行点评。

二、课后练习

1. 某旅客在北京 YY 公司购买一张 BJS—SZX 机票，起飞时间 5 月 28 日 8:30，Y 舱票价为 1 280 元，该旅客购票时提出携带一名未满 2 周岁婴儿旅行。旅客应付票款为（　　）元。

A．1 280　　B．1 408　　C．1 410　　D．1 920

2. 根据航空公司关于无成人陪伴儿童乘机的有关规定，下列陈述中正确的是（　　）。

A．不接受 6 周岁以下儿童独自乘机

B．无成人陪伴儿童没有免费行李额

C．无成人陪伴儿童必须由父母或监护人陪送到上机地点，并在下机地点安排有人迎接照料

D．无成人陪伴儿童在购票时应向航空公司提出申请

学习笔记

3．不属于非自愿退票引起旅客退票的原因是（　　）。

A．承运人取消航班

B．旅客未能出示有效身份证件

C．承运人未按班期时刻表飞行

D．班机未在旅客所持客票上列明的地点降落

4．某旅客携带一名年龄不满 2 周岁的婴儿购买 A 城至 C 城的客票，A 城至 C 城的成人票价为 1 500 元，若婴儿生病不能如期乘机，旅客持医生证明要求退票，应收取退票费（　　）元。

A．0　　B．150　　C．165　　D．300

5．旅客要求退票时，应凭客票或客票中未使用部分的（　　）办理，否则不予办理。

A．乘机联　　B．旅客联

C．出票人联　　D．会计联

6．目前存在的特种票价有哪些类型？

7．电子客票的销售模式有哪几种类型？

8．某团体共 58 人，包用 B-757 飞机共有 60 个座位的 B 舱，自上海至桂林，适用的 Y 舱票价为 1 430 元。该团体共付票款和免费行李额分别是多少？

9．请对电子客票的客票状态“CHECK IN”进行说明。

任务评价

民航客票业务基础知识学习任务评价表和学习任务总结表如表 1-2-4 和表 1-2-5 所示。

表 1-2-4　学习任务评价表

班级		姓名		总分	
日期		学号			
序号	评价内容	评价要求		分值	得分
1	国内票价规定	是否掌握国内客票运价的标准		10	
		是否掌握国内客票的种类		10	
2	国内票价使用原则	是否掌握国内客票的适用范围		10	
		是否掌握国内客票票价的计算单位		10	
3	电子客票状态及代码	是否掌握电子客票的定义		10	
		是否熟练掌握客票状态代码		10	
4	国内客票退改规定	是否掌握国内客票改签规定		10	
		是否掌握国内客票退票规定		10	
5	素质要求	是否熟练掌握客票的使用原则		10	
		学习态度是否严谨、细致		10	

学习笔记

表 1-2-5　学习任务总结表

学习总结	学习到的新知识
	掌握的新技能
学习反思	对本任务的学习表现是否满意，请写出自我反思

项目2 售前准备

民航售票员在上岗之前须具备一定的民航业务基础知识，方可为旅客提供较为周到的服务，而客票销售工作主要是在民航订座系统中完成的。本项目学习如何进行民航订座系统的注册，控制部门的打票机，为民航客票销售及异常票务处理做好基础工作，为岗位工作任务的顺利进行做好保障。

知识目标

1. 了解民航订座系统的基本情况。
2. 了解民航订座系统的发展历史。
3. 掌握民航订座系统进入及退出的操作。
4. 掌握民航订座系统临时退出及恢复的操作。
5. 掌握民航订座系统的密码修改方法。
6. 掌握民航订座系统打票机的信息查看方法。
7. 掌握民航订座系统打票机的控制及退出操作。
8. 掌握民航订座系统打票机的状态更改操作。

能力目标

1. 能够识别工作号的使用状态。
2. 能够识别民航订座系统的登录信息。
3. 能够建立民航订座系统打票机的控制。
4. 能够进行民航订座系统打票机的其他操作。

考证标准

中国航信 BSP 自动出票证书。

学习笔记

民航订座系统概况

一、民航订座系统简介

现在人们购买机票非常便捷，既可在航空公司直属营业部、旅行社、酒店购买，也可通过电话、网络购买任何一家航空公司的机票。如此方便、快捷的购票方式，得益于民航订座系统。

民航订座系统为航空公司和旅客之间建立了联系，具有显示、订座、航班控制、信息自动处理、管理报告、预付票款、自动出票和票价计算等多种功能。目前，民航订座系统主要包括航空公司订座系统 ICS 和代理人分销系统 CRS 两大系统。

ICS[①]（inventory control system）是中国民航信息网络股份有限公司于 1985 年建立的航班控制系统，目前不仅具备航空控制的功能，还具有航空公司计算机订座记录处理的功能。

CRS[②]（computer reservation system）与航空公司的控制系统连接，客票销售的代理人（航空公司、旅行社、酒店等）通过 CRS 分销国内外数百家航空公司的航班座位。

目前，国内机票大部分是通过 eTerm 软件与 CRS 连接进行销售的，eTerm 是中国民航信息网络股份有限公司独立研发的一种以普通 PC 机和局域网为硬件基础，采用软件仿真技术，可以实现订票、打票、非航空产品销售、代理人销售信息管理、登录互联网等多种功能于一体的智能型、开放式操作环境的综合性办公平台。

二、民航订座系统的发展历史

为了处理大量航班信息、票据信息、票款信息，20 世纪 60 年代开始利用计算机大容量的信息存储、高速数据处理、跨地区的联网能力，将分布于各地的售票终端和主机连接起来，使各营业部能及时共享系统内所有信息，这不仅提高了售票员的工作效率，方便了旅客，还增加了航班座位的销售机会，提高了航班座位控制能力，严格了座位管理，提高了座位利用率。

1962 年，为满足航空公司自身发展的要求，航空公司建立了以旅客订座记录（passenger name record，PNR）为原理的计算机订座系统。

20 世纪六七十年代，美国和欧洲许多大型航空公司相继建立了以航空公司订座控制和销售为主的计算机系统，简称航班控制系统。

20 世纪七八十年代，为满足代理人销售多家航空公司机票的需求，产生了同时与多家航空公司系统 ICS 相连接的 CRS。

20 世纪八九十年代，多家 CRS 形成联盟关系，产生了以运输、旅游相关服务一体化、全球化的全球分销系统（global distribution system，GDS）。

---

① ICS 为航空公司使用的系统。

② CRS 为代理人使用的系统。

学习笔记

中国民航订座系统始建于1986年，采用的是UNISYS的整体解决方案，包括主机、系统软件、通信网络系统、USAS应用系统（包含订座、离港、货运3个系统）。1999年，国家批准建设全球分销系统，主要完成了ICS和CRS功能的完善、网络开放化改造、电子客票等。2000年10月，以原中国民航计算机信息中心为基础，联合当时所有航空公司共同发起设立了中国民航信息网络股份有限公司，2008年7月中国民航信息集团有限公司（以下简称“中国航信”）重组上市。目前，中国航信是唯一为国内全部航空公司、机场和国内外多家代理人提供服务分销系统的企业。该系统的最大特点是既提供CRS服务又提供ICS服务，在国内有完善的技术支持体系和分销网络，完全有能力满足国内航段的分销需求。

任务1 民航订座系统的注册

知识目标

1. 掌握民航订座系统的注册及退出操作。
2. 掌握民航订座系统的临时退出及恢复操作。
3. 掌握民航订座系统的密码修改方法。

能力目标

能够完成民航订座系统连接、输入工作号、退出工作号的操作。

素质目标

1. 明晰民航订座系统在民航客票销售工作中的重要性。
2. 养成严谨的工作态度和良好的工作作风。

案例引入

作为客票销售部门的一名员工，你每天的工作是按时到售票大厅上班，为旅客提供优质的售票服务，在旅客到来前，你需要做哪些准备工作？每天的售票完成以后，你又需要做哪些工作？

案例分析

（1）售票前的准备工作

售票大厅是服务人员工作和旅客接受服务的场所，舒适的购票环境是引起旅客满意的一个重要因素，准备工作包括售票大厅的整洁卫生等。

售票工作需要用到的计算机、打票机、POS机等设备需要准备好。订座单、行程单、退票单等票据应与工作交接记录单上的信息进行核对。

售票工作前需要打开eTerm程序，登录系统，连接打印机等设备。

（2）下班时的收尾工作

对当天售票的信息进行统计，填写票据、现金等交接单，并锁入保险柜。

关闭连接、退出系统，将设备电源关闭。

对售票大厅的环境卫生进行清洁整理。

情景 1　民航订座系统连接查看

1. 系统连接

eTerm 程序可以连接不同的几个系统，在使用前须先选择进入相应的系统。

指令格式：

►$$OPEN TIPC3:<XIMT>

【格式说明】

1）“►”在系统中是一个实心三角，按 Esc 键显示。输入的指令前面都必须有一个“►”。

2）C3 是将要进入的系统的名称，在 eTerm 中“C3”表示 CRS，“B”表示 ICS。

3）“<XIMT>”是串键，在键盘上是按 F12 键或是小键盘的 Enter 键。表示执行“►”与光标之间的命令。所有指令都需要使用串键才能执行，本书后面的指令格式将省略此符号，但在使用中需要此操作。

例：打开 eTerm 程序，输入指令进入 CRS。

输入：►$$OPEN TIPC3:

系统显示：

```
►$$OPEN TIPC3
SESSION PATH OPEN TO:TIPC3
►
```

表示本台计算机终端已经与 CRS 连接。

2. 查看工作区信息

进入 CRS 后，查看本终端是否已经输入营业员工作号，以及本台计算机终端的 PID，可以使用 DA 指令。

指令格式：

►DA:

例：查看 CRS 中工作区状态。

学习笔记

输入：▶DA:

系统显示：

```
▶DA
A  AVAIL
B  AVAIL
C  AVAIL
D  AVAIL
E  AVAIL
PID  = 00000    HARDCOPY  = 62124
TIME =  1812     DATE = 28DEC     HOST = LUCK
AIRLINE = 1E     SYSTEM =  MNJX  APPLICATION =  2
▶
```

【显示说明】

1）在 DA 指令查询中，“PID”是一个重要参数。当订座系统终端不能工作时，维护人员经常会问到终端的“PID”。

2）A、B、C、D、E 表示工作区，字母后面的“AVAIL”表示该工作区是可用的，售票员可以将自己的工作号输入该工作区。

3）DA 指令中的其他内容，售票员可以忽略。(“PID”下方的“TIME”和“DATE”表示使用 DA 指令时的时间和日期。)

情景 2　进入民航订座系统

系统注册及退出

1. 系统进入

指令格式：

▶SI:工作号/密码/级别/部门号

【格式说明】

1）每个售票员都有自己的工作号，只有输入工作号后才能正常工作，处理旅客订票、售票等业务。

2）普通售票员的工作级别都是 41。

3）工作号只能在售票员所在部门的终端上使用，其他部门的终端上无法使用。

例：工作号为 6001，密码为 66666a，级别为 41，OFFICE 号为 SHA001 的售票员准备进入系统：

输入：

```
▶SI 6001/66666a/41
▶
```

系统显示：

```
▶SI 6001/66666a/41
▶
SHA001  SIGNED IN A
**************************重要通知******************
关于上海地区代理人缴纳2022年下半年PID维护费的通知
                                        YI:NOTES/TZ254
****************************************************
中国航信培训部将于2022年12月在上海华东凯亚举办代理人
系列培训,详情请见:                      YI:TRAIN/TZ17
****************************************************
有关芬航飞往北美航班的行李规格变更的通知
                                        YI:AY/TZ163
****************************************************
美国航空公司价格信息                    YI:UA/TZ269
****************************************************
```

学习笔记

其中，“SHA001 SIGNED IN A”表示 SHA001 这个部门的售票员登录了 A 工作区。

我们再输入 DA 指令查看工作区的信息，显示如下：

```
SHA001  SIGNED IN A
▶DA
▶DA
A* 6001  28DEC  1838  41  SHA001
B  AVAIL
C  AVAIL
D  AVAIL
E  AVAIL
PID  = 6001   HARDCOPY  = 62124
TIME =  1838    DATE = 28DEC    HOST = LUCK
AIRLINE = 1E    SYSTEM =  MNJX  APPLICATION =  2
```

工作区“A”后面有一个“*”符号，表示这个工作区的售票员正在使用该终端。

“A*”工作区后的“AVAIL”字符已经被“6001 28DEC 1838 41 SHA001”所取代。这里的：“6001”表示刚才售票员登录的工作号；“28DEC 1838”表示该售票员输入工作号的日期和时间是 12 月 28 日 18:38；“41”是售票员的级别；“SHA001”是售票员所在部门的部门号。

2. 退出系统

为了防止工作号被他人盗用，当售票员结束一天的工作时，须将工作号退出系统。

指令格式：

▶SO:

例：将工作号退出系统。

输入：▶SO:

系统显示：

```
▶SO
SHA001 6001 SIGNED OUT A
▶
```

表示 SHA001 工作号 6001 从 A 工作区退出（SIGNED OUT A），这时再看 PID0000 状态：

输入：▶DA:

系统显示：

```
▶SO
SHA001 6001 SIGNED OUT A
▶DA
▶DA
A  AVAIL
B  AVAIL
C  AVAIL
D  AVAIL
E  AVAIL
PID  = 00000   HARDCOPY  = 62124
TIME =  1841    DATE = 28DEC    HOST = LUCK
AIRLINE = 1E    SYSTEM =  MNJX  APPLICATION =  2
▶
```

学习笔记

【显示说明】

1）所示情况表示工作号 6001 已从 A 工作区正常退出。

2）退号时，如果系统显示其他内容，售票员不能退号，表明该工作号在退号时有其他未完成工作必须完成，完成后才能退出，常见出错信息提示如下。

- PENDING：表示有未完成的旅客订座 PNR，在退号前必须完成或放弃它。
- TICKET PRINTER IN USE：表示未退出打票机的控制，退出后即可。
- QUE PENDING：表示未处理完信箱中的 QUEUE、QDE 或 QNE。
- PROFILE PENDING：表示未处理完常旅客的订座。
- PSS：ALL 处理。

情景 3　民航订座系统的临时退出及恢复

系统临时退出及恢复

1. 临时退出

售票员临时离开，可以使用 AO 指令，与 SO 指令相同的是执行该指令后，售票员不能对终端进行预订、售票等操作，不同的是 SO 退出以后，工作区信息中不再有该工作号信息，而 AO 临时退出后，工作区仍保留工作号的登录信息。

指令格式：

►AO:

例：下面是工作号 6001 已登录的工作区信息，现在该工作号的售票员要离开一会儿，请使用指令将此工作号临时退出。

输入：►AO:

系统显示：

```
▸AO
▸AGENT A-OUT
```

表示工作号已从 A 工作区临时退出，此时我们再查看工作区信息，显示如下：

```
▸DA
A  6001  28DEC   1842  41  SHA001
B  AVAIL
C  AVAIL
D  AVAIL
E  AVAIL
PID  = 6001   HARDCOPY  = 62124
TIME =  1844    DATE = 28DEC     HOST = LUCK
AIRLINE = 1E    SYSTEM =  MNJX  APPLICATION =  2
▸
```

AO 临时退出以后，A 工作区的活动标识“*”没有了，说明 A 区已由活动区变为非活动区。这时如果进行航班查询等操作，系统会显示“PLEASE SIGN IN FIRST”，要求售票员重新登录系统。

学习笔记

2. 恢复临时退出

指令格式：

►AI:工作区/工作号/密码

【格式说明】

1）工作区及 DA 显示信息中的“A、B、C、D、E”工作区。

2）AI 指令不需要输入工作号的工作级别。

例：恢复刚才 A 区临时退出的工作号 34555。

输入：

```
►AI A/6001/66666a
```

系统显示：

```
►AI A/6001/66666a

►AGENT A-IN
```

表示 A 区工作号重新登录，用 DA 指令查看工作区信息，显示如下：

```
►DA
A* 6001  28DEC  1842  41  SHA001
B  AVAIL
C  AVAIL
D  AVAIL
E  AVAIL
PID  = 6001   HARDCOPY  = 62124
TIME =  1845    DATE = 28DEC     HOST = LUCK
AIRLINE = 1E    SYSTEM =  MNJX  APPLICATION =  2
►
```

A 工作区后面的活动标识“*”重新出现，售票员可以开始工作。

情景 4　民航订座系统密码修改

工作号是每个售票员工作的凭证，一般来说，订座系统会记录每个售票员输入的信息，并且是通过该售票员使用的工作号记录的。换句话说，一旦操作出现问题，将追究该工作号对应的售票员的责任。所以，每个售票员应注意定期或不定期地更改密码，避免工作号被他人盗用。

密码字符和格式是有一定要求的，由 4～6 个数字及 1 个字母组成，如 12345A、1234B 等均是有效密码，而 123、123A、ABC、12BB、123W2E 等均不是有效密码。

指令格式：

►AN:旧密码/新密码

【格式说明】

修改密码的一般操作步骤如下（假设工作号为 6001，原密码为 12345A，新密码为 1234B）：

1）进入系统，输入工作号（使用原密码）。

►SI:6001/12345A/41

2）用 AN 指令进行修改。

►AN:12345A/1234B

学习笔记

3）退出系统（SO）。

▶SO:

4）重新进入系统（使用新密码）。

▶SI:6001/1234B/41

任务实施

一、任务设计

1. 每位学生或每组学生（最好 2 人一组）按照教师提供的工作号和密码进行情景模拟操作：系统进入及退出、临时退出及恢复、密码修改等。

2. 讨论：如果售票员共用一个工作号操作发生了问题，应该如何处理？

3. 点评：请教师根据讨论，强调工作号注册的重要性、工作号保密的重要性。

二、练习操作

1. 连接 CRS，查看工作区信息，指出使用终端的 PID 号当前的日期和时间。

2. 使用教师提供的工作号和密码登录系统，再查看工作区信息，指出登录工作号的日期和时间、当前工作号的级别、工作号所在的工作区和部门号。

3. 将工作号退出系统。

4. 使用 SI 指令输入工作号后，使用 AO 指令及 AI 指令进行临时退出和恢复临时退出的操作，最后退出工作号。

5. 比较临时退出前后工作区信息发生的变化。

6. 比较临时退出与退出工作号的区别。

7. 根据密码修改步骤，修改密码。

任务评价

民航订座系统的注册学习任务评价表和学习任务总结表如表 2-1-1 和表 2-1-2 所示。

表 2-1-1 学习任务评价表

<table>
<tr><td>班级</td><td></td><td>姓名</td><td></td><td rowspan="2">总分</td><td rowspan="2"></td></tr>
<tr><td>日期</td><td></td><td>学号</td><td></td></tr>
<tr><td>序号</td><td>评价内容</td><td colspan="2">评价要求</td><td>分值</td><td>得分</td></tr>
<tr><td rowspan="2">1</td><td rowspan="2">系统连接</td><td colspan="2">能否连接系统</td><td>10</td><td></td></tr>
<tr><td colspan="2">能否查询系统状态信息</td><td>10</td><td></td></tr>
</table>

学习笔记

续表

序号	评价内容	评价要求	分值	得分
2	系统注册及退出	能否正确进行系统的注册	10	
		能否查看注册后的系统信息	10	
		离开时能否正确退出系统	5	
3	系统临时退出及恢复	临时离开时能否正确退出系统	5	
		返回时能否恢复登录	10	
4	订座系统密码修改	能否识别正确的系统密码	10	
		能否正确修改密码	10	
5	素质要求	指令操作是否正确、快速	10	
		学习参与度是否高	10	

表 2-1-2　学习任务总结表

学习总结	学习的新知识
	掌握的新技能
学习反思	对本任务的学习表现是否满意，请写出自我反思

任务 2　打票机的操作

知识目标

1. 掌握打票机信息的查看方法。
2. 掌握打票机控制建立及退出操作。
3. 掌握打票机的状态更改操作。
4. 掌握打票机的上票和卸票操作。

学习笔记

能力目标

能够正确、快速地进行打票机的相关操作。

素质目标

1. 明确民航客票销售的工作流程。
2. 养成严谨的工作态度和良好的工作作风。

案例引入

售票员需要完成旅客的售票工作，为旅客订座出票，需要提前做好什么准备？

案例分析

售票员不仅要帮助旅客进行客票预订，还要进行出票，方可保证旅客旅行的顺利进行。要进行出票操作，必须将系统的打票机设置为正确的状态，而这些设置需要用相关指令进行操作方可完成。

自动出票机（automatic ticketing device），又称为打票机，是一种专用的航空客票打印设备，用于国内、国际中英文客票的打印。而电子客票采用虚拟打票机，没有实体机，这点区别于普通 BSP 打票机。

打票机通过电缆与一台终端连接（电子客票采用虚拟打票机，没有实体机），都有唯一一个终端号（PID 号），以方便我们对打票机进行检查及操作，每一台打票机还有一个在本部门的序号，如 1、2，在使用打票机之前，需要通过一台终端建立控制，而一台打票机同一时间只能有一台控制终端，本部门（OFFICE）中的任何一台终端（无论其物理位置在哪里）都可以在该部门中定义的打票机上打票，打票机是通过控制终端的一系列指令对其进行控制的。

因此，在出票前，我们先来学习打票机的操作方法。

情景 1　查看打票机的状态

在对打票机进行操作之前，和系统注册一样，须先查看打票机的状态，确保打票机在正确状态下，方可进行客票的销售工作。

指令格式：

▶DI:打票机序号

输入：▸DI 1

系统显示：

学习笔记

打票机的操作

```
>DI 1
              DEVICE INFORMATION DISPLAY  - DEVICE 1
        DEVICE STATUS                     DEVICE DEFINITION
        -------------                     -----------------
   CONTROL PID:                           OFFICE: SHA001
 CONTROL AGENT:                              PID: 9001
        STATUS: UP                     ATTRIBUTE: TAT/ET
         INPUT: INACTIVE                    MODE: DEMAND
        OUTPUT: INACTIVE                    TYPE: 4
          NACK:                         CURRENCY: CNY2
       TICKETS: 0
 BOARDING PASS: 0


      AMS PID:

      LAST TKT #   AIRLINE    TICKET NUMBER RANGE
      ----------   -------   ----------------------
      1100000001     BSP     1100000000 / 1999999999
```

【显示说明】该输出内容分为 3 部分，即设备状态、设备定义情况和票号信息。

1. 设备状态部分的各项内容

DEVICE STATUS	打票机状态
CONTROL PID	控制终端 PID 号
CONTROL AGENT	控制打票机的工作人员工作号
STATUS	打票机的工作状态，它有 3 种形式：UP（工作状态）、DOWN（非工作状态）、DOWN Q（纸票打票机会遇到该情况，详见纸票操作部分）
INPUT	输入状态，是指打票机是否允许将需要打印的客票送入打印队列，它有两种状态：ACTIVE（工作状态）、INACTIVE（非工作状态）
OUTPUT	输出状态，是指打票机是否允许输出，它有两种状态：ACTIVE（工作状态）、INACTIVE（非工作状态）
NACK	数据传输是否正常的标志：空白为正常状态，“X”为不正常状态
TICKET	等待打印的客票数
BOARDING PASS	等待打印的登机牌数，未使用

2. 设备定义情况

OFFICE	该打票机所属的 OFFICE 号为 SHA001
PID	该打票机的 PID 为 9001
ATTRIBUTE	打票机属性，可打印 TAT/ET 客票
MODE	打票机模式
TYPE	打票机类型，可以分为 4 种类型：

学习笔记

	1 航空公司国际客票 2 BSP 国际客票 3 航空公司国内客票 4 BSP 国内客票
CURRENCY	打票机可以接收的货币代码，以及各种货币所要求保留的小数点位数

3. 票号信息

LAST TKT#	最后一张打印完的客票号
AIRLINE	票证归属
TICKET NUMBER RANGE	票号范围

情景 2　打票机的操作处理

1. 打票机的建立控制

EC 指令可以对一台打票机建立控制。

建立了控制的这台终端就是打票机的控制终端。

指令格式：

►EC:打票机序号

输入：►EC:1

系统显示：

```
►EC:1
ACCEPTED
►
```

【说明】

一台打票机只有在某台终端建立控制之后才能使用，而建立控制的这台终端称为控制终端，它对出票机进行以下管理：

输入自动票的票号范围　TN

控制出票机的输入、输出状态　TI TO XI XO

作废客票　VT

退出控制　XC

注意：一台打票机在同一时间内只能有一个控制终端，而一台控制终端可以最多控制 5 台打票机。使用该功能建立控制时，终端与打票机必须定义在同一 OFFICE 中，并且打票机未被其他终端控制。

学习笔记

2. 打开打票机的输入状态

指令格式：

►TI:打票机序号

输入：►TI:1

系统显示：

```
►TI:1
ACCEPTED
```

【说明】

该功能允许指定的打票机接受打票请求，允许本部门中的终端向打票机输送打票的命令，并将需要打印的客票送入打印队列。系统接收后，DI 中的 INPUT 项由 INACTIVE 变为 ACTIVE。

注意：①该功能必须在控制终端上进行；②只有当 DI 显示中 INPUT 项是 INACTIVE 时才可接受该功能，否则将被拒绝；③若 DI 中 INPUT 项的状态是 INACTIVE，由终端执行打票命令时，会显示 INPUT INACTIVE，这时应执行 TI 指令。

3. 打开打票机的输出状态

指令格式：

►TO:打票机序号

输入：►TO:1

系统显示：

```
►TO:1
ACCEPTED
►
```

【说明】

该功能允许指定的打票机将打印队列中的客票打印出来；系统接收后，DI 中的 OUTPUT 项由 INACTIVE 变为 ACTIVE；如果客票在输出队列中等待，则打印命令立即开始。需要说明的是，电子客票不需要执行 TO 指令将 OUTPUT 项由 INACTIVE 变为 ACTIVE 也可以出票，并且电子客票也不存在积压客票的情况。

注意：①该功能必须在控制终端上进行；②只有当 DI 中 OUTPUT 项是 INACTIVE 时才可以接受该功能，否则将被拒绝；③若 DI 中 OUTPUT 项是 INACTIVE，纸票打票机不进行打印。

经过建立控制、打开输入输出状态，再次查看打票机的状态，显示如下：

学习笔记

```
▶DI:1
                DEVICE INFORMATION DISPLAY  - DEVICE 1
        DEVICE STATUS                       DEVICE DEFINITION
        -------------                       -----------------
     CONTROL PID: 6001                      OFFICE: SHA001
   CONTROL AGENT: 6001                         PID: 9001
          STATUS: UP                     ATTRIBUTE: TAT/ET
           INPUT: ACTIVE                      MODE: DEMAND
          OUTPUT: ACTIVE                      TYPE: 4
            NACK:                         CURRENCY: CNY2
         TICKETS: 0
   BOARDING PASS: 0

         AMS PID:

         LAST TKT #   AIRLINE    TICKET NUMBER RANGE
         ----------   -------  -----------------------
         1100000001     BSP    1100000000 / 1999999999
```

可以看到，控制终端工作号为6001，控制工作号为6001，打票机的状态为UP可用，输入和输出状态均为ACTIVE，表示可以正常打印客票了。

4. 关闭打票机输入状态

指令格式：

►XI:打票机序号

输入：▶XI:1

系统显示：

```
▶XI:1
ACCEPTED
```

【说明】

该功能将DI中的INPUT项由ACTIVE变为INACTIVE，终止由终端向打票机发送打印客票的命令。

注意：①该功能必须在控制终端上进行；②DI的显示中INPUT项是ACTIVE时才可接受该功能，否则将被拒绝。

5. 关闭打票机输出状态

指令格式：

►XO:打票机序号

输入：▶XO:1

系统显示：

```
▶XO:1
ACCEPTED
▶
```

【说明】

该功能可以终止第一台打票机的输出，系统接收后，DI中的OUTPUT项由ACTIVE变为INACTIVE。

注意：①该功能必须在控制终端上进行；②DI中的OUTPUT项是ACTIVE时才可接受该功能，否则将被拒绝。

学习笔记

6. 退出打票机的控制

指令格式：

►XC:打票机序号

输入：►XC:1

系统显示：

```
►XC:1
ACCEPTED
►
```

【说明】

XC 功能是与 EC 功能相反的一对指令，退出控制之后，DI 显示中的 CONTROL PID 和 CONTROL AGENT 随之变为空项。

7. 打票机状态改变

指令格式：

►TE:打票机序号[/U][/X]

输入：►TE:1/X 将第一台打票机的状态变为 DOWN

输出：►DEVICE 01 CLOSED DUE TO NOOP

输入：►TE:1/U 将本部门第一台打票机的状态变为 UP

输出：►ACCEPED

【说明】

打票机的出票状态有两种：UP 和 DOWN。正常情况下应为 UP，当打票机出现故障时，状态会变为 DOWN，这时售票员可以用 TE 指令将打票机的状态变为 UP，重新开始打票。

只有在需要清除打票机内积压的客票时，才需要先将打票机的状态变为 DOWN。

出错信息提示：

DEVICE　　打票机的标志号不正确

FORMAT　　输入的格式不正确

AUTHORITY　权限，即该终端不是这台打票机的控制终端

8. 清除打票机内的积票

指令格式：

►DQ:打票机序号

输入：►DQ:1 清除本部门第一台打票机积压的客票

【说明】

DQ 指令可以清除指定打票机上积压的客票。当打票机发生故障而在一段时间内不能工作并积压了一些客票未打印，并且不再需要这些客票时，可以使用该指令将积压的客票清空。

学习笔记

在使用 DQ 指令之前，应先通过 TE 指令将打票机的状态变为 DOWN，即 TE:1/X，否则系统不接受 DQ 指令的输入。

注意：

1）在退出打票机控制之前，首先应该查看 DI 中打票机的状态。

① 确认在打票机中没有等待输出的打印客票请求，即 DI 显示中的 TICKETS 项为 0。

② NACK 项是空白，而不是“X”。

③ 不是在测试状态下。

在确认以上 3 项信息没有问题的基础上，才可以退出打票机的控制。以上操作是针对纸票打票机来说的，如果是电子客票打票机则不用检查以上内容了，因为电子客票不存在积压客票和使用测试票号的情况。

2）售票员在没有退出打票机的控制前，不能执行 SO 指令，否则终端会显示“TICKET PRINTER IN USE”，即打票机正在使用，未退出控制，应先执行 XC 指令退出控制后，售票员才可以执行 SO 指令退出工作号。

9. 显示授权航空公司名称及代理人信息

DDI 指令主要用于显示本部门的 BSP 用户信息，包括部门代号，代理人代码，授权航空公司代码，用户名称、地址、电话、工作号、PID、打票机信息等内容。

指令格式：

►DDI:

输入：►DDI:

系统显示：

```
►DDI:
**************************TKT DEVICE INFORMATION DISPLAY***********************
OFFICE: SHA001
IATANBR: 08300028
AUTHORIZED AIRLINE CODES:
CA# JR# 3U# HU# HO# 9C# GS# G5# CZ# RY# KN# FU# 9D# AQ# Y8# OQ# BK# KY# PN# GX#
UQ# CN# TV# NS# QW# GT# 8L# A6# MU# GY# JD# LT# MF# SC# EU# FM# ZH# XL# 9H# DR#
DZ# N8# VD# 8C# WR#
============================== AGENCY INFORMATION ============================
SHA001/T-13608035651/ShangHaiInstituteOfAirline
ADDRESS: ShangHaiPuDong
CONTACT: ZHANG FEI
PHONE: 13608035651
FAX:
                                                                  +
```

各项内容的含义如下：

OFFICE　　本部门的 OFFICE 号

IATAANBR　　本部门的 IATA NUMBER

AUTHORIZED AIRLINE CODES　　授权航空公司代码

AGENCY INFORMATION　　代理人信息，包括电话、地址、工作号、PID 等信息

DEVICE INFORMATION　　打票机信息，包括打票机序号、打票机

学习笔记

PID 号、打票机类型、建控终端 PID/AGENT、允许接收的货币类型、票号范围等。

注意：使用 DDI 指令时，后面一定要有冒号，即▶DDI:。

任务实施

一、任务设计

1. 每位学生或每组学生（最好 2 人一组）按照教师提供的打票机的信息进行情景模拟操作：系统状态查看、控制建立与退出、输入输出状态改变等。

2. 讨论：如果售票员建立了打票机的控制，但还是无法进行正常的出票操作，应该怎么办？

3. 点评：请教师根据讨论，强调打票机要在可用状态（输入输出状态也必须保持在可用状态）下，才可以正常完成出票操作。

二、练习操作

1. 售票员上班当天，需要将本部门的打票机打开并操作，以便正常出票。

2. 查看打票机当前的状态，并最终恢复到打票机在可用状态。

3. 查看打票机当前的状态，并将打票机操作到不可用状态。

任务评价

打票机的操作学习任务评价表和学习任务总结表如表 2-2-1 和表 2-2-2 所示。

表 2-2-1　学习任务评价表

班级		姓名		总分	
日期		学号			
序号	评价内容	评价要求		分值	得分
1	打票机信息查看	能否进行打票机的查询操作		10	
		能否正确查看打票机的各项信息		10	
2	打票机控制	能否正确建立打票机的控制		10	
		能否正确退出打票机的控制		10	
3	打票机的状态更改	能否正确更改打票机的输入输出状态		10	
		能否更改打票机的状态		10	
4	打票机的上票卸票	能否正确进行上票操作		10	
		能否正确进行卸票操作		10	

学习笔记

续表

序号	评价内容	评价要求	分值	得分
5	素质要求	指令操作是否正确、快速	10	
		学习参与度是否高	10	

表 2-2-2　学习任务总结表

学习总结	学习的新知识
	掌握的新技能
学习反思	对本任务的学习表现是否满意，请写出自我反思

项目3 客 票 销 售

客票销售是民航售票员工作岗位最重要的内容之一。民航售票员可以根据旅客的要求，通过查询航班信息，选择符合旅客需求的航班及舱位，为旅客进行机票预订。但在民航订座系统中，只为旅客建立航班还不能让旅客正常地完成出行，还须将已经建立的订座记录出票，确保客票是在可以使用的状态。本项目学习如何完整地为旅客建立订座记录并按照旅客的要求进行其他处理操作。

知识目标

1. 掌握航班信息查询的方法。
2. 掌握旅客订座记录的建立操作。
3. 掌握旅客订座记录的生效操作。
4. 掌握旅客订座记录的出票操作。
5. 掌握旅客订座记录的其他操作。

能力目标

1. 能够帮助旅客查询符合要求的航班信息。
2. 能够按照旅客要求快速有效地为旅客完成订座记录的建立。
3. 能够正确地为旅客出票。
4. 能够为旅客进行订座记录的提取及修改。

考证标准

中国航信 BSP 自动出票证书。

学习笔记

任务1 航班信息查询

知识目标

1. 掌握航班可利用座位信息查询的操作。
2. 掌握最早可利用航班座位信息查询的操作。
3. 掌握航班时刻查询的操作。
4. 掌握指定日期的班期时刻显示。
5. 掌握航班经停点信息查询的操作。
6. 掌握航班票价信息查询的操作。
7. 掌握航班查询显示结果各项信息的含义。

能力目标

能够快速有效地处理旅客对航班不同信息的查询要求。

素质目标

1. 养成良好的沟通表达能力。
2. 提高主动服务的意识和亲和的服务态度。

案例引入

旅客张文文[①]想要预订1月7日上海至成都的客票，现在售票处请售票员为她查询航班座位情况及票价等信息。

案例分析

若要进行座位预订，首先要为旅客查询航班座位的可利用情况，航班起降点、经停点、票价信息，供旅客进行选择，只有旅客选择了满意的航班，才能为其完成客票预订。

情景1 航班可利用座位查询

AV指令用于查询航班座位可利用情况及相关航班信息，如航班号、舱位、起飞到达时间、经停点等，它是一个非常重要的指令。

航班信息可利用座位情况查询

1. 基本指令

►AV:显示参数/城市对/日期/起飞时间/航空公司代码/限制条件

① 编者注：本书的旅客姓名均为虚构。

学习笔记

【格式说明】

1）显示参数有以下几种。

H：完整显示航班所有舱位信息。

P：显示结果按照起飞时间先后顺序排列。

A：显示结果按照到达时间先后顺序排列。

E：显示结果按照飞行时间由短到长排列。

O：显示承运方航班信息。

M：显示市场方航班信息。

S：显示星空联盟的航空公司航班信息。

T：显示天合联盟的航空公司航班信息。

W：显示寰宇一家的航空公司航班信息。

若不选，则默认 P 选项。

2）指令中城市对和日期为必选项，其余为可选项。

城市对为必选项，输入出发和到达城市的三字代码，如果出发地为系统终端定义城市，可以省略出发城市的三字代码。日期不输入的时候默认是当天，“+”表示明天，“-”表示昨天。

3）起飞时间。

起飞时间为可选项，输入时间后，显示结果为指定时间前半个小时后的航班。

4）航空公司代码。

航空公司代码为可选项，可输入航空公司的 IATA 二字代码，指定查询某家航空公司的航班。

5）限制条件。

D：直达；N：无经停。

例：查询 1 月 7 日上海飞往成都的航班，无其他限定信息项，显示结果如下：

```
►AV PEKCAN/07JAN
 07JAN(SAT) BJSCAN
1-   CA1351  PEKCAN   0805    1100    333   0 S E DS# F9 C7 Y6 B1 M8 H9 K9 LL QS G9*
2   *FM9853  PEKCAN   0805    1100    321   0 S E DS# F9 C9 Y9 B8 E9 H7 K7 LL NQ R9*
3    CA1321  PEKCAN   0900    1200    330   0 S E DS# F9 CL YA BA MS HL KS LL Q9 G9*
4    MU7116  PEKCAN   0915    1220    332   0 S E DS# F1 C4 Y7 B9 E9 HA K5 L5 N1 R9*
5    CZ3108  PEKCAN   0915    1220    332   0 S E DS# F8 C2 Y7 B7 M7 H8 KL LL EA V6*
6   *CZ3162  PEKCAN   1015    1310    AB6   0 S E DS# FA C1 Y7 B6 M4 H8 KA LA E3 VS*
7    CA1315  PEKCAN   1100    1400    330   0 S E DS# F9 C9 YS BL M9 H3 KQ LQ Q9 G3*
8    CA1339  PEKCAN   1200    1500    321   0 S E DS# F9 C9 YS BA M9 H5 K7 L9 QA GQ*
9+   CZ3102  PEKCAN   1215    1505    77A   0 S E DS# F6 C9 YQ BL MS HA K2 L4 E6 VS*
►|
```

【显示说明】

第 1 列：1～9，代表航班信息序号。

第 2 列：航班号，带“*”的为代码共享航班。

第 3 列：PEKCAN 为起飞机场与到达机场三字代码。

第 4～5 列：起飞时间，到达时间。

学习笔记

第 6 列：执行该航班的机型。

第 7 列：经停点，“0”表示没有经停点，“1”表示有一个经停点。

第 8 列：S 表示餐食标识。

第 9 列：E 表示电子客票标识。

第 10 列：DS#表示航空公司与 CRS 之间的联接协议级别，其中“DS#”是最高的协议级别，若显示“AS#”则表示该航班做过时间变更。

第 11 列之后：航班座位的可利用情况，由左边的舱位等级及右边的座位状态组成，舱位状态有以下几种：

A：可以提供 9 个以上座位；

1～9：可以提供 1～9 个座位，系统显示具体的可利用座位数；

L：没有可利用座位，但旅客可以候补；

Q：永久申请状态，没有可利用座位，但可以申请（申请后订座座位状态显示为 HN）；

S：因达到限制销售数而没有可利用座位，但可以候补；

C：该等级彻底关闭，不允许候补或申请；

X：该等级取消，不允许候补或申请；

Z：可利用情况不明，这种情况可能在外国航空公司航班上出现。

最右侧一列中的“*”，表示航班舱位还未完全显示，可以操作。

AV:C/航班序号：表示可进行全部舱位信息的查看，如查看 CA1321 航班所有的舱位信息，输入▶AV:C/3，显示如下：

```
▶AV C/3
  07JAN23(SAT) PEKCAN
3 CA1321  BJSCAN        F9 CL YA BA MS HL KS LL Q9 G9 V4 T5
▶
```

2. 指定航班号查询

指令格式：

航班号/日期

例：查询 12 月 30 日 CA4309 的航班信息。

输入：▶AV:CA4309/30DEC，显示结果如下所示，具体内容见基础指令说明。

```
▶AV CA4309/30DEC
 AV:CA4309/30DEC
DEP TIME   ARR TIME   WEEK FLY   GROUND TERM   TYPE MEAL
TFU 1900   CAN 2140   FRI  02:40        T1/T2  321
TOTAL JOURNEY TIME   02:40
TFUCAN JL C1 DQ ZS RL I6 YA BL MQ U7 HS QS V9 WL SL TS LA PQ XA
       NA KA
▶
```

【显示说明】

第 1 行：航班号、日期。

第 2～3 行：

- DEP TIME　离站时间为成都天府国际机场 19:00
- ARR TIME　到站时间为广州白云国际机场 21:40

学习笔记

- WEEK FRI　星期五
- FLY　飞行时间 2 小时 40 分钟
- GROUND TERM：T1 出发，T2 到达

第 5 行：航班舱位信息显示，各项字母含义见上文。

3. 指定显示某相隔日期的航班信息

在工作中，有时查询的航班信息不符合旅客要求，旅客会提出查询几天之后的信息，售票员也可在前项显示的基础上为其直接查询。

指令格式：

►AV:+N（N 为 1～9 内任意数字）

查询前，需要在民航订座系统中先查询某天的航班信息后，方可使用 AV:+N 指令。

```
►AV CANTSN/07JAN
 07JAN(SAT) CANTSN
1-  CZ3133  CANTSN   0825    1115    757  0 S E DS# FL CQ YQ BQ M9 H9 K6 L9 E4 V5*
2   CA1396  CANTSN   0855    1155    737  0 S E DS# F2 CS Y9 B2 M7 HL K9 L1 QQ G9*
3   CZ3301  CANTSN   0950    1255    757  0 S E DS# FL CL YL BQ MQ HQ KQ LL E9 V3*
4   CA1318  CANTSN   1150    1440    737  0 S E DS# F5 CL YL BL ML HL KL L9 Q3 G7*
5   CZ3135  CANTSN   1605    1850    321  0 S E DS# F7 CL Y9 B4 M1 H9 KS LQ EA VQ*
6   GS7202  CANTSN   1720    2010    733  0 S E DS# F6 CA YL BA H9 K9 L7 M3 QA X6*
7   HU7202  CANTSN   1720    2010    733  0 S E DS# F3 CQ Y9 B6 HL KA L5 M5 Q7 XS*
8   HO1288  CANPVG   0655    0915    320  0 S E DS# F8 CA Y9 B2 M3 H4 K4 LS QS GA*
    CA1656     TSN   0850+1  1110+1  73L  0 S E DS# F5 C2 Y9 B9 M2 H6 K9 LL QS GQ*
►|
```

在查询 1 月 7 日广州到天津的航班的基础上，查询 3 天后的航班信息，直接输入►AV:+3，显示如下：

```
►AV +3
 10JAN(TUE) CANTSN
1-  CZ3133  CANTSN   0825    1115    757  0 S E DS# F9 C2 YS BQ M9 H9 K2 LQ E9 V9*
2   CA1396  CANTSN   0855    1155    737  0 S E DS# F2 C9 YL B9 M5 HA KS LA Q9 GQ*
3   CZ3301  CANTSN   0950    1255    757  0 S E DS# FA CA Y6 BQ MQ HQ KQ LL E9 V7*
4   CA1318  CANTSN   1150    1440    737  0 S E DS# F9 CL Y9 BQ M9 H9 KL L9 Q6 G8*
5   CZ3135  CANTSN   1605    1850    321  0 S E DS# F9 CL YS BQ M9 H8 K5 LL EQ V9*
6   GS7202  CANTSN   1720    2010    733  0 S E DS# FQ CS YS BL HL KS L9 M4 Q2 X2*
7   HU7202  CANTSN   1720    2010    733  0 S E DS# F9 C4 YA B4 H8 KL L9 M1 Q3 X9*
8   HO1288  CANPVG   0655    0915    320  0 S E DS# FA C9 Y9 B6 M3 HQ K9 L8 QS GA*
    CA1656     TSN   0850+1  1110+1  73L  0 S E DS# F7 CS YQ B9 M9 H3 K1 LQ QL GS*
►|
```

从显示结果第 2 行可以看到，查询的航班日期为 1 月 10 日。

4. 查询航班多个日期的舱位情况

指令格式：

►AV:航班号/日期/天数

其中，天数可以输入 0～9，可以直接查询指定日期往后指令的几天内的航班，固定显示 6 天的航班信息。

5. 直接查询返程航班信息

民航订座系统也支持在已有 AV 显示的前提下显示回程航班座位情况，如旅客要查询 12 月 30 日从成都到上海的往返航班，我们在前面查询

学习笔记

的基础上，直接输入指令▶AV:RA/30DEC，就可以查询返程情况了。

```
▶AV CTUSHA/30DEC
 30DEC22(FRI) CTUSHA
1   CA9898 CTUSHA 1719    2318    737 1  E DS# J0 CL DQ Z1 R2 I4 YL B4 M5 U5
                  H6 Q5 VS W5 S6 T6 LQ PQ XA NQ KA
2   FM9542 TFUSHA 1930    2220    737 0  E DS# JL C0 D1 Z1 R1 IQ YL B7 MQ U4
                  HS Q8 V4 W5 SL TA L8 P6 X7 NS KA
3   CA3546 CTUSHA 2324    2359    319 0  E DS# J0 C0 D1 ZL R2 IQ YL B4 MQ U5
                  H7 Q7 V6 WS SS T6 L9 P9 XL NA KQ
▶AV RA/30DEC
 30DEC22(FRI) SHACTU
1   MU5297 SHATFU 1840    2220    320 0  E DS# J0 CL D1 Z1 RQ IS YL B3 M3 U2
                  H3 Q3 VQ WS S3 T2 L3 P3 XQ NQ K3
2   CA4518 SHACTU 1850    2205    321 0  E DS# J3 CL DQ Z4 R3 I6 Y3 BL M3 UQ
                  H4 QS V3 W3 S3 TL L3 P3 X3 N3 K3
3   CA4514 SHATFU 1930    2250    320 0  E DS# JL C0 D1 ZQ R1 I1 Y2 B3 M2 UL
                  H3 Q3 V3 WQ SS TS LQ P3 X3 N3 KQ
4   CA8838 SHACTU 2003    2303    320 0  E DS# J0 CL D1 Z1 RQ I4 Y7 B9 ML UQ
                  HS Q7 VL W6 SQ TL LA PS XQ NA KS
5   MU5477 SHACTU 2135    0055+1 321 0  E DS# JL CQ D1 ZS RL IQ YL BQ MS U4
                  HS QL V4 WS S4 TQ LS P4 X4 N5 K4
                                                                   +
```

【说明】

从显示可以看到，出发城市为 CTUSHA，输入▶AV:RA 指令查询之后，显示结果中的城市对为 SHACTU，与前项的查询航班为往返航班。当然，也可以按照 AV 指令格式查询从上海虹桥国际机场返回成都天府国际机场的航班信息。

情景 2 最早可利用航班信息查询

最早可利用航班信息查询

FV 指令提供了最早有座位的航班信息，它的显示内容与 AV 指令相似。它对选定日期后的航班进行检索，直到找到最早可提供座位的航班。该指令只能查询中国民航航班信息。

指令格式：

▶FV:显示参数/城市对/日期/起飞时间/座位数/航空公司

【格式说明】

显示参数与 AV 指令的显示参数信息一致，根据需要进行选择输入。

城市对和日期为必选项，其余为可选项，各信息项内容与 AV 指令一样，不同的是 FV 指令格式中无限制条件信息项，但是多了座位数，可限定查询座位数要求的最早的、合适的航班。

例：显示从成都到广州 12 月 30 日最早有座位的航班。

输入：▶FV:CTUCAN/30DEC

系统显示：

```
▶FV CTUCAN/30DEC
 30DEC22(FRI) CTUCAN VIA
1   CA4309 TFUCAN 1900    2140    321 0  E DS# JL1 C11 DQ1 ZS1 RL2 I66 YAA BL9 MQ7
 U77*
▶
```

显示结果与 AV 指令结果显示稍有不同：一是 FV 指令只显示符合条件的最早的一趟航班；二是在舱位信息显示部分有不同，FV 指令会显示

学习笔记

具体的舱位目前空闲的座位数。

情景 3　航班时刻显示

航班时刻显示（SK）

SK 指令可以查询一城市对在特定周期内所有航班信息，包括航班号、时刻显示、出发到达时间、舱位、机型、周期和有效期限。

指令格式：

▶SK:显示参数/城市对/日期/时间/航空公司代码/舱位

【格式说明】

1）SK 指令所显示出的航班信息的时间段为指定时间和前后 3 天，共一周时间。

2）信息项输入中的限制条件和 AV 指令一致。

3）城市对和日期为必选项，其余为可选项。

例：查询 12 月 30 日前后一周从成都到深圳的航班时刻。

输入：▶SK:CTUSZX/30DEC

系统显示：

```
▶SK CTUSZX/30DEC
27DEC22(TUE)/02JAN23(MON) CTUSZX
1 3U8701 CTUSZX 0630    0900    320   0     E D      30DEC30DEC JRZIDCHLTWUQYVSBMNP*
2 MU6515 TFUSZX 0900    1125    320   0     E X3     30DEC30DEC JIDZRCYUTVQKNWXMBLH*
3 CA4329 TFUSZX 1130    1400    319   0     E D      30DEC30DEC ICRZDJYBSUWTHNQLPVM*
4 CZ2884 TFUSZX 1230    1500    320   0     E D      30DEC30DEC RCDJZIQKYVTHMXUPBSL*
5 CZ3622 CTUSZX 1240    1500    321   0     E 456    30DEC30DEC JDCZRIYTLBSNQUKWMPX*
6 3U8705 CTUSZX 1520    1800    330   0     E D      30DEC30DEC CDZIRJYVWSKTMXHQUPN*
7 MU6371 TFUSZX 1530    1810    320   0     E D      30DEC30DEC DCZIRJUQYHBMTKVWNPX*
8 CA4323 TFUSZX 1730    2005    321   0     E X7     30DEC30DEC DZRCJIWUBQYMVHLTKPX*
9 CZ8482 CTUSZX 1820    2100    321   0     E D      30DEC30DEC JDICRZMVQLYHWUTBPSX*
10 ZH9408 TFUSZX 1820    2100    330   0     E D      30DEC30DEC ZRCDIJGEYBMTNKSWQVL*

                                                     +
▶
```

【显示说明】

第 1 行：所查询的时间范围为 2022 年 12 月 27 日至 2023 年 1 月 2 日。

第 1 列：1～10，表示航班信息序号。

第 2 列：航班号，由航空公司 IATA 二字代码加数字组成。

第 3 列：起飞机场与到达机场三字代码。

第 4～5 列：起飞时间，到达时间。

第 6 列：执行该航班的机型。

第 7 列：经停点，“0”表示没有经停点，“1”表示有一个经停点。

第 8 列：E 表示电子客票标识。

第 9 列：航班飞行日期，其中“X3”表示除了星期三没有该航班外，其余时间均有；“456”表示只有每周星期四、五、六这 3 天有该航班；“D”表示从周一到周日都有该航班。

第 10 列：该航班的有效期。

学习笔记

第 11 列：该航班能提供的舱位。

情景 4　指定日期的班机时刻查询

指定日期的班机时刻显示

DS 指令用于显示指定日期内所有固定航班情况，其格式与 SK 指令完全相同。

指令格式：

▶DS:显示参数/城市对/日期/时间/航空公司代码/舱位

【格式说明】

1）显示参数与 AV、FV、SK 一致。

2）城市对为必选项，其余为可选项。

例：查询 12 月 30 日成都到深圳的固定航班。

输入：▶DS:CTUSZX/30DEC

系统显示：

```
▶DS CTUSZX/30DEC
30DEC22(FRI) CTUSZX
1  3U8701 CTUSZX 0630 0900 320  0   ES# 30DEC30DEC JRZIDCHLTWUQYVSBMNP*
2  MU6515 TFUSZX 0900 1125 320  0   ES# 30DEC30DEC JIDZRCYUTVQKNWXMBLH*
3  CA4329 TFUSZX 1130 1400 319  0   ES# 30DEC30DEC ICRZDJYBSUWTHNQLPVM*
4  CZ2884 TFUSZX 1230 1500 320  0   ES# 30DEC30DEC RCDJZIQKYVTHMXUPBSL*
5  CZ3622 CTUSZX 1240 1500 321  0   ES# 30DEC30DEC JDCZRIYTLBSNQUKWMPX*
6  3U8705 CTUSZX 1520 1800 330  0   ES# 30DEC30DEC CDZIRJYVWSKTMXHQUPN*
7  MU6371 TFUSZX 1530 1810 320  0   ES# 30DEC30DEC DCZIRJUQYHBMTKVWNPX*
8  CA4323 TFUSZX 1730 2005 321  0   ES# 30DEC30DEC DZRCJIWUBQYMVHLTKPX*
9  CZ8482 CTUSZX 1820 2100 321  0   ES# 30DEC30DEC JDICRZMVQLYHWUTBPSX*
10  ZH9408 TFUSZX 1820 2100 330  0   ES# 30DEC30DEC ZRCDIJGEYBMTNKSWQVL*
                                                                   +
▶
```

情景 5　航班经停点及起降时间查询

航班经停点及起降时间的显示

售票员在利用 AV 等指令进行查询时，会发现有的航班有经停点，但具体在哪里经停，并不能在 AV 指令显示结果中看到，这时就需要进行查询，可用 FF 指令查询航班经停城市、起降时间和机型。

指令格式：

▶FF:航班号/日期

前项系统显示：

```
▶AV CTUSHA
 30DEC22(FRI) CTUSHA
1   CA9898 CTUSHA 1719    2318    737 1  E DS# J0 CL DQ Z1 R2 I4 YL B4 M5 U5
                  H6 Q5 VS W5 S6 T6 LQ PQ XA NQ KA
2   FM9542 TFUSHA 1930    2220    737 0  E DS# JL C0 D1 Z1 R1 IQ YL B7 MQ U4
                  HS Q8 V4 W5 SL TA L8 P6 X7 NS KA
3   CA3546 CTUSHA 2324    2359    319 0  E DS# J0 C0 D1 ZL R2 IQ YL B4 MQ U5
                  H7 Q7 V6 WS SS T6 L9 P9 XL NA KQ
▶
```

学习笔记

由此可以看到，12 月 30 日从成都到上海的航班中，CA9898 次航班为直达，但有一个经停点，在哪经停，可以用 FF 指令查询。

输入：►FF:CA9898/30DEC

系统显示：

```
►FF CA9898/30DEC
FF:CA9898/30DEC22
CTU             1719      737
PEK    2019     2119
SHA    2318
►
```

【显示说明】

第 1 行：重复显示指令；

第 2 行：第一出港地，起飞时间，机型；

第 3 行：第二出港地，到达时间，起飞时间；

第 4 行：目的地，到达时间。

票价查询

情景 6　票价信息查询

目前，航空公司公布的价格是明折明扣统一标准的，但航空公司对子等级的定义不同，售票员若想了解公布的价格可以通过 FD 指令来查看。

指令格式：

►FD:起止城市/日期/承运人/选项

【格式说明】

日期：默认为当日，可查询已过期的历史数据，也可以使用“.”表示今天、“+”表示明天、“-”表示昨天。

选项：S 表示由低到高显示价格。

例：查询 12 月 30 日成都到上海的票价。

输入：►FD:CTUSHA/30DEC

系统显示：

```
►FD CTUSHA/30DEC
►FD:CTUSHA/30DEC22           /CNY /TPM   1000/
01 CA/J  /  2620.00 = 5240.00/J/J/  / . /26MAY21      /7001  ►PFN:01
02 CA/C  /  2480.00 = 4960.00/C/J/  / . /26MAY21      /7001  ►PFN:02
03 CA/D  /  2330.00 = 4660.00/D/J/  / . /26MAY21      /7001  ►PFN:03
04 CA/Z  /  2200.00 = 4400.00/Z/J/  / . /26MAY21      /7001  ►PFN:04
05 CA/R  /  2050.00 = 4100.00/R/J/  / . /26MAY21      /7001  ►PFN:05
06 CA/I  /  1920.00 = 3840.00/I/J/  / . /26MAY21      /7001  ►PFN:06
07 CA/Y  /  1740.00 = 3480.00/Y/Y/  / . /26MAY21      /7001  ►PFN:07
08 CA/B  /  1700.00 = 3400.00/B/Y/  / . /26MAY21      /7001  ►PFN:08
09 CA/M  /  1640.00 = 3280.00/M/Y/  / . /26MAY21      /7001  ►PFN:09
                                                                  +
►
```

学习笔记

【显示说明】

第 1 行：

- ►FD:CTUSHA/30DEC22：重复查询条件。
- CNY：货币种类。
- TPM 1000：实际里程。

第 1 列：01～09 表示票价信息序号。

第 2 列：CA/J 的左侧字母为航空公司二字代码，右侧字母为舱位字母。

第 3 列：2620.00 表示单程票价；5240.00 表示往返程票价；J/J 的左侧字母为实际舱位，右侧字母为基础舱位。

第 4 列：票价的生效日期，国内一般只写开始日期。

第 5 列：7001 价格适用的客票规定文件的代号，不同的公司这个代号不一样。

第 6 列：PFN 为票价规则。

任务实施

一、任务设计

1．请学生分小组进行不同角色（旅客张文文和客票销售员）的扮演，按照旅客要求进行航班信息的查询。

2．讨论：请学生针对演示结果进行讨论，分析正确的指令操作及显示结果的含义。

3．点评：请教师针对学生的演示过程和分析结果进行点评。

二、练习操作

1．查询 4 月 25 日北京到长春的航班信息。

2．查询 4 月 25 日西安到西宁的航班信息。

3．查询 4 月 22 日南航乌鲁木齐到上海的航班信息。

4．查询 5 月 7 日上午 10 点后天津飞往连云港的航班信息。

5．查询 4 月 28 日下午 3 点后东航昆明到济南的航班信息。

6．查询 4 月 12 日成都到沈阳的航班信息，并查询 3 天后返程的航班信息。

7．查询 6 月 15 日 CA1202 航班的所有舱位信息。

8．查询 6 月 6 日从兰州到深圳飞行时间最短的航班信息。

9．查询 5 月 4 日南京到桂林的直达航班信息。

10．查询 6 月 1 日郑州到武汉无经停航班的信息。

11．查询 6 月 1 日北京到上海最早有座位的航班信息。

12．查询 5 月 21 日西安到乌鲁木齐 Y 舱最早有座位的航班信息。

13．查询济南到宁波最早有 5 个座位的航班信息。

14．查询 5 月 16 日大连到杭州上午 11 点后最早的航班信息。

学习笔记

15. 查询 5 月 20 日下午 2 点后海南航空敦煌到西安的最早航班信息。
16. 查询 4 月 16 日上午 9 点后南航广州到上海有 8 个座位的航班信息。
17. 查询从合肥到珠海飞行时间最短的航班信息。
18. 查询 10 月 15 日前后 3 天内北京到西宁的航班信息。
19. 查询 11 月 18 日前后 3 天内东航上海到成都的航班信息。
20. 查询 12 月 1 日前后 3 天内北京到长沙 F 舱的航班信息。
21. 查询 12 月 10 日国航北京到广州 11 点后的航班信息。
22. 查询 11 月 10 日前后 3 天内北京到伦敦的直达航班信息。
23. 查询 12 月 26 日北京到巴黎的无经停航班信息。
24. 查询 10 月 15 日北京到长沙的航班信息。
25. 显示 12 月 10 日北京到广州的航班信息。
26. 只显示 10 月 16 日南航从广州到上海的航班信息。
27. 按到达顺序显示 12 月 10 日 11 点后北京到洛杉矶的国航直达航班。
28. 按飞行时间由短到长的顺序显示 10 月 10 日的 PEKHGH 航班。
29. 查询 10 月 9 日的 CA929 航班信息。
30. 查询 12 月 28 日 CA1208 航班信息。
31. 查询国航北京到上海的所有票价。

任务评价

航班信息查询学习任务评价表和学习任务总结表如表 3-1-1 和表 3-1-2 所示。

表 3-1-1 学习任务评价表

班级		姓名		总分	
日期		学号			
序号	评价内容	评价要求		分值	得分
1	航班可利用座位查询	能否操作航班可利用座位查询的各种格式指令		10	
		能否正确认知各项显示结果及含义		10	
2	最早可利用航班信息查询	能否操作最早航班可利用座位查询的指令		10	
		能否正确认知各项显示结果及含义		10	
3	航班时刻查询	能否操作航班时刻查询的指令		5	
		能否正确认知各项显示结果及含义		5	
4	指定日期的班期时刻显示	能否操作指定日期的班期时刻的查询指令		5	
		能否正确认知各项显示结果及含义		5	
5	航班经停点信息查询	能否操作航班经停点查询的指令		5	
		能否正确认知各项显示结果及含义		5	
6	航班票价信息查询	能否操作票价查询的指令		5	
		能否正确认知各项显示结果及含义		5	

学习笔记

续表

序号	评价内容	评价要求	分值	得分
7	素质要求	指令操作是否正确、快速	10	
		学习参与度是否高	10	

表 3-1-2 学习任务总结表

学习总结	学习的新知识
	掌握的新技能
学习反思	对本任务的学习表现是否满意，请写出自我反思

任务 2 旅客订座记录的处理

知识目标

1. 掌握旅客订座记录建立的基本项。
2. 掌握旅客订座记录建立的生效。
3. 掌握旅客订座记录的其他信息项。
4. 掌握旅客订座记录的出票操作。

能力目标

能够按照旅客要求完成订座记录的建立并出票。

素质目标

1. 践行民航敬畏生命、敬畏规章、敬畏职责的精神。
2. 践行民航真情服务的理念。
3. 尊重旅客意愿，在允许的范围内最大限度地满足旅客的需求。

学习笔记

案例引入

旅客张文文想要预订1月7日北京到上海的客票，请民航售票员根据旅客张文文的要求进行客票预订处理。

案例分析

前面已经查询了航班信息，我们可以按照旅客的要求选择合适的航班，为旅客建立订座记录。

情景1　旅客订座记录建立基本项

旅客订座记录的基本项包括航段组、姓名组、联系组、出票组，建立这4项以后，就可以完成旅客订座记录（PNR）的建立了。

1. 航段组的建立

旅客订座记录建立——航段组信息

在为旅客查询航班信息的基础上，选择符合旅客需求的航班，就可以建立航段组的信息了。航段组信息分为有效航段、不定期航段、到达情况不明航段。

（1）有效航段

1）间接建立。利用航班时刻表、指定日期班机时刻表或航班座位可利用情况建立航段组。

指令格式：

►SD:航线序号/舱位等级/行动代码/订座数

【格式说明】

航线序号：前次AV指令显示中，相应航班的序号。

舱位等级：前次AV指令显示中，相应航班的舱位。

行动代码：可省略，默认为NN申请。

- NN：AV指令显示没有可销售座位数，但可申请的舱位，可以NN方式进行座位申请。
- LL：AV指令显示没有可销售座位数，但可候补的舱位，可以LL方式进行座位候补。
- RR：AV指令显示有可销售座位数，准备直接出票，可以RR方式进行预订。

订座数：预订座位的数量。

例：旅客张文文预订1月7日北京至上海的客票，现在为其建立航段组。

输入：►AV:PEKSHA/07JAN

系统显示：

学习笔记

```
▶AV PEKSHA/07JAN
 07JAN(SAT) BJSSHA
1-  CZ6412  PEKSHA   0640   0900   321  0 S E DS# FS CL YL BQ M9 H9 KS L9 E2 V6*
2   HU7619  PEKSHA   0705   0920   789  0 S E DS# F5 C1 Y3 B6 H3 K5 LL MQ QA XA*
3   HU7607  PEKSHA   0725   0935   337  0 S E DS# F1 CQ Y9 B5 H9 K9 L2 ML QS XA*
4   CA1835  PEKSHA   0735   0955   333  0 S E DS# F1 CQ YA BL MS HQ K9 L6 QA G5*
5   MU5102  PEKSHA   0805   1015   333  0 S E DS# F8 C8 YA B1 E9 H1 K1 L4 NS RA*
6   FM9108  PEKSHA   0825   1050   73E  0 S E DS# F9 C9 Y3 BA E5 H7 K9 L9 N9 RL*
7   HU7605  PEKSHA   0835   1045   333  0 S E DS# F4 C5 YA B1 H4 KL LQ MA Q8 X1*
8   CZ3951  PEKSHA   0850   1105   321  0 S E DS# F9 C8 Y2 BS MA H9 K6 L9 EL VQ*
9   MU5152  PEKSHA   1130   1345   333  0 S E DS# F1 C6 Y1 B9 EA HQ KL LL NL RA*
▶|
```

输入：►SD:7Y1

系统显示：

```
▶SD 7Y1
 1.  HU7605 Y  SA07JAN  PEKSHA  DK1  0835  1045   333 S 0 ˆ  E T1T2
 2.PEK/T PEK/T010-80**5338/BEIJING ORIENT BLUE SKY INTERNATIONAL AVIATION SERVIC
    E CO.,LTD//GEXING ABCDEFG
 3.PEK211
▶|
```

【显示说明】

第 1 行：

- HU7605：HU 为承运航空公司二字代码，航班号为 7605，舱位为 Y 舱。
- SA07JAN：航班起飞日期为周六，1 月 7 日。
- PEKSHA：行程为北京到上海。
- DK1：状态代码为 DK，有可销售座位的预订，数量为 1 个。
- 0835 1045：起飞、到达时间。
- 333：执飞航班机型。
- 0：无经停。
- E：支持电子票。
- T1T2：出港在 T1 航站楼，到达在 T2 航站楼。

第 2 行：代理人的联系信息。

第 3 行：代理人的部门号为 PEK211。

第 2 行和第 3 行信息，为系统自动生成。

2）直接建立。直接建立航段是在售票员知道待订航班的所有信息，如航班号、日期、舱位、座位数及起飞时间的情况下建立起来的。间接建立则须先将航班信息提取出来，再根据旅客的要求选择适当的班次。

指令格式：

►SS:航班号/舱位/日期/航段/行动代码/订座数/起飞时间、到达时间

【格式说明】

行动代码：可省略，默认为 NN 申请。NN、LL、RR 意义参见间接建立。

订座数：与旅客数要一致。

学习笔记

起飞时间、到达时间：可省略，个别航空公司因连接模式不同，省略可能使航段没有时间显示。

输入：►SS HU7605/Y/10JAN/PEKSHA/NN1

系统显示：

```
►SS HU7605/Y/10JAN/PEKSHA/NN1
 1.  HU7605 Y  TU10JAN  PEKSHA  DK1  0835  1045   333 S 0 ^ E T1T2
 2.PEK/T PEK/T010-80**5338/BEIJING ORIENT BLUE SKY INTERNATIONAL AVIATION SERVIC
    E CO.,LTD//GEXING ABCDEFG
 3.PEK211
►I
```

可以看到，通过 SS 指令也可以直接建立航段，且显示结果和 SD 指令的操作是一样的。

（2）不定期航段

不定期航段（OPEN）组是为方便旅客行程，事先为旅客以不定期航段出票，旅客可以依据各自情况签转航班。

作为不定期航段，必须确认的内容是航段和舱位，其他内容可以设置为不确定信息，如旅行日期。不定期航段也是有效航程。

指令格式：

►SN:航空公司代码/舱位/城市对/日期

【格式说明】

航空公司代码：若省略，则表示不指定承运人，一般在出票时须确认承运人。

舱位：作为有效航程，是价格计算的一部分，预订要指定舱位等级。

城市对：作为有效航程，是价格计算的一部分，预订要指定行程。

日期：若省略，则表示不指定日期。

例：旅客预订了 1 月 10 日北京到上海的航班后，预订回程航班，回程日期不确定。

输入：►SN HU/Y/PEKSHA

系统显示：

```
►SN HU/Y/PEKSHA
 1.  HU7605 Y  TU10JAN  PEKSHA  DK1  0835  1045   333 S 0 ^ E T1T2
 2.  HUOPEN Y              PEKSHA
 3.PEK/T PEK/T010-80**5338/BEIJING ORIENT BLUE SKY INTERNATIONAL AVIATION SERVIC
    E CO.,LTD//GEXING ABCDEFG
 4.PEK211
►I
```

注意：不能在系统中直接建立不定期航段，须前面有确定时间的航段方可建立。

（3）到达情况不明航段

在为旅客预订座位时并不一定要求航段的连续性，只要日期时间上没有冲突，就可以进行预订。但在出票时，航程有断点不连续，就须通过 SA 指令将断点连接，这种行程不在有效航程范围内。

学习笔记

指令格式：

▶SA:航班/舱位/日期/起止城市/状态代码

【格式说明】

航班/舱位：承运情况说明，可省略，但两项需要一起省略。

日期：行程日期，在没有航班、舱位项时，可省略。

起止城市：行程，不可省略。

状态代码：行程状态，须在完整格式时使用，可省略。

- DK/KK/KL/TK/HK/GK/PK：占位状态。
- LL/DW/US/TL/HL/GL/PL：候补状态。
- NN/UU/TN/HN：申请状态。
- XX/HX/NO/UC/UN：删除状态。

例：旅客 12 月 30 日由成都前往上海，到达上海浦东国际机场，12 月 30 日又从上海虹桥国际机场出发前往深圳。

```
▶
1.  MU5296 Y FR30DEC22 TFUPVG DK1 0800 1040 200H  0 R E T1T2
2.  ZH9512 Y FR30DEC22 SHASZX DK1 1730 2010 201F  0 R E T1T2
3. SHA/T-1360803****  ZHANG FEI
4. SHA001
▶
```

可以看到，第一个航段的到达机场并不是第二个航段的出发机场，该记录并不是连续航段，须将该航段连续起来。

输入：▶SA:30DEC/PVGSHA

之后进行 RT 指令提取查看。

```
▶RT
1.  MU5296 Y FR30DEC22 TFUPVG DK1 0800 1040 200H  0 R E T1T2
2.  ARNK     FR30DEC22 PVGSHA
3.  ZH9512 Y FR30DEC22 SHASZX DK1 1730 2010 201F  0 R E T1T2
4. SHA/T-1360803****  ZHANG FEI
5. SHA001
▶
```

可以看到，经过 SA 指令操作后，航段已经变得连续了。到达情况不明航段，也称为地面运输。

2. 姓名组

姓名组是旅客订座记录中必不可少的组项，记录了旅客姓名、所订座位数、称谓、特殊旅客代码等内容。

指令格式：

- 成人及儿童：▶NM:该姓名的订座总数旅客姓名(特殊旅客代码)。
- 婴儿：▶XN:IN/婴儿姓名 INF（出生年月）/跟随旅客序号。

旅客订座记录建立——姓名组信息

【格式说明】

姓名组由英文字母或汉字组成。

输入英文字母的姓名，姓与名之间需用斜线（/）分开（中文姓名无

学习笔记

此限制）且姓氏不得少于两个字母。

旅客名单按照姓氏的字母顺序排列。

旅客姓名长度最大为23个字符（其中包括空格及斜线等）。

散客记录最大旅客数为9人，多于9人的为团体旅客记录。

（1）一名旅客（张文文），中文

输入：►NM:1张文文

系统显示：

```
►NM 1张文文
 1.张文文
 2.   HU7605 Y   SA07JAN  PEKSHA  DK1  0835  1045   333 S 0 ^ E T1T2
 3.PEK/T PEK/T010-80**5338/BEIJING ORIENT BLUE SKY INTERNATIONAL AVIATION SERVIC
    E CO.,LTD//GEXING ABCDEFG
 4.PEK211
►|
```

【显示说明】

序号1：订座记录中一名旅客姓名为张文文，订取一个座位。

序号2：前项已经成功建立的旅客的航段组信息。

序号3：订座系统的联系组，该项显示的是代理人的联系信息，由订座系统根据单位配置进行设置，由系统自动生成。

序号4：订座单位OFFICE号，由系统自动生成。

（2）一名旅客（张文文），英文

输入：►NM: 1ZHANG/WENWEN

系统显示：

```
►NM 1ZHANG/WENWEN
 1.ZHANG/WENWEN
 2.PEK/T PEK/T010-80**5338/BEIJING ORIENT BLUE SKY INTERNATIONAL AVIATION SERVIC
    E CO.,LTD//GEXING ABCDEFG
 3.PEK211
►|
```

（3）多名旅客（张文文、张静、李琳），中文

输入：►NM:1张文文　1张静　1李琳

系统显示：

```
►NM 1张文文 1张静 1李琳
 3.李琳  2.张静  1.张文文
 4.PEK/T PEK/T010-80**5338/BEIJING ORIENT BLUE SKY INTERNATIONAL AVIATION SERVIC
    E CO.,LTD//GEXING ABCDEFG
 5.PEK211
►
```

（4）多名旅客（张文文、张静、李琳），英文

输入：►NM:1ZHANG/WENWEN 1ZHANG/JING 1LI/LIN

系统显示：

```
►NM 1ZHANG/WENWEN 1ZHANG/JING 1LI/LIN
1.ZHANG/WENWEN 2.ZHANG/JING 3.LI/LIN
4.SHA/T-1360803****  ZHANG FEI
5.SHA001
►
```

学习笔记

（5）多名旅客，相同姓氏的输入（张静、张文文），英文

输入格式1：▶NM:1ZHANG/WENWEN 1ZHANG/JING 1LI/LIN

输入格式2：▶NM:2ZHANG/WENWEN/JING 1LI/LIN

系统显示结果是一样：

```
▶NM 1ZHANG/WENWEN 1ZHANG/JING 1LI/LIN
 3.LI/LIN 2.ZHANG/JING 1.ZHANG/WENWEN
 4.PEK/T PEK/T010-80**5338/BEIJING ORIENT BLUE SKY INTERNATIONAL AVIATION SERVIC
    E CO.,LTD//GEXING ABCDEFG
 5.PEK211
▶|
```

```
▶NM 2ZHANG/WENWEN/JING 1LI/LIN
 3.LI/LIN 2.ZHANG/JING 1.ZHANG/WENWEN
 4.PEK/T PEK/T010-80**5338/BEIJING ORIENT BLUE SKY INTERNATIONAL AVIATION SERVIC
    E CO.,LTD//GEXING ABCDEFG
 5.PEK211
▶|
```

（6）婴儿姓名输入（成人张文文、婴儿王笑笑）

这种情况应先输入成人姓名，后面再用XN指令输入婴儿姓名。

输入：▶XN:IN/王笑笑 INF (DEC21)/P1

系统显示：

```
▶XN IN/王笑笑 INF(DEC21)/P1
 1.张文文
 2.  HU7605 Y  SA07JAN  PEKSHA  DK1  0835  1045   333 S 0 ^ E T1T2
 3.PEK/T PEK/T010-80**5338/BEIJING ORIENT BLUE SKY INTERNATIONAL AVIATION SERVIC
    E CO.,LTD//GEXING ABCDEFG
 4.OSI YY 1INF WANG/XIAOXIAO INF
 5.XN/IN/王笑笑  INF(DEC21)/p1
 6.PEK211
▶|
```

【显示说明】

序号4：由系统自动生成的婴儿备注信息。

序号5：婴儿的姓名信息。

（7）儿童等其他特殊类型旅客姓名输入

以儿童为例，成人张文文、儿童王琳，先输入姓名后，再加上旅客类型服务代码。

输入：▶NM:1张文文 1王琳CHD

系统显示：

```
▶NM 1张文文 1王琳CHD
 2.王琳CHD  1.张文文
 3.  HU7605 Q  SA07JAN  PEKSHA  DK2  0835  1045   333 S 0 ^ E T1T2
 4.PEK/T PEK/T010-80**5338/BEIJING ORIENT BLUE SKY INTERNATIONAL AVIATION SERVIC
    E CO.,LTD//GEXING ABCDEFG
 5.PEK211
▶|
```

3. 联系组

订座单位的联系信息由系统根据配置自动生成，已经在姓名组信息中解释过了。为了方便联系旅客，就航班问题及时与旅客沟通，在订座记录中需要留下旅客的联系方式，这就要手动输入了。

学习笔记

旅客订座记录建立——联系组信息

指令格式：

▶CT:城市/T 电话

【格式说明】

城市：订座 OFFICE 所在城市三字代码。

联系方式备注：

指令格式 1：

▶CT:电话/P#

指令格式 2：

▶CT:T/电话/P#

【格式说明】

两种常用电话备注格式，多用于备注旅客的联系方式。

P#：订单中旅客序号，无特指时可以省略。

输入：▶CT PEK/H17789007889/P1

系统显示：

```
▶CT PEK/H17789007889/P1
 1.张文文
 2.   HU7605 Y  SA07JAN  PEKSHA  DK1  0835  1045   333 S 0 ˉ E T1T2
 3.PEK/T PEK/T010-80**5338/BEIJING ORIENT BLUE SKY INTERNATIONAL AVIATION SERVIC
    E CO.,LTD//GEXING ABCDEFG
 4.PEK/H17789007889/P1
 /P1
 5.PEK211
▶|
```

4. 出票组

旅客订座记录建立——出票组信息

完成出票组的建立后，旅客订座记录的基本项就完成了。

出票组注明旅客的出票情况，已出票的将给出票号，未出票的则写明具体出票的时限。到达出票时限时民航订座系统向相应部门派发电报，提示售票员出票，否则会被航空公司取消。

指令格式：

▶TK:类型/时间/日期/单位

【格式说明】

出票类型有以下两种。

- T：已出票。
- TL：出票时间限定。

时间：指定计划出票时间。

日期：指定计划出票日期。

单位：指定计划出票单位。

（1）已出票

输入：▶TK:T/999123456789

【说明】

已经出票，票号为 999123456789

学习笔记

（2）出票时限

出票时限确定好后，系统会将提示信息发送到 OFFICE 信箱，提示售票员及时出票。

输入：▶TK TL/1200/06JAN/PEK211

系统显示：

```
▶TK TL/1200/06JAN/PEK211
 1.张文文
 2.  HU7605 Y  SA07JAN  PEKSHA  DK1  0835  1045    333 S 0 ^ E T1T2
 3.PEK/T PEK/T010-80**5338/BEIJING ORIENT BLUE SKY INTERNATIONAL AVIATION SERVIC
   E CO.,LTD//GEXING ABCDEFG
 4.PEK/H17789007889/P1
 /P1
 5.TL/1200/06JAN/PEK211                                                        +
▶
```

情景 2　旅客订座记录的生效

旅客订座记录建立——PNR 的生效

建立了航段组、姓名组、联系组、出票组这 4 项后，就可以对旅客订座记录封口生效，生成 PNR 记录编号了。

指令格式：

▶@参数

【格式说明】

@：PNR 生成指令，也可以用“\”代替。

参数有以下两种。

- I：当订单中有不连续的行程时，可以通过 I 参数跳过检查，生成 PNR。
- K：当订单中有航班变化提示时，可以通过 K 参数清理航段信息，生成 PNR。

1. 正常生成记录

接张文文旅客订座在系统中的操作，系统显示如下。

输入：▶@

系统显示：

```
▶@
  HU7605  Y SA07JAN  BJSSHA HK1  0835   1045
LDHP4H
  *** 预订酒店指令HC, 详情  ▶HC:HELP   ***
▶
```

【显示说明】

第 1 行：所订航班情况，航班号 HU7605，1 月 7 日 Y 舱，北京到上海，08:35 起飞，10:45 到达。

第 2 行：生成的代理系统的记录编号，也就是 PNR 为 LDHP4H。

学习笔记

当重新提取 PNR 时，可以看到显示如下（提取生成的 PNR，该指令在下面的课程中会详细介绍）：

```
▶RT LDHP4H
 1.张文文 LDHP4H
 2.  HU7605 Y  FR07JAN    PEKSHA  HK1  0835  1045   333 S 0 ^ E T1T2
 3.PEK/T PEK/T010-80**5338/BEIJING ORIENT BLUE SKY INTERNATIONAL AVIATION SERVIC
   E CO.,LTD//GEXING ABCDEFG
 4.TL/1200/06JAN/PEK211
 5.SSR ADTK 1E BY PEK07JAN23/ 0635 OR CXL HU7605 Y07JAN
 6.OSI HU CTCM 1778900****/P1
 7.RMK CA/LDN6M6                                                              +
▶
```

【显示说明】

第 7 行信息项为航空公司系统返回的订座记录编号，该编号与姓名后的代理人订座系统记录编号是不一样的。

2. 不连续航段生成记录

前次订座记录输出：

```
▶RT LDHP4H
1.张文文 LDHP4H
2. HU7605 Y  FR07JAN  PEKSHA  HK1  0835   1045    333  S  0  E   T1T2
3. HU7612 Y  SU09JAN  PVGPEK  HK1  0930   1135    738  L  0  E   T1T2
3.PEK/T PEK/T010-80**5338/BEIJING ORIENT BLUE SKY INTERNATIONAL AVIATION SERVIC
  E/CO.,LTD//GEXING ABCDEFG
4.TL/1200/06JAN/PEK211
5.SSR ADTK 1E BY PEK07JAN23/ 0635  OR  CXL  HU7605  Y07JAN
6.OSI HU CTCM 118900****/P1
8.RMK CA/LDN6M6
```

航段不连续，SHA 与 PVG 之间存在断点，不能正常生成记录。

输入：▶@

系统显示：

```
CHECK CONTINUITY TKT TIME
```

表明航段不连续，忽略参数检查，直接生成记录。

输入：▶@I

系统显示：

```
  HU7605 Y  FR07JAN  PEKSHA  DK1  0835   1045
  HU7612 Y  SU09JAN  PVGPEK  DK1  0930   1135
LDHP4H  -  航空公司使用自动出票时限，请检查PNR
```

订座记录是在代理人分销系统生成的，它将传送到航空公司系统，并生成对应的航空公司记录号。

除在代理人分销系统预订外，航空公司办事处也多在航空公司系统进行预订，航空公司系统订座和代理人分销系统订座是一样的，但航空公司系统会直接生成记录编号，不像代理人分销系统会产生两个订座记录编号。

学习笔记

旅客订座记录建立——身份信息输入

情景3 旅客订座记录出票必选项

旅客订座记录基本信息项已经建立完整，出票前还须输入旅客的身份信息，一些特殊旅客有特殊服务需求的，还须进行特殊服务申请信息输入，确保航空公司能收到该项服务申请并批准。

1. SSR备注申请

相对RMK备注方式，对于一些与旅客相关的特别服务申请，则是通过SSR备注来实现的，包括旅客身份证信息输入、国际航段护照信息输入、常旅客信息输入及特殊服务申请。

（1）旅客身份证信息输入

在订座记录中，必须包含旅客的身份信息，若没有旅客的身份信息，旅客是不能在机场办理值机服务进行正常登机的。目前，国内航班旅客多采用身份证订座。

指令格式：

►SSR:FOID 承运人 HK/NI证件号/P#

【格式说明】

FOID：服务类型代码，输入身份信息。

承运人：承运航空公司代码，输入YY，系统会根据PNR中航段自动套用代码。

HK：状态代码，固定格式。

NI：身份证，还有ID其他证件，PP护照。

P#：身份信息需要为每名旅客输入。

接张文文旅客前例。

输入：►SSR FOID HU HK/NI610114198911122546/P1

系统显示：

```
►SSR FOID HU HK/NI610114198911122546/P1
 1.张文文 LDHP4H
 2.  HU7605 Y  FR07JAN   PEKSHA  HK1  0835  1045   333 S 0 ^ E T1T2
 3.PEK/T PEK/T010-80**5338/BEIJING ORIENT BLUE SKY INTERNATIONAL AVIATION SERVIC
   E CO.,LTD//GEXING ABCDEFG
 4.TL/1200/06JAN/PEK211
 5.SSR FOID HU HK/NI610114198911122546/P1
 6.SSR ADTK 1E BY PEK07JAN23/ 0635 OR CXL HU7605 Y07JAN
 7.OSI HU CTCM 1778900****/P1                                                +
►|
```

【显示说明】

在输入过程中，航空公司的二字代码可直接输入为YY，在确认时可直接根据预订航班确认为航班的二字代码。输入信息时，要把每位旅客的信息输入正确，否则旅客在机场将无法登机。

学习笔记

（2）国际航段护照信息输入

指令格式：

►SSR:DOCS 承运人 HK1 证件类型/发证国家/证件号码/国籍/出生日期/性别/证件有效期限/姓/名/中间名/持有人标识 H/P#

【格式说明】

DOCS：身份信息。

承运人：承运航空公司代码。

HK1：状态代码与数量，固定格式。

证件类型：P 护照。

性别：M 男、F 女、MI 男婴、FI 女婴。

P#：旅客的序号。

输入：►SSR DOCS ZH HK1 P/CN/E78968921/CN/12DEC89/F/21MAY23/TOM/SMITH/P1

系统显示：

```
►SSR DOCS ZH HK1 P/CN/E78968921/CN/12DEC89/F/21MAY23/TOM/SMITH/P1
 1.TOM/SMITH H4UXXK
 2.  ZH9891 B  FR07JAN   PEKSZX  HK1  0810  1120    733 S 0 ^ E T3--
 3.PEK/T PEK/T010-80**5338/BEIJING ORIENT BLUE SKY INTERNATIONAL AVIATION SERVIC
   E CO.,LTD//GEXING ABCDEFG
 4.TL/1200/06JAN/PEK211
 5.SSR DOCS ZH HK1 P/CN/E78968921/CN/12DEC89/F/21MAY23/TOM/SMITH/P1
 6.SSR ADTK 1E BY PEK07JAN23/ 0610 OR CXL ZH9891 B07JAN
 7.OSI ZH CTCM 1778899****/P1
 8.RMK CA/HOPRBW                                                          +
►
```

【显示说明】

序号 6：国内段输入 DOCS 项也可以。

（3）常旅客信息输入

各大航空公司向旅客推出了常旅客服务，以增加旅客对航空公司的忠诚，因此需要在订座时输入旅客的常旅客信息。

指令格式：

►SSR:FQTV 承运人 HK/公司代码卡号/P#

【格式说明】

FQTV：常旅客信息服务类型代码。

承运人：承运航空公司 IATA 二字代码。

HK：状态代码，固定格式。

公司代码卡号：常旅客卡所属公司代码。

P#：旅客序号。

接张文文旅客前例。

输入：►SSR FQTV HU HK/HU89765289/P1

学习笔记

系统显示：

```
▶SSR FQTV HU HK/HU89765289/P1
 1.张文文 LDHP4H
 2.  HU7605 Y  FR07JAN   PEKSHA  HK1  0835  1045   333 S 0 ^ E T1T2
 3.PEK/T PEK/T010-80**5338/BEIJING ORIENT BLUE SKY INTERNATIONAL AVIATION SERVIC
    E CO.,LTD//GEXING ABCDEFG
 4.TL/1200/06JAN/PEK211
 5.SSR FOID HU HK1 NI610114198911122546/P1
 6.SSR FQTV HU HK/HU89765289/P1
 7.SSR ADTK 1E BY PEK07JAN23/ 0635 OR CXL HU7605 Y07JAN
 8.OSI HU CTCM 1778900****/P1                                                  +
▶|
```

（4）特殊服务申请

特殊服务申请主要包括特殊餐食申请、儿童申请、婴儿申请等。

1）特殊餐食申请。有的旅客因为个人饮食或宗教信仰，对于餐食有特殊要求，需要航空公司为其提前做好餐食准备。

旅客订座记录建立——其他特殊服务信息

指令格式：

►SSR:餐食代码 YY NN1/城市对 航班号 舱位 航班起飞日期/文本/P#/S#

【格式说明】

常用的特殊餐食代码如下。

SPML：特殊餐食。

HNML：印度教餐食。

KSML：犹太教餐食。

MOML：穆斯林餐食。

CHML：儿童餐食。

VGML：纯素餐食。

YY：输入 YY，系统会根据 PNR 中的航段自动套用代码。

NN1：申请代码与数量，固定格式，“1”表示申请该特殊餐食的旅客人数为 1 人。

城市对、航班号、舱位、航班起飞日期：可以省略，在最后以 S#方式指定订单中的航段序号。

文本：在使用 SPML 时，在此输入航空公司约定的餐食代码。

P#：旅客序号。

S#：航段序号。

接张文文旅客前例，为张文文预订一份无盐餐食。

输入：►SSR:SPML HU NN1 NOSALT/P1/S2

或者　　►SSR:SPML HU NN1/PEKSHA 7605 Y 07JAN/NOSALT/P1/S2

系统显示：

学习笔记

```
▶SSR SPML HU NN1 NOSALT/P1/S2
1.张文文 LDHP4H
2.  HU7605 Y  FR07JAN   PEKSHA  HK1  0835  1045   333 S 0 ^ E T1T2
3.PEK/T PEK/T010-80**5338/BEIJING ORIENT BLUE SKY INTERNATIONAL AVIATION SERVIC
  E CO.,LTD//GEXING ABCDEFG
4.TL/1200/06JAN/PEK211
5.SSR FOID HU HK1 NI610114198911122546/P1
6.SSR FQTV HU HK/HU89765289/P1
7.SSR ADTK 1E BY PEK07JAN23/ 0635 OR CXL HU7605 Y07JAN
8.SSR SPML HU NN1 NOSALT/P1                                              +
▶|
```

2）儿童申请。中国民航接受儿童（有成人陪伴和无成人陪伴）的客票预订，在为儿童旅客建立订座记录中，须进行儿童申请。

① 有成人陪伴儿童。

指令格式：

▶SSR: CHLD YY NN1 儿童出生日期/P#

【格式说明】

CHLD：无成人陪伴儿童申请。

YY：输入 YY，系统会根据 PNR 中的航段自动套用代码。

NN1：申请代码与数量，固定格式。

P#：儿童的姓名序号。

前项输入：

```
▶RT HRQLYV
1.李笑CHD  2.张静 HRQLYV
3.  HU7605 M  FR07JAN   PEKSHA  HK2  0835  1045   333 S 0 ^ E T1T2
4.PEK/T PEK/T010-80**5338/BEIJING ORIENT BLUE SKY INTERNATIONAL AVIATION SERVIC
  E CO.,LTD//GEXING ABCDEFG
5.TL/1200/06JAN/PEK211
6.SSR ADTK 1E BY PEK07JAN23/ 0635 OR CXL HU7605 M07JAN
7.OSI HU CTCM 1779171****/P2
8.RMK CA/H8QWW0
9.PEK211
▶|
```

输入：▶SSR: CHLD HU HK1 12NOV14/P1

系统显示：

```
▶SSR CHLD HU HK1 12NOV14/P1
1.李笑CHD  2.张静 HRQLYV
3.  HU7605 M  FR07JAN   PEKSHA  HK2  0835  1045   333 S 0 ^ E T1T2
4.PEK/T PEK/T010-80**5338/BEIJING ORIENT BLUE SKY INTERNATIONAL AVIATION SERVIC
  E CO.,LTD//GEXING ABCDEFG
5.TL/1200/06JAN/PEK211
6.SSR CHLD HU HK1 12NOV14/P1
7.SSR ADTK 1E BY PEK07JAN23/ 0635 OR CXL HU7605 M07JAN
8.OSI HU CTCM 1779171****/P2
9.RMK CA/H8QWW0                                                          +
▶|
```

需要注意的是，在输入 SSR FOID 儿童身份信息时，会自动生成 SSR CHLD 的儿童申请信息。

② 无成人陪伴儿童。

指令格式：

▶SSR UMNR YY NN1/城市对 航班号 舱位 航班起飞日期/文本/P#/S#

学习笔记

【格式说明】

UMNR：无成人陪伴儿童申请。

YY：输入 YY，系统会根据 PNR 中的航段自动套用代码。

NN1：申请代码与数量，固定格式。

城市对、航班号、舱位、航班起飞日期：可以省略，在最后以 S#方式指定订单中的航段序号。

文本：自由文本，字母输入。

P#：婴儿所跟的成人的序号。

S#：航段序号。

前项显示：

```
▶RT LNA8BR
 1.孙苗苗(UM9) LNA8BR
 2.  HU7605 M  FR07JAN   PEKSHA  HK1  0835  1045    333 S 0 ^ E T1T2
 3.PEK/T PEK/T010-80**5338/BEIJING ORIENT BLUE SKY INTERNATIONAL AVIATION SERVIC
   E CO.,LTD//GEXING ABCDEFG
 4.TL/1200/06JAN/PEK211
 5.SSR ADTK 1E BY PEK07JAN23/ 0635 OR CXL HU7605 M07JAN
 6.OSI HU CTCM 1778922****/P1
 7.RMK CA/LGTUZH                                                         +
▶|
```

【显示说明】

序号 6 信息项是在输入无成人陪伴儿童姓名时由系统自动生成。

输入：▶SSR:UMNR HU NN1 20MAY13/P1/S2

系统显示：

```
▶SSR UMNR HU NN1 20MAY13/P1/S2
 1.孙苗苗(UM9) LNA8BR
 2.  HU7605 M  FR07JAN   PEKSHA  HK1  0835  1045    333 S 0 ^ E T1T2
 3.PEK/T PEK/T010-80**5338/BEIJING ORIENT BLUE SKY INTERNATIONAL AVIATION SERVIC
   E CO.,LTD//GEXING ABCDEFG
 4.TL/1200/06JAN/PEK211
 5.SSR ADTK 1E BY PEK07JAN23/ 0635 OR CXL HU7605 M07JAN
 6.SSR UMNR HU  KK1  PEKSHA 7605 M07JAN UM9/P1
 7.OSI HU CTCM 1778922****/P1                                            +
▶|
```

由系统自动导入航段 2 的信息，该无成人陪伴儿童 9 岁。

在输入无成人陪伴儿童姓名时加入无成人陪伴标识，系统会自动加入 SSR UMNR 项，但这个数据项不是标准格式，在航空公司有要求时，还须以标准格式输入。

3）婴儿申请。中国民航航班接受出生满 14 天的婴儿，包括占座婴儿和不占座婴儿。占座婴儿票价和儿童票价一致，但须进行占座婴儿申请。

① 不占座婴儿。

指令格式：

▶SSR:INFT YY NN1 城市对 航班号 舱位 航班起飞日期 婴儿姓/婴儿名 出生日期/自由文本/P#/S#

学习笔记

【格式说明】

INFT：婴儿座位申请。

YY：输入 YY，系统会根据 PNR 中的航段自动套用代码。

NN1：申请代码与数量，固定格式。

城市对、航班号、舱位、航班起飞日期：可以省略，在最后以 S#方式指定订单中的航段序号。

出生日期：DDMMMYY，日月年格式。

P#：婴儿所跟的成人的序号。

S#：航段序号。

前项输入：

```
►RT L5FLI4
 1.李航 L5FLI4
 2.  HU7605 Q  FR07JAN   PEKSHA  HK1  0835  1045   333 S 0 ^ E T1T2
 3.PEK/T PEK/T010-80**5338/BEIJING ORIENT BLUE SKY INTERNATIONAL AVIATION SERVIC
    E CO.,LTD//GEXING ABCDEFG
 4.TL/1200/06JAN/PEK211
 5.SSR ADTK 1E BY PEK07JAN23/ 0635 OR CXL HU7605 Q07JAN
 6.OSI YY 1INF LI/XIAO INF
 7.OSI HU CTCM 1888922****/P1
 8.RMK CA/L012LE                                                          +
►|
```

```
►RT L5FLI4
9.XN/IN/李笑  INF(OCT22)/p1
10.PEK211
►|
```

【格式说明】

序号 6 为不占座婴儿备注信息，由系统自动生成，序号 9 为不占座婴儿姓名信息。下面详细学习 OSI 指令。

输入：►SSR:INFT HU NN1 LI/XIAO 07OCT22/P1/S2

系统显示：

```
►SSR INFT HU NN1 LI/XIAO 07OCT22/P1/S2
 1.李航 L5FLI4
 2.  HU7605 Q  FR07JAN   PEKSHA  HK1  0835  1045   333 S 0 ^ E T1T2
 3.PEK/T PEK/T010-80**5338/BEIJING ORIENT BLUE SKY INTERNATIONAL AVIATION SERVIC
    E CO.,LTD//GEXING ABCDEFG
 4.TL/1200/06JAN/PEK211
 5.SSR INFT HU NN1 PEKSHA 7605 Q07JAN LI/XIAO 07OCT22/P1
 6.SSR ADTK 1E BY PEK07JAN23/ 0635 OR CXL HU7605 Q07JAN
 7.OSI YY 1INF LI/XIAO INF
 8.OSI HU CTCM 1888922****/P1                                             +
►|
```

② 占座婴儿。

占座婴儿视为儿童处理。

指令格式：

►SSR INFT YY NN1 城市对 航班号 舱位 航班起飞日期 出生日期 OCCUPYING SEAT/自由文本/Pn

【格式说明】

指令格式中其他项同不占座婴儿申请指令格式的解释。

前项显示：

```
 1.赵静  2.赵敏CHD HTXIDA
 3.   HU7605 M  FR07JAN   PEKSHA  HK2  0835  1045   333 S 0 ^ E T1T2
 4.PEK/T PEK/T010-80**5338/BEIJING ORIENT BLUE SKY INTERNATIONAL AVIATION SERVIC
    E CO.,LTD//GEXING ABCDEFG
 5.TL/1200/06JAN/PEK211
 6.SSR ADTK 1E BY PEK07JAN23/ 0635 OR CXL HU7605 M07JAN
 7.OSI HU CTCM 1887892****/P1
 8.RMK CA/H7GG29
 9.PEK211
▶l
```

【显示说明】

序号 2：赵敏是一名占座婴儿，在订座记录中须对其进行占座婴儿的信息输入。

输入：▶SSR INFT HU NN1 PEKSHA 7605 M 07JAN 12NOV21/OCCUPYING SEAT/P2

系统显示：

```
▶SSR INFT HU NN1 PEKSHA 7605 M 07JAN 12NOV21/OCCUPYING SEAT/P2
 1.赵静  2.赵敏CHD HTXIDA
 3.   HU7605 M  FR07JAN   PEKSHA  HK2  0835  1045   333 S 0 ^ E T1T2
 4.PEK/T PEK/T010-80**5338/BEIJING ORIENT BLUE SKY INTERNATIONAL AVIATION SERVIC
    E CO.,LTD//GEXING ABCDEFG
 5.TL/1200/06JAN/PEK211
 6.SSR ADTK 1E BY PEK07JAN23/ 0635 OR CXL HU7605 M07JAN
 7.OSI HU CTCM 1887892****/P1
 8.SSR INFT HU NN1 PEKSHA 7605 07JAN 12NOV21/OCCUPYING SEAT/P1
 9.RMK CA/H7GG29
 10.PEK211
▶l
```

【显示说明】

序号 8：占座婴儿的申请信息。

4）SSR 特殊服务申请的确认。与 RMK 不同，SSR 是特殊服务，一般通过 NN 申请代码向航空公司申请，要等航空公司给出回应，将 NN 申请代码由 HN 变为 KK 状态，才说明得到了确认，在@K 后状态变为 HK。

前项带婴儿申请信息系统显示：

```
▶RT L5FLI4
 1.李航 L5FLI4
 2.   HU7605 Q  FR07JAN   PEKSHA  HK1  0835  1045   333 S 0 ^ E T1T2
 3.PEK/T PEK/T010-80**5338/BEIJING ORIENT BLUE SKY INTERNATIONAL AVIATION SERVIC
    E CO.,LTD//GEXING ABCDEFG
 4.TL/1200/06JAN/PEK211
 5.SSR INFT HU NN PEKSHA 7605 Q07JAN LI/XIAO 07OCT22/P1
 6.SSR ADTK 1E BY PEK07JAN23/ 0635 OR CXL HU7605 Q07JAN
 7.OSI YY 1INF LI/XIAO INF
 8.OSI HU CTCM 1888922****/P1                                              +
▶l
```

【显示说明】

序号 5 中行动代码为 NN，表示将发出申请。

输入：▶@K 之后提取记录

输入：▶RT L5FLI4

【格式说明】

RT 指令用于提取旅客订座记录，在后面将详细学习。

系统显示：

学习笔记

```
▶RT L5FLI4
 1.李航 L5FLI4
 2.  HU7605 Q  FR07JAN   PEKSHA  HK1  0835  1045   333 S 0 ^ E T1T2
 3.PEK/T PEK/T010-80**5338/BEIJING ORIENT BLUE SKY INTERNATIONAL AVIATION SERVIC
    E CO.,LTD//GEXING ABCDEFG
 4.TL/1200/06JAN/PEK211
 5.SSR INFT HU  KK1  PEKSHA 7605 Q07JAN LI/XIAO 07OCT22/P1
 6.SSR ADTK 1E BY PEK07JAN23/ 0635 OR CXL HU7605 Q07JAN
 7.OSI YY 1INF LI/XIAO INF
 8.OSI HU CTCM 1888922****/P1                                                  +
▶
```

【显示说明】

序号 5 状态代码为 KK，表示航空公司确认了申请。

清理记录中变化的数据项。

输入：▶@K 之后提取记录

系统显示：

```
▶RT L5FLI4
 1.李航 L5FLI4
 2.  HU7605 Q  FR07JAN   PEKSHA  HK1  0835  1045   333 S 0 ^ E T1T2
 3.PEK/T PEK/T010-80**5338/BEIJING ORIENT BLUE SKY INTERNATIONAL AVIATION SERVIC
    E CO.,LTD//GEXING ABCDEFG
 4.TL/1200/06JAN/PEK211
 5.SSR INFT HU HK1 PEKSHA 7605 Q07JAN LI/XIAO 07OCT22/P1
 6.SSR ADTK 1E BY PEK07JAN23/ 0635 OR CXL HU7605 Q07JAN
 7.OSI YY 1INF LI/XIAO INF
 8.OSI HU CTCM 1888922****/P1                                                  +
▶@
```

【显示说明】

序号 5 的状态代码为 HK，表示航空公司确认了申请，可以进行占座婴儿票的销售。

2. 票价组信息输入

（1）票价组信息

票价组是将票价信息输入旅客订座记录中，包括票面价、现金收受、佣金、民航发展基金、旅客序号等内容，这些信息同时会打印到票面上。

输入格式：

▶FN:FCNY***.**/SCNY***.**/C*.**/TCNY***.**YY

【格式说明】

F：初次开票标识。

CNY：货币种类。

***.**：金额，需要精确到小数点后两位，且为整数。

S：现金收受标识。

C：代理费。

*.**：百分数，代理佣金百分比。

T：税种标识。

YY：税种代码，一个票价组中可以包含多项税费。

学习笔记

注意：

1）如果记录中有多名旅客，且使用同一票价时，则须输入一个 FN 项，不需要给每名旅客都输入一个 FN 项；但若有旅客的票价与其他旅客的票价不一致，则须单独指明。

2）婴儿客票须加上婴儿标识 IN。

►FN:IN/FCNY***.**/SCNY***.**/C0.00/TEXEMPTCN

婴儿客票的代理费是 0，虽然是 0，但此项必须输入，且婴儿免税，其中 T 是税种标识，EXEMPT 是免税标识。

3）在输出中有 XCNY 和 ACNY 两项，分别代表税款总和及票价加税款总和。这两项在输入时可以不用手工添加，系统会自动添加；如果手工添加这两项就须保证金额的正确，若输入有误则系统会提示错误。

4）FN 指令中 SCNY 的值不能大于 FCNY 的值，否则会提示"AMOUNT"。

5）FN 指令内容超过一行需要换行时，要在第二行先输入横线（-），再输入后续内容。

（2）票价计算组

票价计算组用于输入票价计算过程，记入 PNR 中并打印在客票的票价计算栏中。

指令格式：

►FC:起飞城市（机场）代码 承运人 到达城市（机场）代码 票价及票价基础 货币种类 全程票价总和 END

注意：

1）婴儿票价计算组应该注意在前面加 IN 标识，且在票价基础后面加上 IN 的婴儿标识。

指令格式：

►FC:IN/起飞城市（机场）代码 承运人 到达城市（机场）代码 票价及票价基础 IN 货币种类 全程票价总和 END

例如：►FC:IN/PEK CA CAN 170.00YIN CNY170.00END

2）儿童票价计算组在票价基础后面加 CH 的儿童标识。折扣票价在票价基础后面加上折扣率。

例如：►FC:PEK CA CAN 850.00YCH CNY850.00END

►FC:PEK CA CAN 1360.00Y80 CNY1360.00END

3）在输入 FC 之前，必须先建立航段组，FC 的输入内容必须与航段相匹配，否则系统不接受，显示 ITINERARY DOES NOT MATCH FC。

4）如果记录中有多名旅客，且使用同一票价时，则须输入一个 FC 项，不需要给每名旅客都输入一个 FC 项；若有旅客的票价与其他旅客的票价不一致时，则须单独指明。

5）城市代码与航空公司代码之间必须由空格分开。

FC 指令内容超过一行需要换行时，要在第二行先输入横线（-），再

学习笔记

输入后续内容。

FC 指令中输入的有效期、行李、票价基础，将显示在客票票面的相应位置上。票价计算过程显示在票价计算栏中。

出票完成后，FC 将从 PNR 现行部分进入历史部分，可以通过 RT:C 等查看记录历史部分的指令来查看。

（3）付款方式组

FP 指令可以经付款方式记录在 PNR 中，并将其内容打印在客票的付款方式栏内。

指令格式：

►FP:付款方式，货币代码/自由文本

具体有以下几种情况：

►FP:CASH,CNY：付款方式为现金，人民币。

►FP:CHECK,CNY：付款方式为支票，人民币。

►FP:CC/95803658：CC 为信用卡标识，后接卡号。

►FP:CHECK,CNY/CA8635-20：斜线后为自由格式。

►FP:IN/CASH,CNY：婴儿票 FP 项。

（4）自动建立运价组

我们可以手动建立票价组、票价计算组、付款方式组这些运价组，也可以使用 PAT 指令自动生成运价组。

自动建立运价组指令 PAT，可以根据 PNR 中已有航段信息，自动从系统的 FD 数据库中找到适用的运价并进行相加，进而给出参考的票价组 FN、票价计算组 FC 和付款方式组 FP。这个指令可以用来减少售票员的差错，防止航空公司和代理人之间的结算纠纷。

只要先建立了航段组，通过 PAT 指令就可以直接得到 FN、FC、FP 项，售票员确认结果后，在屏幕上给出的结果后输入，即可将以上 3 项直接送入 PNR。

指令格式：

►PAT:选项

票价类型常用的选项如表 3-2-1 所示。

表 3-2-1　票价类型常用的选项

票价类型	选项
计算儿童票价	*CH
计算婴儿票价	*IN
计算因公带伤警察票价	*JC
计算伤残军人票价	*GM
计算第一名旅客票价	/P1

注：“*”是加在选项前的固定格式，只有指定旅客时需要加特别说明。代理人在应用 PAT 显示结果进行订座和打票操作时，应核对 PAT 显示结果中的 FN/FC/FP 项显示内容，确认各项内容无误后，才可以正常应用。

学习笔记

为了简化代理人票价查询、计算流程，减少出票过程中的人为操作失误，提高工作效率，中国航信在航空公司（负责系统中发布维护产品特殊运价政策）的支持下，完善民航订座系统中国内销售运价自动计算功能。在原有 PAT 运价指令的基础上，增加了指令参数 A；建立订座记录输入 PAT:A 后，系统将根据 PNR 中的航段、航班、舱位、日期、时刻等信息，自动进行运价数据的比对，并返回符合条件的运价结果，除运价金额、税项等计算结果外（FC/FN/FP 项），还会将运价中所规定的签注信息（EI）和旅游代号（TC）提取出来一起写入订座记录，从而完成运价计算的自动处理。代理人无须也无法进行修改，从而减少运价使用出错的概率。对于国内特殊运价的查询，代理人还可通过 NFD 系列指令进行查询。

指令格式：

►PAT:A[选项]

SFC:01 是系统自动返回的指令，用户只需将光标放在 SFC:01 后面输入即可将运价添加到记录中，如果有两条或两条以上的运价时，将光标放在选定好的运价的 SFC 指令后输入即可。在 FC、FN 项中会体现自动运价计算标识“A”，并在记录中加入 RMK AUTOMATIC FAREQUOTE 项，且代理人无法像 PAT 指令一样修改给出的运价，PAT:A 指令给出的运价是不允许修改的。

使用 PAT:A 指令要求航程为国内航段，在 PNR 中不能含有 OPEN 航段。

系统自动将 FC、FN、FP、EI、TC 等信息加入 PNR。

接张文文案例，可以直接自动输入旅客的票价信息。

输入：►PAT:A

系统显示：

```
►PAT:A
01 YHS FARE:CNY1240.00 TAX:CNY110.00 YQ:CNY60.00 TOTAL:1350.00
►SFC:01    ►SFN:01/01
►
```

显示出票价规则后，直接在 SFC:01 后确认即可。

显示如下：

```
►SFC:01
 1.张文文 LDHP4H
 2.  HU7605 Y  FR07JAN   PEKSHA  HK1  0835  1045    333 S 0 ^ E T1T2
 3.PEK/T PEK/T010-80**5338/BEIJING ORIENT BLUE SKY INTERNATIONAL AVIATION SERVIC
   E CO.,LTD//GEXING ABCDEFG
 4.TL/1200/06JAN/PEK211
 5.FC/A/PEK HU SHA 1240 CNY1240.00END
 6.SSR FOID HU HK1 NI610114198911122546/P1
 7.SSR FQTV HU HK/HU89765289/P1
 8.SSR ADTK 1E BY PEK07JAN23/ 0635 OR CXL HU7605 Y07JAN                      +
►
```

学习笔记

```
▶SFC:01
 9.SSR SPML HU NO1 NOSALT/P1
10.OSI HU CTCM 1778900****/P1
11.RMK AUTOMATIC FARE QUOTE
12.RMK CA/LDN6M6
13.RMK CMS/A/**
14.FN/A/FCNY1240.00/SCNY1240.00/C0.00/XCNY110.00/TCNY110.00/TEXEMPTYQ/
   ACNY1350.00
15.EI/BUDEQIANZHUAN不得签转/GAIQITUIPIAOSHOUFEI改期退票收费
16.FP/CASH,CNY                                                        +
▶|
```

【显示说明】

序号 5 为 FC 票价计算信息组内容，序号 14 为票价信息组的内容，序号 16 为付款方式组的内容。

PAT 与 PAT:A 指令的区别如下。

PAT 指令的查询结果将返回明折明扣的公布票价，FC/FN/FP 项组合。

PAT:A 指令给出销售票价、FC/FN/FP 及 EI、TC 项组合。PAT:A 指令可以计算以下几种价格。

1）完全匹配的净价。这种价格是指在净价系统中存在和代理人所定航段完全匹配的运价（包括始发地、中转地、目的地、舱位、航班、出票日期、旅行日期等）。

2）净价+净价。对于除单程以外的航程，如果系统找不到完全匹配的净价，会把航段拆分，各自寻找符合条件的净价，然后把各航段价格相加。

3）净价+公布价。对于除单程以外的航程，如果系统中不存在所有航段的净价，会寻找没有净价航段的公布价，然后将净价和公布价相加。

4）公布价。如果系统中不存在符合条件的净价，则会把公布价取出来；如果是多个航段的，则将各航段的公布价相加。

情景 4　旅客订座记录的出票

旅客订座记录建立——出票操作

在完成订座之后，包括订座记录的基本项和打印项，以及一些其他信息的组项后，就可以为旅客完成出票操作了。出票之前须检查打票机的状态，具体操作见售前准备模块内容学习。

指令格式：

▶ETDZ:打票机序号

接张文文案例，前项系统显示：

```
▶SFC:01
1.张文文 LDHP4H
2.  HU7605 Y  FR07JAN   PEKSHA  HK1  0835  1045   333 S 0 ^ E T1T2
3.PEK/T PEK/T010-80**5338/BEIJING ORIENT BLUE SKY INTERNATIONAL AVIATION SERVIC
   E CO.,LTD//GEXING ABCDEFG
4.TL/1200/06JAN/PEK211
5.FC/A/PEK HU SHA 1240 CNY1240.00END
6.SSR FOID HU HK1 NI610114198911122546/P1
7.SSR FQTV HU HK/HU89765289/P1
8.SSR ADTK 1E BY PEK07JAN23/ 0635 OR CXL HU7605 Y07JAN                 +
▶|
```

学习笔记

```
▶SFC:01
 9.SSR SPML HU NO1 NOSALT/P1
10.OSI HU CTCM 1778900****/P1
11.RMK AUTOMATIC FARE QUOTE
12.RMK CA/LDN6M6
13.RMK CMS/A/**
14.FN/A/FCNY1240.00/SCNY1240.00/C0.00/XCNY110.00/TCNY110.00/TEXEMPTYQ/
   ACNY1350.00
15.EI/BUDEQIANZHUAN不得签转/GAIQITUIPIAOSHOUFEI改期退票收费
16.FP/CASH,CNY                                                        +
▶I
```

1. 出票操作需要三步

（1）更改座位状态为 RR

指令格式：

航段序号 RR

“RR”状态是再确认状态。国内各航空公司要求代理人出票后将航班状态改为“RR”；有些外国航空公司也有此要求，但也有不作要求的或不允许改为“RR”的。所以，对于有外航航段的记录需要咨询相应的航空公司。

输入：▶2RR

系统显示：

```
▶2RR
 1.张文文 LDHP4H
 2.  HU7605 Y  FR07JAN   PEKSHA  RR1  0835  1045   333 S 0 ^ E T1T2
 3.PEK/T PEK/T010-80**5338/BEIJING ORIENT BLUE SKY INTERNATIONAL AVIATION SERVIC
   E CO.,LTD//GEXING ABCDEFG
 4.TL/1200/06JAN/PEK211
 5.FC/A/PEK HU SHA 1240 CNY1240.00END
 6.SSR FOID HU HK1 NI610114198911122546/P1
 7.SSR FQTV HU HK/HU89765289/P1
 8.SSR ADTK 1E BY PEK07JAN23/ 0635 OR CXL HU7605 Y07JAN                 +
▶I
```

（2）删除出票时限组

指令格式：

▶XE:时限组序号

系统要求出票时记录中不能有代理人手工输入的出票时限项，否则无法出票，系统会提示“TICKETS ALREADY ISSUED, PLS DELETE TK: T OR TK:TL”。系统自动返回的出票时限项不受影响。

```
▶XE 4
 1.张文文 LDHP4H
 2.  HU7605 Y  FR07JAN   PEKSHA  RR1  0835  1045   333 S 0 ^ E T1T2
 3.PEK/T PEK/T010-80**5338/BEIJING ORIENT BLUE SKY INTERNATIONAL AVIATION SERVIC
   E CO.,LTD//GEXING ABCDEFG
 4.FC/A/PEK HU SHA 1240 CNY1240.00END
 5.SSR FOID HU HK1 NI610114198911122546/P1
 6.SSR FQTV HU HK/HU89765289/P1
 7.SSR ADTK 1E BY PEK07JAN23/ 0635 OR CXL HU7605 Y07JAN
 8.SSR SPML HU NO1 NOSALT/P1                                            +
▶I
```

（3）出票

输入：▶ETDZ 13

系统显示：

学习笔记

```
▶ETDZ 13
CNY1460.00      LDHP4H
880-2027711302
ET PROCESSING...PLEASE WAIT!
▶
```

表示已出票成功，系统将按照顺序分配一个票号，再次提取订座记录，显示如下：

```
▶RT
**ELECTRONIC TICKET PNR**
 1.张文文 LDHP4H
 2.  HU7605 Y  FR07JAN   PEKSHA  RR1  0835  1045   333 S 0 ^ E T1T2
 3.PEK/T PEK/T010-80**5338/BEIJING ORIENT BLUE SKY INTERNATIONAL AVIATION SERVIC
    E CO.,LTD//GEXING ABCDEFG
 4.T
 5.FC/A/PEK HU SHA 1240 CNY1240.00END
 6.SSR FOID HU HK1 NI610114198911122546/P1
 7.SSR FQTV HU HK/HU89765289/P1                                              +
▶
```

```
▶RT
 8.SSR TKNE HU HK1 PEKSHA 7605 Y07JAN 8802027711302/1/P1
 9.SSR ADTK 1E BY PEK07JAN23/ 0635 OR CXL HU7605 Y07JAN
10.SSR SPML HU  NO1  NOSALT/P1
11.OSI HU CTCM 1778900****/P1
12.RMK AUTOMATIC FARE QUOTE
13.RMK CA/LDN6M6
14.RMK CMS/A/**
15.FN/A/FCNY1240.00/SCNY1240.00/C0.00/XCNY110.00/TCNY110.00/TEXEMPTYQ/
    ACNY1350.00
▶
```

```
▶RT
16.EI/BUDEQIANZHUAN不得签转/GAIQITUIPIAOSHOUFEI改期退票收费
17.TN/8802027711302/P1
18.FP/CASH,CNY
19.PEK211
▶
```

【显示说明】

序号 4 为出票项，表示已出票。

序号 8、序号 17 为票号信息项，票号为 8802027711302，由 13 位数字组成，前 3 位数字为航空公司结算代码，后 10 位数字由中国航空运输协会（以下简称“航协”）分配。

注意：

1）出票后，系统会自动在记录中添加票号项、已出票标识，同时 FC、EI、TC 项会进入记录的历史部分。

2）因为某些原因，需要将已经出过票的记录重新出票，再次出票时应注意添加这些项。同时，重新出票须将相关的票号等项删除，如 T、SSR TKNE、TN 等。

有时，在出票时系统提示：

```
▶ETDZ 13
AUTHORITY
```

查看 DDI 中授权航空公司，没有记录中第一个航段的承运人，也就是没有该航空公司的代理权，这时须加上授权航空公司的二字代码。

例如，订取了东航的航段，但本部门只有国航授权，在出票时输入：

▶ETDZ 13,CA

如果一个记录中有多名旅客，但仅为其中一名旅客出票，就须在后面加上旅客的信息序号。

例如，ETDZ:1/P1，表示为记录中的第一名旅客出票。

注意：如果是选择旅客出票后，再出其他旅客的客票时须删除已出票标识（T）。

2. 出票重试

因各种原因（如系统传输等）导致无出票成功提示或出现“ELECTRONIC TICKET TRANSACTION TIMEOUT”时，用出票重试指令 ETRY。

指令格式：

▶ETRY:

例如，出票后显示：

```
CNY5170.00          LFHLI4
8882027711302
ET PROCESSING...PLEASW WAIT!

153 ERROR
```

【说明】

系统提示“153 ERROR”，显示出票失败。

出票失败的 PNR 记录中会自动生成 SSR TKNE…/P1 项和 RMK CA/×××××项，缺少这两项的 PNR 将无法进行重试指令 ETRY。

输入：▶ETRY

【说明】

重试成功后，提取记录查看，已有“**ELECTRONIC TICKET PNR**”的标识，SSR TKNE 项也已经正常。

电子客票出票失败，需要当天使用 ETRY 指令来解决，过了当天则不能再使用 ETRY 指令来重试出票了；当天出票失败的客票，如果当天不解决，那么出票失败的票号系统会按照作废票号来结算。

出错信息提示：

- CAN NOT RETRY THIS PNR. ETDZ FIRST　　该 PNR 没有执行 ETDZ 指令，不能执行重试操作
- RMK CA/××××× NOT FOUND. PNR MISMATCH　　没有返回 ICS PNR（航空公司记录编号）不能执行重试操作
- PNR TICKETED　　该记录已被出票
- CAN NOT RETRAY THIS ET, TICKET IS OUT OF DATE　该 ET 票不是当天销售的，不能执行重试操作。

学习笔记

团体旅客订座记录的处理

情景 5　团体旅客订座记录的建立

在旅客订座记录的学习中，主要是以散客为主，散客是 9 人以下的订座，团队记录就是 10 人（包含 10 人）以上的旅客订座记录。

团队旅客订座记录的构成与散客旅客订座记录基本一致。所不同的是，在建立记录之前，先要起一个团队名称，之后可按照散客的过程建立团体记录。

指令格式：

►GN: 团体订座总人数/团名

输入：►GN 10BEIJING

系统显示：

```
►GN 10BEIJING
 0.10BEIJING  NM0
 1.PEK/T PEK/T010-80**5338/BEIJING ORIENT BLUE SKY INTERNATIONAL AVIATION SERVIC
    E CO.,LTD//GEXING ABCDEFG
 2.PEK211
►
```

【显示说明】

序号 0 为人数与团名。其中，NM0 表示还没有输入具体旅客名单，每输入一个会加一。

输入：►NM　1 陈静　1 李凯

【说明】

旅客姓名输入指令与散客相同，可以多行输入，生成 PNR 时，可以不输入具体姓名，或只输入一部分旅客姓名，每次输入姓名都会按字母顺序重新排列。

系统显示：

```
►NM 1陈静 1李凯
 0.10BEIJING  NM2
 3.PEK/T PEK/T010-80**5338/BEIJING ORIENT BLUE SKY INTERNATIONAL AVIATION SERVIC
    E CO.,LTD//GEXING ABCDEFG
 4.PEK211
►
```

【显示说明】

NM2，输入两个旅客姓名。其他信息项可同散客记录建立一样操作。

注意：

① 代理人按需要为团体起名，团体名称建立后不可更改。

② 团体名称只可由英文字母和斜线（/）组成，不可用中文做团体名称。

③ 团体名称最长为 50 个字符，最短为 2 个字符。

④ 一个团体最多可有 511 名旅客。

旅客姓名既可在建立团体 PNR 时输入，也可在以后分步中输入。

代理人可以按团体名称或团体中任一名旅客的姓名提取该 PNR。

在建立团体 PNR 后，代理人可根据实际需要取消或分离部分旅客，

学习笔记

分离出的新的 PNR 仍为团体 PNR，且团体名称仍为原来的团体名称。

关于团体 PNR 的几点说明。①团体 PNR 的名称应先输入，即使航班有座位，团体 PNR 的座位状态也应是申请，该申请会进入航空公司相应的信箱中，控制人员确认座位。②若有座位，控制人员会将行动代码由“HN”变为“KK”，若没有座位，经行动代码变为“UU”。③团体客票应至少在航班起飞前一周出票。

任务实施

一、任务设计

1．请学生分小组进行情景模拟，一部分学生扮演旅客张文文，一部分学生扮演客票销售人员，为旅客完成客票预订。

2．讨论：请学生针对显示信息进行讨论，指出指令的正确性及为旅客完成订座的完整性。

3．点评：请教师针对学生的演示过程和分析结果进行点评。

二、练习操作

1．王军预订 2022 年 12 月 12 日北京至上海 Y 舱的客票。

2．高海亮带着一个 9 岁的儿童高晶晶预订 2022 年 12 月 20 日北京到海口的普通舱的客票。

3．李敏购买 2022 年 12 月 20 日广州至北京的 8 折客票。

任务评价

旅客订座记录的处理学习任务评价表和学习任务总结表如表 3-2-2 和表 3-2-3 所示。

表 3-2-2　学习任务评价表

班级		姓名		总分	
日期		学号			
序号	评价内容	评价要求		分值	总分
1	旅客订座记录建立的基本项	能否正确建立不同类型的旅客的姓名组信息		10	
		能否根据旅客要求正确建立航段组信息		10	
		能否正确输入旅客的联系方式		5	
		能否根据订座情况正确建立时限信息		5	
2	旅客订座记录的生效	是否让旅客订座记录正常生效		5	
		能否处理旅客订座记录生效时的不正常情况		5	

学习笔记

续表

序号	评价内容	评价要求	分值	得分
3	旅客订座记录的其他信息项	能否正确输入旅客的身份信息	5	
		能否正确建立旅客的各项特殊需求服务信息	5	
		能否正确建立旅客所预订航班的票价信息	5	
		能否根据需要输入旅客的其他备注信息	5	
4	旅客订座记录的出票操作	能否正确为完成的旅客订座记录进行出票操作	5	
		能否正确认知显示的各项结果及含义	5	
5	其他订座记录处理	能否正确为团体旅客建立订座记录	5	
		能否处理团体旅客订座记录的各项要求	5	
6	素质要求	指令操作是否正确、快速	10	
		学习参与度是否高	10	

表 3-2-3　学习任务总结表

学习总结	学习的新知识
	掌握的新技能
学习反思	对本任务的学习表现是否满意，请写出自我反思

任务 3　旅客订座记录的其他操作

知识目标

1. 掌握旅客订座记录的其他信息输入。
2. 掌握旅客订座记录的提取。
3. 掌握旅客订座记录的修改。

学习笔记

能力目标

能够根据实际工作情况进行旅客订座记录的其他信息输入，进行旅客订座记录的修改及提取。

素质目标

1. 养成认真、严谨的工作态度。
2. 养成主动服务旅客的意识，用真情服务旅客。
3. 培养遵纪守法、爱岗敬业、无私奉献的职业品格和行为习惯。

案例引入

旅客张文文预订11月28日北京到广州的客票，工作人员发现把旅客的联系方式输错了，需要修改。同时，旅客提出需要进行座位预留。

案例分析

为旅客建立了订座记录，未出票前，如果有信息输入错误，则可直接在记录中进行修改，确保信息的正确。旅客的一些备注信息，也须在出票之前完成。

情景1　旅客订座记录其他信息输入

旅客订座记录已经建立完整，目前旅客的一些特殊要求，代理人的一些工作处理，需要备注信息的，在出票之前就应完成备注。

旅客订座记录建立——备注信息组

1. RMK备注信息

（1）系统自动写入的RMK记录编号项

在旅客订座记录的建立中，我们了解到只有在PNR中出现航空公司订单号的情况下，才说明预订是成功的，得到航空公司的确认。

如果航空公司系统在处理代理人分销系统发出的PNR时出现错误，则会在代理人系统的PNR中的RMK项给出提示。

系统显示：

```
►RT HMKB4K
 0.10BEIJING  NM1
 2.  HU7605 X  FR07JAN   PEKSHA  HN10  0835  1045   333 S 0 ˉ E T1T2
 3.PEK/T PEK/T010-80**5338/BEIJING ORIENT BLUE SKY INTERNATIONAL AVIATION SERVIC
    E CO.,LTD//GEXING ABCDEFG
 4.TL/1200/06JAN/PEK211
 5.SSR ADTK 1E BY PEK07JAN23/ 0635 OR CXL HU7605 X07JAN
 6.OSI HU CTCM 1778769****/P1
 7.RMK CA/HEDSWD
 8.PEK211
►|
```

学习笔记

【显示说明】

第 7 行：为航空公司自动返回的订座记录编号。

（2）手工输入 RMK 的作用

RMK 项除了记录航空公司的订单号外，还是一种备注信息的格式，多用于提示需要关注的内容，不会向航空公司系统发送。

指令格式：

▶RMK:文本/P#/P#...

【格式说明】

文本：在文本的前两个字符位置输入特定类型代码，与后面内容以空格分开，内容支持中英文混合输入。

P#：PNR 中的旅客序号，可以指定多人，无特指时可以省略。

接张文文旅客案例。

输入：▶RMK:旅客李静将在 1 月 6 日前确认/P1

系统显示：

```
▶RMK 旅客李静将在1月6日前进行确认/P1
 1.李静 L4EN9C
 2.   HU7605 M  FR07JAN   PEKSHA  HK1  0835  1045   333 S 0 ^ E T1T2
 3.PEK/T PEK/T010-80**5338/BEIJING ORIENT BLUE SKY INTERNATIONAL AVIATION SERVIC
   E CO.,LTD//GEXING ABCDEFG
 4.TL/1200/06JAN/PEK211
 5.SSR ADTK 1E BY PEK07JAN23/ 0635 OR CXL HU7605 M07JAN
 6.OSI HU CTCM 1887269****/P1
 7.RMK  旅客李静将在1月6日前进行确认/P1
 8.RMK CA/L9VS15                                                              +
▶
```

【显示说明】

序号 7 为手工输入的旅客李静的 RMK 项。

2. OSI 备注

记录中的联系组项和票号项等在传入航空公司系统时是以 OSI 指令形式存在的。

指令格式：

▶OSI:YY 文本/P#

【格式说明】

YY：承运人，需要手工输入，输入 YY 不会自动转为实际承运人。

文本：自由文本，字母输入。

P#：订单中旅客序号，不特指时可以省略。

接张文文旅客案例，张文文为一名 VIP 旅客，需要在订座记录中做好备注。

输入：▶OSI HU VIP 旅客为××集团公司总裁/P1

系统显示：

学习笔记

```
►OSI HU VIP 旅客为××集团公司总裁/P1
 1.赵凯VIP HPQ8LS
 2.  HU7605 H  FR07JAN   PEKSHA  HK1  0835  1045   333 S 0 ^ E T1T2
 3.PEK/T PEK/T010-80**5338/BEIJING ORIENT BLUE SKY INTERNATIONAL AVIATION SERVIC
   E CO.,LTD//GEXING ABCDEFG
 4.TL/1200/06JAN/PEK211
 5.SSR ADTK 1E BY PEK07JAN23/ 0635 OR CXL HU7605 H07JAN
 6.OSI HU CTCM 1887892****/P1
 7.OSI HU VIP 旅客为××集团公司总裁/P1
 8.RMK CA/HIXA70                                                          +
►I
```

【显示说明】

序号 7，使用 OSI 指令输入的备注信息内容会发给航空公司，使用 RMK 指令输入的备注信息则不发给航空公司。使用 OSI 指令输入的是说明性的备注信息，不需要航空公司确认；使用 SSR 指令输入的多为服务申请的相关信息，需要航空公司响应并做出回应。

3. 签注信息组

每张机票都有签注栏，该功能可以使售票员把客票签注信息内容输入 PNR 中，并打印在客票签注栏内。

EI 指令的输入格式自由，可以输入中文、英文。当客票打印完后，EI 项将保留在 PNR 历史部分。

指令格式：

►EI:自由格式内容

例：

►EI:不得签转

►EI:不得退票

规定：输入的内容不应超过 58 个字符，第 29 个字符应为一个空格。

输入：►EI:不得退票改期收费

系统显示：

```
►EI:不得退票改期收费
 1.赵凯VIP HPQ8LS
 2.  HU7605 H  FR07JAN   PEKSHA  HK1  0835  1045   333 S 0 ^ E T1T2
 3.PEK/T PEK/T010-80**5338/BEIJING ORIENT BLUE SKY INTERNATIONAL AVIATION SERVIC
   E CO.,LTD//GEXING ABCDEFG
 4.TL/1200/06JAN/PEK211
 5.SSR ADTK 1E BY PEK07JAN23/ 0635 OR CXL HU7605 H07JAN
 6.OSI HU CTCM 1887892****/P1
 7.OSI HU VIP 旅客为陕西省政协主席/P1
 8.RMK CA/HIXA70                                                          +
►I
```

```
►EI:不得退票改期收费
 9.EI/不得退票改期收费
10.PEK211
►I
```

一般在进行自动票价输入时，可以直接将签注信息自动带入，无须手动操作。

学习笔记

4. 旅游代码组 TC

TC 指令用于输入旅游代码，也可以按航空公司要求输入相应的自由格式的内容，并显示在旅游代码栏中。

出票完成后，TC 项将保留在 PNR 历史部分，可以通过 RT:C 等查看记录历史部分的指令来查看。

指令格式 1：

►TC:F/自由文本

指令格式 2：

►TC:婴儿标识/旅游类型 年度航空公司代码 运输区域号 旅游标识

【格式说明】

第一种格式是一些航空公司要求代理人将票价折扣代码或其他代号记录在客票上，因此用 TC:F/TEXT 输入折扣代码。该格式较为常用。

第二种格式用于输入标准格式的旅游代码。

旅游类型可输入 BT Bulk inclusive tour/IT Inclusive tour，年度为输入年份的最后一位数字。

运输区域号 1、2、3，即 IATA 划分的三个区域。

旅游标识为 8 个字以内的自由格式内容。

5. 座位预留

旅客订座记录建立——座位预留

在为旅客预订客票时，可以为其预订座位，方便旅客进行座位的选择。在航班可利用座位情况查询及航段预订内容的学习中，我们说在 AV 显示中的“^”与订单中航段后的“R”标志，都是表示该航班可以机上预留座位。

（1）查看座位图

指令格式：

►ADM:序号/航段

【格式说明】

序号：订单中有预留功能的航班序号。

航段：若省略，则为订单中航段；若是多航段航班，可以指定查看某一航段。

前面张文文旅客订座记录显示：

```
►RT
 1.朱敏 HXQX16
 2.   HU7605 H   FR07JAN    PEKSHA   HK1   0835   1045    333 S 0 ^ E T1T2
 3.PEK/T PEK/T010-80**5338/BEIJING ORIENT BLUE SKY INTERNATIONAL AVIATION SERVIC
    E CO.,LTD//GEXING ABCDEFG
 4.TL/1200/06JAN/PEK211
 5.SSR ADTK 1E BY PEK07JAN23/ 0635 OR CXL HU7605 H07JAN
 6.OSI HU CTCM 1778289****/P1
 7.RMK CA/HYRCC7
 8.PEK211
►|
```

学习笔记

输入：▶ADM:2

系统显示：

```
▶ADM:2
HU 7605/Y/07JAN/PEKSHA/321
 Y  1         2                3
    0123456789012345     678901234567
 K  X**  X*****!**** K    X***********
 J  X** *X*****!**** J   XX***********
 H  X** *X*****!!!** H   XX***********
    =====E==========     EE==========
    =====E==========     EE==========
 C  $XX !X!!!**!!!** C   XX***********
 B  BXX *X*******!** B   XX***********
 A  $XX  X*****!!*** A   XX***********
▶ASR:2/PEKSHA/
▶|
```

【显示说明】

机头在左，机尾在右，上为右列，下为左列。

第 1 行：查的是 HU7605 的 Y 舱 1 月 7 日航班 PEKSHA 段机型为 321 的座位图。

第 2～3 行：座位排数（10～37 排）。

图中符号含义：

J,K,L：右边 J,K,L 列。

A,B,C：左边 A,B,C 列。

X：不可预留座位。

*：可预留座位。

=：过道。

（2）预留座位

指令格式：

▶ASR:序号/航段/座位号/P#

【格式说明】

序号：订单中所查座位图航班序号。

航段：订单中所查座位图航段。

座位号：ADM 座位图中可预留座位的排列号。

P#：订单中旅客序号，不特指时可省略。

输入：▶ASR:2/PEKSHA/12K/P1

系统显示：

```
▶ASR:2/PEKSHA/12K/P1
 1.朱敏 HXQX16
 2.  HU7605 H  FR07JAN   PEKSHA  HK1  0835  1045   333 S 0 ˆ E T1T2
 3.PEK/T PEK/T010-80**5338/BEIJING ORIENT BLUE SKY INTERNATIONAL AVIATION SERVIC
   E CO.,LTD//GEXING ABCDEFG
 4.TL/1200/06JAN/PEK211
 5.SSR SEAT HU DK1 PEKSHA 7605 H07JAN 12KN/P1
 6.SSR ADTK 1E BY PEK07JAN23/ 0635 OR CXL HU7605 H07JAN
 7.OSI HU CTCM 1778289****/P1
 8.RMK CA/HYRCC7                                                              +
▶|
```

学习笔记

【显示说明】

序号 5 信息中的 SSR SEAT 表示预留座位特殊服务申请。

HU：承运人。

DK1：直接占一个位子。

PEKSHA 7605 H07JAN 12KN：预留指定航班 12 排 K 列座位。

输入：▶ADM:2

系统显示：

```
▶ADM:2
HU 7605/Y/07JAN/PEKSHA/321
 Y  1         2           3
    0123456789012345    678901234567
 K  X*!  X*****!**** K   X***********
 J  X** *X*****!**** J  XX***********
 H  X** *X*****!!!** H  XX***********
    =====E==========    EE==========
    =====E==========    EE==========
 C  $XX !X!!!**!!!** C  XX***********
 B  BXX *X*******!** B  XX***********
 A  $XX  X*****!!*** A  XX***********
▶ASR:2/PEKSHA/
▶|
```

【显示说明】

再次显示座位图，12 排 K 列座位被占用，状态已显示为“!”符号，表示座位预留成功。

情景 2　旅客订座记录的提取查看

1. 旅客订座记录的提取查看

旅客订座记录建立——PNR 的提取

前面已经为旅客完成了订座记录的建立，若要对旅客订座记录进行其他操作，须先将其提取出来。

（1）根据记录编号提取 PNR

每一个订座记录在封口后都有一个记录编号，它是由 6 位数字或字母组成，由计算机系统随机给出来的。

指令格式：

▶RT:记录编号

输入：▶RT HXQX16

系统显示：

```
▶RT HXQX16
 1.朱敏 HXQX16
 2.  HU7605 H  FR07JAN   PEKSHA  HK1  0835  1045   333 S 0 ^ E T1T2
 3.PEK/T PEK/T010-80**5338/BEIJING ORIENT BLUE SKY INTERNATIONAL AVIATION SERVIC
   E CO.,LTD//GEXING ABCDEFG
 4.TL/1200/06JAN/PEK211
 5.SSR ADTK 1E BY PEK07JAN23/ 0635 OR CXL HU7605 H07JAN
 6.OSI HU CTCM 1778289****/P1
 7.RMK CA/HYRCC7
 8.PEK211
▶|
```

学习笔记

（2）根据旅客姓名提取

指令格式：

▶RT:姓名/航班/日期/航段

例：提取1月7日HU7605航班张姓旅客的订座记录。

输入：▶RT ZHANG/HU7605/07JAN

系统显示：

```
▶RT ZHANG/HU7605/07JAN
HU7605/07JAN

001   1张文文          LDHP4H Y HK1  PEK211 07JAN22    K    S
002   1张静            HRQLYV M HK2  PEK211 07JAN22    K    S
TOTAL NUMBER    2
▶|
```

需要详细查看时再输入“RT:序号”，就可以查看旅客订座记录信息了。

【显示说明】

第1行：旅客名单。

第2行：航班号、日期。

第3、4行：旅客信息，包括旅客姓名、记录编号、所订舱位、座位状态、订票部门、订票日期，001、002为旅客序号。

第5行：TOTAL NUMBER表示旅客名单显示完毕，共有2名张姓旅客。

注意：

1）指令格式中的航段可以省略，其他则必须有。

2）根据姓名提取PNR时，既可以输入旅客的全名，也可以只输入姓氏。若只输入姓氏，则航班上以该姓氏字母开头的旅客记录全部显示出来。

3）有些PNR中的姓名是英文字母，有些是中文，无论哪种输入，提取时都应输入字母。

（3）根据旅客名单提取

我们可以先提取航班上由本部门建立的全部旅客记录，即ML，然后再根据序号提取。

指令格式：

▶ML:选择项/航班号/座位等级/日期/航段

▶RT:序号

ML指令可以提取本部门在一个指定航班，某一日期和某一航段上的旅客名单，然后再根据序号提取。

有关选择项的说明：

B：提取订妥座位的旅客（HK和RR的PNR）；

学习笔记

C：提取所有旅客记录；

X：提取取消的旅客；

G：提取团体旅客记录；

U：提取未证实的旅客（HL,US,UU,HN）。

例：提取 1 月 7 日 HU7605 航班所有旅客的订座记录。

输入：►ML C/HU7605/07JAN

系统显示：

```
►ML C/HU7605/07JAN
HU7605/07JAN          C
PEKSHA
001    1陈静              HMKB4K X HN10 PEK211 07JAN22    K    S
002    1李航              L5FLI4 Q HK1  PEK211 07JAN22    K    S
003    1李静              L4EN9C M HK1  PEK211 07JAN22    K    S
004    1李笑CHD           HRQLYV M HK2  PEK211 07JAN22    K    S
005    1孙苗苗(UM9)       LNA8BR M HK1  PEK211 07JAN22    K    S
006    1张静              HRQLYV M HK2  PEK211 07JAN22    K    S
007    1张文文            LDHP4H Y HK1  PEK211 07JAN22    K    S
008    1赵静              HTXIDA M HK2  PEK211 07JAN22    K    S
009    1赵凯VIP           HPQ8LS H HK1  PEK211 07JAN22    K    S
010    1赵敏CHD           HTXIDA M HK2  PEK211 07JAN22    K    S       +
TOTAL NUMBER   11
►
```

【显示说明】

ML 指令会将选择的旅客名单信息选择出来，若要进一步查看，则输入“RT:序号”即可。

（4）根据航空公司记录编号提取

中国民航订座系统包括 ICS 和 CRS 两部分。如果旅客在 ICS 直接订座生成 PNR，则在 CRS 中没有相应记录。这种情况下代理人如果想提取该记录，需要使用 RRT 指令。

RRT 指令分为两步：

RRT:V：将所要提取的 PNR 显示在屏幕上；

RRT:OK：使 PNR 在 CRS 上生成并生效。

指令格式：

►RRT:V/记录编号/航班/日期

►RRT:OK

例：提取 HU7605 航班中航空公司订座记录编号为 L012LE 的旅客信息。

►RRT:V/L012LE/HU7605/07JAN

►RRT:OK

（5）查看 PNR 完整的内容

指令格式 1：

►RT:C/记录编号

指令格式 2：

►RT:记录编号

学习笔记

▶RT:C

在前项提取的基础上输入：▶RT C

系统显示：

```
▶RT C
005      PEK211 763013 0819 31DEC
     1.李航(001) L5FLI4
001  2.  HU7605 Q  FR07JAN   PEKSHA  HK1  0835  1045   333 S 0 ^ E T1T2
       NN(001)  DN(001)  HK(001)
001  3.PEK/T PEK/T010-80**5338/BEIJING ORIENT BLUE SKY INTERNATIONAL AVIATION SE
    RVICE CO.,LTD//GEXING ABCDEFG
001  4.TL/1200/06JAN/PEK211
 5.SSR INFT HU HK1 PEKSHA 7605 Q07JAN LI/XIAO 07OCT22/P1
 6.SSR ADTK 1E BY PEK07JAN23/ 0635 OR CXL HU7605 Q07JAN
001  7.SSR INFT HU HK1 PEKSHA 7605 Q07JAN LI/XIAO 07OCT22/P1                  +
▶|
```

【显示说明】

第 1 列：00#表示第几次更新，记录每一次 PNR 内容的修改。

第 2 列：1～7，序号，记录有效部分的行号。

第 1 行：PNR 最后一次更新是 005 次的记录修改。

（6）提取 PNR 的历史部分

指令格式：

▶RT:Ux

其中“x”为数字，表示第几次封口，该指令可以直接将第几次修改后的内容显示出来。

如果售票员要查看 ICS 是否有反馈信息，则可使用该指令。

输入：▶RT L5FLI4

系统显示：

```
▶RT L5FLI4
 1.李航 L5FLI4
 2.  HU7605 Q  FR07JAN   PEKSHA  HK1  0835  1045   333 S 0 ^ E T1T2
 3.PEK/T PEK/T010-80**5338/BEIJING ORIENT BLUE SKY INTERNATIONAL AVIATION SERVIC
    E CO.,LTD//GEXING ABCDEFG
 4.TL/1200/06JAN/PEK211
 5.SSR INFT HU HK1 PEKSHA 7605 Q07JAN LI/XIAO 07OCT22/P1
 6.SSR ADTK 1E BY PEK07JAN23/ 0635 OR CXL HU7605 Q07JAN
 7.OSI YY 1INF LI/XIAO INF
 8.OSI HU CTCM 1888922****/P1                                             +
▶|
```

输入：▶RT:U2

系统显示：

```
▶RT:U2
009  RMK CA/L012LE
▶|
```

【显示说明】

指定从第二步生成了航空公司的记录编号。

（7）团体旅客订座记录的提取

团体 PNR 的操作指令与散客指令基本一致。

前项显示：

学习笔记

```
►RT LRCXT7
 0.10BIYELVXING  NM1
 2.  FM9108 L  FR07JAN   PEKSHA  HN10  0825  1050   73E S 0 ^ E T2T2
 3.PEK/T PEK/T010-80**5338/BEIJING ORIENT BLUE SKY INTERNATIONAL AVIATION SERVIC
    E CO.,LTD//GEXING ABCDEFG
 4.TL/1200/06JAN/PEK211
 5.SSR ADTK 1E BY PEK07JAN23/ 0625 OR CXL FM9108 L07JAN
 6.OSI FM CTCM 1889208****/P1
 7.RMK CA/LM43QH
 8.PEK211
►|
```

我们可以看到记录中已经输入一名旅客的姓名，但具体是谁并不知道，要查看时就需要使用指令：

►RT:N/记录编号

或者

►RT:记录编号之后　　RT:N

输入：►RT N/LRCXT7

系统显示：

```
►RT N/LRCXT7
 0.10BIYELVXING  NM1
 1.张华 LRCXT7
 2.  FM9108 L  FR07JAN   PEKSHA  HN10  0825  1050   73E S 0 ^ E T2T2
 3.PEK/T PEK/T010-80**5338/BEIJING ORIENT BLUE SKY INTERNATIONAL AVIATION SERVIC
    E CO.,LTD//GEXING ABCDEFG
 4.TL/1200/06JAN/PEK211
 5.SSR ADTK 1E BY PEK07JAN23/ 0625 OR CXL FM9108 L07JAN
 6.OSI FM CTCM 1889208****/P1
 7.RMK CA/LM43QH                                                              +
►|
```

【显示说明】

通过此指令的操作，可以看到团体记录中已输入的旅客姓名。

2. 电子客票票面的提取

旅客订座记录建立——票面查看

提取电子客票记录使用 DETR 指令。在提取电子客票记录时，如果满足 DETR 指令输入的查找内容的客票记录超过一张，将列出所有有效的电子客票记录。如果只有一个符合的电子客票记录，系统会显示这张电子客票的票面信息。

指令格式及含义如表 3-3-1 所示。

表 3-3-1　指令格式及含义

序号	指令格式	含义
1	DETR:TN/票号	按照票号提取电子客票记录
2	DETR:CN/订座记录编号	按照航空公司系统订座记录编号提取电子客票记录
3	DETR:NM/旅客姓名	按照旅客姓名提取电子客票记录
4	DETR:NI/身份证号	按照旅客的身份识别号（身份证号）提取电子客票记录
5	DETR:TN/票号,F	提取电子客票旅客的身份识别号及报销凭证号
6	DETR:TN/票号,H	提取电子客票历史记录

电子客票票面信息说明显示如下：

```
▶DETR TN/8802027711302
ISSUED BY: Hainan Airlines              ORG/DST: PEK/SHA       ISI:SITI     BSP-D
TOUR CODE:
PASSENGER: 张文文
EXCH:                                     CONJ TKT:
O FM: 1PEK HU     7605  Y 07JAN 0835 OK Y           07JAN/03JAN 20K OPEN FOR USE
           RL:LDN6M6   /LDHP4H 1E
  TO: SHA
FARE:           CNY   1240.00|FOP:CASH
TAX:            CNY   50.00CN|OI:
TAX:            CNY   60.00YQ|
TOTAL:          CNY   1350.00|TKTN: 880-2027711302
▶|
```

ISSUED BY:AIR CHINA	出票航空公司
ORG/DST:BJS/SHA	起飞到达城市/机场
BSP-D BSP	国内客票
PASSENGER:TETS/TEST	旅客姓名
RECEIPT PRINTED	已打印报销凭证
PEK HU 7605 Y 07JAN 0835 OK Y	航段信息
20K	免费行李额
OPEN FOR USE	电子客票状态
RL:LDN6M6	航空公司系统记录编号
LDHP4H 1E	代理人系统记录编号，中国民航订座系统编号
TKTN: 880-2027711302	票号

客票状态及注释参考表 1-2-1。

3．客票挂起与解挂

（1）挂起操作的目的

解决代理销售电子客票收款过程存在的风险。

例：旅客电话订座，代理人使用 ETDZ 指令生成电子记录后，由于尚未收款，为了防止出现欺诈，旅客提前乘机，可以使用挂起指令。

（2）主要功能

将电子客票的状态改成 SUSPEND。这种状态下，值机、改签、作废 3 个操作将被禁止，有利于代理人对电子客票的管理。

使用 TSS：将电子客票的状态改成 SUSPEND。

具体格式如下。

1）按照票号挂起。

►TSS:TN/TICKET NUMBER/S

学习笔记

2）按照订座记录编号挂起。

►TSS:CN/PNR/S

恢复成 SUSPEND 以前的格式如下。

1）按照票号解挂。

►TSS:TN/TICKET NUMBER/B

2）按照订座记录编号解挂。

►TSS:CN/PNR/B

注意：在执行恢复操作时，应判断一下 AGENT，必须与做 TSS:.../S 操作是同一个 AGENT，否则将被禁止进行恢复操作。

例：前面已经为张文文旅客出票，但还未收到该旅客的付款，因此需要将该记录挂起。

前项票面显示：

```
►DETR TN/8802027711302
ISSUED BY: Hainan Airlines            ORG/DST: PEK/SHA      ISI:SITI    BSP-D
TOUR CODE:
PASSENGER: 张文文
EXCH:                                   CONJ TKT:
O FM: 1PEK HU    7605  Y 07JAN 0835 OK Y          07JAN/03JAN 20K OPEN FOR USE
          RL:LDN6M6  /LDHP4H 1E
  TO: SHA
FARE:           CNY  1240.00|FOP:CASH
TAX:            CNY  50.00CN|OI:
TAX:            CNY  60.00YQ|
TOTAL:          CNY  1350.00|TKTN: 880-2027711302
►|
```

输入：►TSS:TN/8802027711302/S

系统显示：

```
►TSS:TN/8802027711302/S
ACCEPTED
►|
```

【说明】

该记录已经被挂起，旅客无法进行正常登机，提取票面，系统显示：

```
►DETR TN/8802027711302
ISSUED BY: Hainan Airlines            ORG/DST: PEK/SHA      ISI:SITI    BSP-D
TOUR CODE:
PASSENGER: 张文文
EXCH:                                   CONJ TKT:
O FM: 1PEK HU    7605  Y 07JAN 0835 OK Y          07JAN/03JAN 20K SUSPENDED
          RL:LDN6M6  /LDHP4H 1E
  TO: SHA
FARE:           CNY  1240.00|FOP:CASH
TAX:            CNY  50.00CN|OI:
TAX:            CNY  60.00YQ|
TOTAL:          CNY  1350.00|TKTN: 880-2027711302
►|
```

客票状态为 SUSPENDED，客票不能正常使用，不能办理值机服务、改签服务、退票服务等操作，如果要正常使用客票，在旅客正常支付票款

学习笔记

后，就须为旅客完成客票的解挂处理操作。

输入：►TSS:TN/8802027711302/B

系统显示：

```
►TSS:TN/8802027711302/B
ACCEPTED
►|
```

提取票面显示：

```
►DETR TN/8802027711302
ISSUED BY: Hainan Airlines            ORG/DST: PEK/SHA      ISI:SITI     BSP-D
TOUR CODE:
PASSENGER: 张文文
EXCH:                                   CONJ TKT:
O FM: 1PEK HU    7605  Y 07JAN 0835 OK Y          07JAN/03JAN 20K OPEN FOR USE
          RL:LDN6M6  /LDHP4H 1E
  TO: SHA
FARE:           CNY  1240.00|FOP:CASH
TAX:            CNY  50.00CN|OI:
TAX:            CNY  60.00YQ|
TOTAL:          CNY  1350.00|TKTN: 880-2027711302
►|
```

可以看到，客票的状态已经变为 OPEN FOR USE，可以正常使用。

情景 3　旅客订座记录的修改

旅客订座记录建立——PNR 的取消与修改

1. 旅客姓名的修改

（1）散客

指令格式：

►序号/1 姓名

【格式说明】

序号：订单中要修改的旅客序号。

1 姓名：一个新名字，若是英文姓名，则姓与名之间用“/”分隔；若是中文姓名，则不分隔。

```
►1/1李杭
 2.李杭 L5FLI4
 3.  HU7605 Q  FR07JAN   PEKSHA  HK1  0835  1045   333 S 0^ E T1T2
 4.PEK/T PEK/T010-80**5338/BEIJING ORIENT BLUE SKY INTERNATIONAL AVIATION SERVIC
    E CO.,LTD//GEXING ABCDEFG
 5.TL/1200/06JAN/PEK211
 6.SSR INFT HU HK1 PEKSHA 7605 Q07JAN LI/XIAO 07OCT22/P2
 7.SSR ADTK 1E BY PEK07JAN23/ 0635 OR CXL HU7605 Q07JAN
 8.OSI YY 1INF LI/XIAO INF
 9.OSI HU CTCM 1888922****/P2                                                +
►|
```

（2）团队

团队具体旅客的姓名修改与散客一致。

指令格式：

►序号/序号…/#G

学习笔记

【格式说明】

团队 PNR 中已输入旅客名单取消，保留座位。

序号/序号…：指定需要修改的旅客序号。

#：需要修改的旅客总数量。

G：将指定的旅客姓名，替换为空，团队座位数不变。

2. 其他信息项的修改

对于其他信息项的修改，售票员须先将原记录删除，再输入新的信息即可。

删除指令格式：

►XE:序号

前项显示：

```
►RT L5FLI4
 1.李航 L5FLI4
 2.  HU7605 Q  FR07JAN   PEKSHA  HK1  0835  1045   333 S 0 ^ E T1T2
 3.PEK/T PEK/T010-80**5338/BEIJING ORIENT BLUE SKY INTERNATIONAL AVIATION SERVIC
    E CO.,LTD//GEXING ABCDEFG
 4.TL/1200/06JAN/PEK211
 5.SSR INFT HU HK1 PEKSHA 7605 Q07JAN LI/XIAO 07OCT22/P1
 6.SSR ADTK 1E BY PEK07JAN23/ 0635 OR CXL HU7605 Q07JAN
 7.OSI YY 1INF LI/XIAO INF
 8.OSI HU CTCM 1888922****/P1                                                  +
►
```

出票前，售票员发现旅客联系方式后 4 位为 0154，记录输入错误，需要重新修改。

输入：►XE 8

系统显示：

```
►XE 8
 1.李航 L5FLI4
 2.  HU7605 Q  FR07JAN   PEKSHA  HK1  0835  1045   333 S 0 ^ E T1T2
 3.PEK/T PEK/T010-80**5338/BEIJING ORIENT BLUE SKY INTERNATIONAL AVIATION SERVIC
    E CO.,LTD//GEXING ABCDEFG
 4.TL/1200/06JAN/PEK211
 5.SSR INFT HU HK1 PEKSHA 7605 Q07JAN LI/XIAO 07OCT22/P1
 6.SSR ADTK 1E BY PEK07JAN23/ 0635 OR CXL HU7605 Q07JAN
 7.OSI YY 1INF LI/XIAO INF
 8.RMK CA/L012LE                                                               +
►
```

可以看到，原联系方式已经删除。重新输入旅客的正确联系方式后，再进行封口生效，重新提取后显示如下：

```
►RT L5FLI4
 1.李航 L5FLI4
 2.  HU7605 Q  FR07JAN   PEKSHA  HK1  0835  1045   333 S 0 ^ E T1T2
 3.PEK/T PEK/T010-80**5338/BEIJING ORIENT BLUE SKY INTERNATIONAL AVIATION SERVIC
    E CO.,LTD//GEXING ABCDEFG
 4.TL/1200/06JAN/PEK211
 5.SSR INFT HU HK1 PEKSHA 7605 Q07JAN LI/XIAO 07OCT22/P1
 6.SSR ADTK 1E BY PEK07JAN23/ 0635 OR CXL HU7605 Q07JAN
 7.OSI YY 1INF LI/XIAO INF
 8.OSI HU CTCM 1888922****/P1                                                  +
►
```

学习笔记

【显示说明】

序号 8 可以看到旅客的联系方式已修改完成。

3. 航段调整

（1）调整航段顺序

当代理人建立一个有多个航段的旅客记录时，系统会根据航班的日期、起飞时间、城市对等自动整理航段顺序，但在某些情况下，如 PNR 中有 OPEN 航段时，须人工进行航段的排序，这时要使用 CS 指令。

指令格式：

►CS:PNR 中航段序号/PNR 中航段序号

前项显示：

```
►
 1.  ZH9851 Y  SA07JAN  SZXPEK  DK1  1030  1330   739 S 0 ^ E --T3
 2.  ZH9891 Y  TH05JAN  PEKSZX  DK1  0810  1120   733 S 0 ^ E T3--
 3.PEK/T PEK/T010-80**5338/BEIJING ORIENT BLUE SKY INTERNATIONAL AVIATION SERVIC
    E CO.,LTD//GEXING ABCDEFG
 4.PEK211
►I
```

【显示说明】

序号 2～3，航段无法连接，需要调整航段顺序。

输入：►CS:2/1

系统显示：

```
►CS:2/1
 1.  ZH9851 Y  TH05JAN  SZXPEK  DK1  1030  1330   739 S 0 ^ E --T3
 2.  ZH9891 Y  SA07JAN  PEKSZX  DK1  0810  1120   733 S 0 ^ E T3--
 3.PEK/T PEK/T010-80**5338/BEIJING ORIENT BLUE SKY INTERNATIONAL AVIATION SERVIC
    E CO.,LTD//GEXING ABCDEFG
 4.PEK211
►I
```

将 1 月 5 日的航班调到 1 月 7 日航班前面，航段就连续了。

（2）占位航段并入

当旅客已有一个 PNR，须把建立的航段并入这个 PNR 中，首先提出这个记录，然后通过并入航段指令（ES）进行并入。

指令格式：

►ES:

【格式说明】

1）在航班有座位的情况下，提取 PNR，订取另外航段即可。

2）在航班座位比较紧张时，如果偶然订到一个座位，这时须将此航段加到另外一个 PNR 里，使用 ES 指令（重新订位可能订不上）。

学习笔记

前项显示：

```
▶RT H9LD9T
 1.王乐乐 H9LD9T
 2.  ZH9851 Y  WE05JAN   SZXPEK  HK1  1030  1330   739 S 0 ^ E --T3
 3.PEK/T PEK/T010-80**5338/BEIJING ORIENT BLUE SKY INTERNATIONAL AVIATION SERVIC
   E CO.,LTD//GEXING ABCDEFG
 4.TL/1200/04JAN/PEK211
 5.SSR ADTK 1E BY PEK05JAN23/ 0830 OR CXL ZH9851 Y05JAN
 6.OSI ZH CTCM 1887892****/P1
 7.RMK CA/H9FK1Z
 8.PEK211
▶|
```

旅客要预订返程航班，因座位紧张，售票员订到从北京返回的航班，系统显示：

```
▶SD 2Y1
 1.  ZH9891 Y  SA07JAN  PEKSZX  DK1  0810  1120   733 S 0 ^ E T3--
 2.PEK/T PEK/T010-80**5338/BEIJING ORIENT BLUE SKY INTERNATIONAL AVIATION SERVIC
   E CO.,LTD//GEXING ABCDEFG
 3.PEK211
▶|
```

这时单独建立了一个航段组信息，需要把之前的 PNR 提取出来，再进行并入。

输入：▶ES

系统显示：

```
▶ES
 1.王乐乐 H9LD9T
 2.  ZH9851 Y  WE05JAN   SZXPEK  HK1  1030  1330   739 S 0 ^ E --T3
 3.  ZH9891 Y  FR07JAN   PEKSZX  DK1  0810  1120   733 S 0 ^ E T3--
 4.PEK/T PEK/T010-80**5338/BEIJING ORIENT BLUE SKY INTERNATIONAL AVIATION SERVIC
   E CO.,LTD//GEXING ABCDEFG
 5.TL/1200/04JAN/PEK211
 6.SSR ADTK 1E BY PEK05JAN23/ 0830 OR CXL ZH9851 Y05JAN
 7.OSI ZH CTCM 1887892****/P1
 8.RMK CA/H9FK1Z                                                              +
▶|
```

可以看到，已将 ZH9891 航班并入原记录 H9LD9T 中了。

4. 旅客订座记录的分离及取消

（1）散客

1）分离。

指令格式：

▶SP:序号/序号...

【说明】

分离指定序号的旅客，生成新的记录。

前项显示：

学习笔记

```
▶RT HUZBYL
 1.李航  2.孙苗苗  3.王乐乐CHD  4.张林  5.张敏  6.赵恒 HUZBYL
 7.  HU7605 M  FR07JAN   PEKSHA  HK6  0835  1045   333 S 0 ^ E T1T2
 8.PEK/T PEK/T010-80**5338/BEIJING ORIENT BLUE SKY INTERNATIONAL AVIATION SERVIC
   E CO.,LTD//GEXING ABCDEFG
 9.TL/1200/06JAN/PEK211
10.SSR ADTK 1E BY PEK07JAN23/ 0635 OR CXL HU7605 M07JAN
11.OSI HU CTCM 1778922****/P4
12.RMK CA/HL8DIX
13.PEK211
▶|
```

需要将孙苗苗和张敏两名旅客分离出来。

输入：▶SP:2/5

系统显示：

```
▶SP:2/5
 1.孙苗苗  2.张敏
 1.  HU7605 M  SA07JAN  PEKSHA  HK2  0835  1045   333 S 0 ^ E T1T2
 2.PEK/T PEK/T010-80**5338/BEIJING ORIENT BLUE SKY INTERNATIONAL AVIATION SERVIC
   E CO.,LTD//GEXING ABCDEFG
 3.TL/1200/06JAN/PEK211
 4.SSR ADTK 1E BY PEK07JAN23/ 0635 OR CXL HU7605 M07JAN
 5.RMK CA/HL8DIX                                                              +
▶|
```

可以看到，孙苗苗和张敏两位旅客已被成功分离出来。再封口后，显示如下：

```
▶@
LXYYG9 SPLIT FROM HUZBYL
  航空公司使用自动出票时限，请检查PNR
  HU7605  M SA07JAN  BJSSHA HK2  0835   1045
  请确认新记录中相关航空公司记录号是否更新
  *** 预订酒店指令HC, 详情  ▶HC:HELP   ***
▶|
```

【显示说明】

分离出的信息封口后生成新的旅客订座记录（LXYYG9），原记录（HUZBYL）不变，保留剩余的旅客订座记录信息。

2）取消。

指令格式：

▶XE:P#/#

前项显示：

```
▶RT HUZBYL
 1.李航  2.王乐乐CHD  3.张林  4.赵恒 HUZBYL
 5.  HU7605 M  FR07JAN   PEKSHA  HK4  0835  1045   333 S 0 ^ E T1T2
 6.PEK/T PEK/T010-80**5338/BEIJING ORIENT BLUE SKY INTERNATIONAL AVIATION SERVIC
   E CO.,LTD//GEXING ABCDEFG
 7.TL/1200/06JAN/PEK211
 8.SSR ADTK 1E BY PEK07JAN23/ 0635 OR CXL HU7605 M07JAN
 9.OSI HU CTCM 1778922****/P3
10.RMK CA/HL8DIX
11.PEK211
▶|
```

旅客张林因个人原因，需取消订座，现在要将她从记录中删除，张林的个人信息序号为3。

输入：▶XE P3

系统显示：

学习笔记

```
►XE P3
 1.李航  2.王乐乐CHD  4.赵恒 HUZBYL
 5.   HU7605 M  FR07JAN   PEKSHA  HK3  0835  1045   333 S 0 ^ E T1T2
 6.PEK/T PEK/T010-80**5338/BEIJING ORIENT BLUE SKY INTERNATIONAL AVIATION SERVIC
    E CO.,LTD//GEXING ABCDEFG
 7.TL/1200/06JAN/PEK211
 8.SSR ADTK 1E BY PEK07JAN23/ 0635 OR CXL HU7605 M07JAN
 9.RMK CA/HL8DIX
10.PEK211
►|
```

再次封口后提取旅客 PNR，显示如下：

```
►RT HUZBYL
 1.李航  2.王乐乐CHD  3.赵恒 HUZBYL
 4.   HU7605 M  FR07JAN   PEKSHA  HK3  0835  1045   333 S 0 ^ E T1T2
 5.PEK/T PEK/T010-80**5338/BEIJING ORIENT BLUE SKY INTERNATIONAL AVIATION SERVIC
    E CO.,LTD//GEXING ABCDEFG
 6.TL/1200/06JAN/PEK211
 7.SSR ADTK 1E BY PEK07JAN23/ 0635 OR CXL HU7605 M07JAN
 8.OSI HU CTCM 1778828****/P1
 9.RMK CA/HL8DIX
10.PEK211
►|
```

可以看到，原记录中已经没有张林这位旅客了，说明该旅客的订座已取消成功。

（2）团体旅客

团体分离与删除具体旅客与散客操作一致。

1）分离。

① 空团分离。

指令格式：

►SP:G#

【说明】

分离指定座位数的空团，生成新 PNR。

原记录显示如下：

```
►RT LJZREM
 0.15BEIJING  NM3
 4.   FM9853 L  FR07JAN   PEKCAN  HN15  0805  1100   321 S 0 ^ E T2--
 5.PEK/T PEK/T010-80**5338/BEIJING ORIENT BLUE SKY INTERNATIONAL AVIATION SERVIC
    E CO.,LTD//GEXING ABCDEFG
 6.TL/1200/06JAN/PEK211
 7.SSR ADTK 1E BY PEK07JAN23/ 0605 OR CXL FM9853 L07JAN
 8.OSI FM CTCM 1778928****/P2
 9.RMK CA/LR60ZG
10.PEK211
►|
```

输入：►SP G1

系统显示：

```
►SP G1
0.1BEIJING NM0
1.   FM9853 L  SA07JAN  PEKCAN  HN1  0805  1100   321 S 0 ^ E T2--
2.PEK/T PEK/T010-80**5338/BEIJING ORIENT BLUE SKY INTERNATIONAL AVIATION SERVIC
   E CO.,LTD//GEXING ABCDEFG
3.TL/1200/06JAN/PEK211
4.RMK CA/LR60ZG
5.PEK211
►|
```

学习笔记

封口之后会看到生成新的旅客 PNR。

```
►@
HBE3PU SPLIT FROM LJZREM
  航空公司使用自动出票时限, 请检查PNR
  FM9853  L SA07JAN  BJSCAN HN1  0805   1100
  请确认新记录中相关航空公司记录号是否更新
  *** 预订酒店指令HC, 详情  ►HC:HELP   ***
►|
```

提取原旅客 PNR，可看到原来 15 人团变为 14 人团了。

```
►RT LJZREM
 0.14BEIJING  NM3
 4.  FM9853 L  FR07JAN   PEKCAN  HN14  0805  1100   321 S 0 ^ E T2--
 5.PEK/T PEK/T010-80**5338/BEIJING ORIENT BLUE SKY INTERNATIONAL AVIATION SERVIC
   E CO.,LTD//GEXING ABCDEFG
 6.TL/1200/06JAN/PEK211
 7.SSR ADTK 1E BY PEK07JAN23/ 0605 OR CXL FM9853 L07JAN
 8.OSI FM CTCM 1778928****/P2
 9.RMK CA/LR60ZG
10.PEK211
►|
```

② 空团与具体旅客混合的分离。

指令格式：

►SP:G#/序号/序号...

【说明】

分离指定座位数的空团和指定序号的旅客，生成新 PNR。

前项显示：

```
►RT N
 0.14BEIJING  NM3
 1.李乐  2.张静  3.赵红 LJZREM
 4.  FM9853 L  FR07JAN   PEKCAN  HN14  0805  1100   321 S 0 ^ E T2--
 5.PEK/T PEK/T010-80**5338/BEIJING ORIENT BLUE SKY INTERNATIONAL AVIATION SERVIC
   E CO.,LTD//GEXING ABCDEFG
 6.TL/1200/06JAN/PEK211
 7.SSR ADTK 1E BY PEK07JAN23/ 0605 OR CXL FM9853 L07JAN
 8.OSI FM CTCM 1778928****/P2
 9.RMK CA/LR60ZG                                                              +
►|
```

需要将旅客张静分离，同时分离 2 个空团。

输入：►SP:G2/1

系统显示：

```
►SP:G2/1
 0.3BEIJING  NM1
 1.李乐
 1.  FM9853 L  SA07JAN  PEKCAN  HN3  0805  1100   321 S 0 ^ E T2--
 2.PEK/T PEK/T010-80**5338/BEIJING ORIENT BLUE SKY INTERNATIONAL AVIATION SERVIC
   E CO.,LTD//GEXING ABCDEFG
 3.TL/1200/06JAN/PEK211
 4.SSR ADTK 1E BY PEK07JAN23/ 0605 OR CXL FM9853 L07JAN                        +
►|
```

封口生效后显示：

```
►@
HED1VQ SPLIT FROM LJZREM
  航空公司使用自动出票时限, 请检查PNR
  FM9853  L SA07JAN  BJSCAN HN3  0805   1100
  请确认新记录中相关航空公司记录号是否更新
  *** 预订酒店指令HC, 详情  ►HC:HELP   ***
►|
```

学习笔记

已经分离成功，生成新的记录。

2）取消。

① 空团取消。

指令格式：

▶XE:G#

【说明】

取消指定座位数的空团。

前项显示：

```
▶RT LJZREM
0.11BEIJING  NM2
3.  FM9853 L  FR07JAN   PEKCAN  HN11  0805  1100   321 S 0 ^ E T2--
4.PEK/T PEK/T010-80**5338/BEIJING ORIENT BLUE SKY INTERNATIONAL AVIATION SERVIC
   E CO.,LTD//GEXING ABCDEFG
5.TL/1200/06JAN/PEK211
6.SSR ADTK 1E BY PEK07JAN23/ 0605 OR CXL FM9853 L07JAN
7.OSI FM CTCM 1778928****/P1
8.RMK CA/LR60ZG
9.PEK211
▶|
```

取消一个空团座位。

输入：▶XE G1

系统显示：

```
▶XE G1
0.10BEIJING  NM2
3.  FM9853 L  FR07JAN   PEKCAN  HN10  0805  1100   321 S 0 ^ E T2--
4.PEK/T PEK/T010-80**5338/BEIJING ORIENT BLUE SKY INTERNATIONAL AVIATION SERVIC
   E CO.,LTD//GEXING ABCDEFG
5.TL/1200/06JAN/PEK211
6.SSR ADTK 1E BY PEK07JAN23/ 0605 OR CXL FM9853 L07JAN
7.OSI FM CTCM 1778928****/P1
8.RMK CA/LR60ZG
9.PEK211
▶|
```

可以看到，总数已由最初的 11 变为 10 了。

② 空团与具体旅客混合的删除。

指令格式：

▶XE:G#/P 序号/序号...

【说明】

删除指定座位数的空团和指定序号的旅客。

接上例：需要取消赵红旅客的座位及一个空团。

```
▶RT N
0.10BEIJING  NM2
1.张静  2.赵红 LJZREM
3.  FM9853 L  FR07JAN   PEKCAN  HN10  0805  1100   321 S 0 ^ E T2--
4.PEK/T PEK/T010-80**5338/BEIJING ORIENT BLUE SKY INTERNATIONAL AVIATION SERVIC
   E CO.,LTD//GEXING ABCDEFG
5.TL/1200/06JAN/PEK211
6.SSR ADTK 1E BY PEK07JAN23/ 0605 OR CXL FM9853 L07JAN
7.OSI FM CTCM 1778928****/P1
8.RMK CA/LR60ZG                                                              +
▶|
```

输入：▶XE G1/P2

学习笔记

系统显示：

```
▶XE G1/P2
 0.8BEIJING  NM1
 1.张静 LJZREM
 2.  FM9853 L  FR07JAN   PEKCAN  HN8  0805  1100   321 S 0 ^ E T2--
 3.PEK/T PEK/T010-80**5338/BEIJING ORIENT BLUE SKY INTERNATIONAL AVIATION SERVIC
   E CO.,LTD//GEXING ABCDEFG
 4.TL/1200/06JAN/PEK211
 5.SSR ADTK 1E BY PEK07JAN23/ 0605 OR CXL FM9853 L07JAN
 6.OSI FM CTCM 1778928****/P1
 7.RMK CA/LR60ZG                                                             +
▶|
```

可以看到，取消两个座位了，座位总数已经变为 8 了。

5. 记录调整的还原与确认

通过以上学习，可以完成对 PNR 的各项改动，针对所做的修改，有两种结束方式：确认改动和放弃改动。

（1）确认改动

如第一节中所介绍，记录确认与生成新记录一样，通过@或@K/I 参数组合的方式完成。

@I：忽略订单中航段的断点，确认更新。

@K：削除 PNR 现行部分中的所有无效数据项，现行部分中表示有变化的行动代码，变为相对应的状态代码。

@IK：I、K 参数可以同时使用。

一次封口操作就是一次更新，在查看记录中的历史部分时，可以看到新的更新记录。

（2）放弃改动

若要放弃改动，直接输入 IG 或省略输入 I 即可。当所有修改均放弃后，显示 NO PNR 表示已经没有任何记录在处理中。

注意：

1）对于记录修改确认，分两次提醒：4 分钟内确认修改或封口；3 分钟内确认修改或封口。如果超时，在确认时系统会提示：记录已超时，须重新操作。

2）在有未结束订单处理的情况下，不可退出工作号。系统会提示“PENDING”。

6. 旅客订座记录的删除

当不需要某个记录时，须删除 PNR，以放出订单所占用的位子。但需要强调的是，这种删除不可恢复，操作时要谨慎。

（1）删除 PNR

先将旅客订座记录提取出来，直接输入▶XEPNR@，即可删除 PNR 释放座位了。

学习笔记

前项显示：

```
▶RT
 1.李静 L4EN9C
 2.  HU7605 M  FR07JAN   PEKSHA  HK1  0835  1045   333 S 0 ^ E T1T2
 3.PEK/T PEK/T010-80**5338/BEIJING ORIENT BLUE SKY INTERNATIONAL AVIATION SERVIC
    E CO.,LTD//GEXING ABCDEFG
 4.TL/1200/06JAN/PEK211
 5.SSR ADTK 1E BY PEK07JAN23/ 0635 OR CXL HU7605 M07JAN
 6.OSI HU CTCM 1887269****/P1
 7.RMK CA/L9VS15
 8.PEK211
▶
```

输入：▶XEPNR@

系统显示：

```
▶XEPNR@
PNR CANCELLED L4EN9C
▶
```

重新提取该记录显示如下：

```
▶RT L4EN9C
   *THIS PNR WAS ENTIRELY CANCELLED*
003      PEK211 763013 2018 03JAN23
    X1.李静(001) L4EN9C
001 X1.  HU7605 M  FR07JAN   PEKSHA  XX1  0835  1045   333 S 0 ^ E T1T2
       NN(001)  DN(001)  HK(001)  XX(003)
001 X2.PEK/T PEK/T010-80**5338/BEIJING ORIENT BLUE SKY INTERNATIONAL AVIATION SE
    RVICE CO.,LTD//GEXING ABCDEFG
001 X3.TL/1200/06JAN/PEK211
003 X4.SSR ADTK 1E BY PEK07JAN23/ 0635 OR CXL HU7605 M07JAN
001 X5.OSI HU CTCM 1887269****/P1                                              +
▶
```

【显示说明】

第 1 行表示该记录已经被取消，每一个信息序号前有一个取消标识“X”。

（2）订座处理中的 PNR 删除

在有多个订单操作的情况下，如前文提到的合并记录，只预订一个航段生成一个未确认的仅有航段组的订座记录，再提取一个已有记录，在合并前就是在操作两个不同的订单，这时进行删除记录的操作，系统会提示“NEED ES”，提醒有订单处理，没结束不能操作。建议通过 IG 指令处理，当 IG 提示“NO PNR”时，表示已无未完成的记录，这时再提取要删除的 PNR 进行删除操作。

任务实施

一、任务设计

1．请学生分小组进行情景模拟：一组学生扮演旅客张文文，另一组学生扮演客票销售员，按照旅客要求提取旅客订座记录，修改旅客的订座信息。

2．讨论：请学生针对演示结果进行讨论，分析正确的指令操作及显示结果的含义。

3．点评：请教师针对学生的演示过程和分析结果进行点评。

学习笔记

二、练习操作

1. 李浩预订 2022 年 11 月 25 日西安至南京的 Y 舱座位，以及 12 月 5 日南京至广州的 Y 舱座位，售票员在操作中发现其航段顺序颠倒，请为其调整正确的航段顺序，并根据记录编号、姓名提取该旅客的信息，查看该旅客订座记录的历史操作。

2. 有一个 20 人的旅行团，预订北京到海口的 Y 舱航班。后因旅客自身原因，序号为 2、9 的两名旅客需要退团，请取消他们的座位。

任务评价

旅客订座记录的其他操作学习任务评价表和学习任务总结表如表 3-3-2 和表 3-3-3 所示。

表 3-3-2　学习任务评价表

班级		姓名		总分	
日期		学号			
序号	评价内容	评价要求		分值	得分
1	旅客订座记录的其他信息	能否正确识别自动备注的信息		5	
		能否根据旅客情况正确输入各项备注信息		5	
		能否根据要求正确输入签注信息		5	
		能否正确输入旅游代码信息		5	
		能否准确按照旅客要求预留航班座位，查询航班座位图		5	
2	旅客订座记录的提取	能否根据旅客提供的不同信息内容提取订座记录		10	
		能否正确提取团体旅客订座记录		5	
		能否正确提取电子客票票面并识别显示内容		10	
		能否根据实际工作情况进行客票的挂起与解挂操作		5	
3	旅客订座记录的修改	能否根据实际情况正确修改旅客的姓名信息		5	
		能否根据实际情况正确修改订座记录的其他信息项		5	
		能否正确进行航段调整的操作		5	
		能否根据实际需要进行订座记录的分离及取消		5	
		能否正确删除旅客订座记录		5	
4	素质要求	指令操作是否正确、快速		10	
		学习参与度是否高		10	

学习笔记

表 3-3-3　学习任务总结表

<table>
<tr><td rowspan="2">学习总结</td><td>学习的新知识</td></tr>
<tr><td>掌握的新技能</td></tr>
<tr><td>学习反思</td><td>对本任务的学习表现是否满意，请写出自我反思</td></tr>
</table>

项目4 售后服务

民航客票售后服务是旅客关注的焦点之一。为避免承运人滥用强势地位，保护旅客的合法权益，《公共航空运输旅客服务管理规定》按照旅客“自愿”和“非自愿”两种情况，分别对不同情形下的客票变更与退票工作提出原则性要求。明确旅客非自愿退票和因承运人原因导致旅客非自愿变更客票的，不得收取退票费和变更费。同时，针对承运人退款速度慢的突出问题，增加了关于退款时限的规定，要求承运人或者其航空销售代理人在收到旅客有效退款申请之日起 7 个工作日内办理完成退款手续。本项目结合《公共航空运输旅客服务管理规定》，强化基础知识，集实用性、创新性于一体，使学生掌握民航客票售后服务的业务知识。本项目内容包括电子客票签转条件和类型、电子客票变更承运人、变更日期、变更航程、退票等业务知识及操作流程。

知识目标

1. 掌握民航电子客票签转的条件和类型。
2. 掌握民航电子客票变更承运人的条件和操作流程。
3. 掌握民航电子客票变更航班、日期的操作流程。
4. 掌握民航电子客票变更子舱位的方法和类型。
5. 掌握民航电子客票变更舱位的操作流程。
6. 掌握民航电子客票变更航程的条件和操作流程。

能力目标

1. 能够熟练按照要求进行民航电子客票承运人的变更。
2. 能够熟练按照要求进行民航电子客票日期的变更。
3. 能够熟练按照要求进行民航电子客票航程的变更。
4. 能够熟练进行民航电子客票退票处理。

考证标准

中国航信 BSP 自动出票证书。

学习笔记

任务 1　民航电子客票承运人的变更

知识目标

1. 掌握民航电子客票未出票时承运人的变更。
2. 掌握民航电子客票出票后承运人的变更。
3. 掌握民航电子客票非全程承运人的变更。

能力目标

能够处理旅客对变更承运人的要求。

素质目标

1. 严格遵守变更承运人服务流程与规范。
2. 养成“安全第一，旅客至上”的职业精神。
3. 具有良好的服务意识，注重服务细节。

案例引入

旅客预订国航某日北京到上海 Y 舱机票，由于某些缘故要求将国航的航班改为东航的航班。

案例分析

在此案例中，旅客预订机票后要求变更。此时，须提取旅客的订座记录（PNR），如未出票，属于出票前变更；如已出票，属于出票后变更。前面已经学习了旅客订座记录建立的知识和方法，那么就可以根据旅客的要求为旅客办理航班承运人的变更。

情景 1　民航电子客票未出票时承运人的变更

出票前变更是指旅客预订机票后，由于旅客的缘故，自愿要求变更承运人。此情景涉及的知识包含：AV 航班查询，SD、SS 建立旅客订座记录号，基本项和其他组项，RT 提取旅客订座记录（PNR），ETDZ 电子客票出票，XE 删除指令等。

【案例 4-1-1】 旅客罗丹预订国航 12JAN 北京到上海 Y 舱机票，由于某些缘故要求将国航的航班改为南航的航班。

具体操作过程如下。

学习笔记

1）提取 PNR 记录，查看 PNR 信息是否完整。

```
▸RT L7V8K2
 1.罗丹 L7V8K2
 2.  CA1835 Y  TH12JAN   PEKSHA  HK1  0735  0955   333 S 0 ^ E T3T2
 3.PEK/T PEK/T010-80**5338/BEIJING ORIENT BLUE SKY INTERNATIONAL AVIATION SERVIC
    E CO.,LTD//GEXING ABCDEFG
 4.TL/0500/12JAN/PEK211
 5.FC/A/PEK CA SHA 930 CNY930.00END
 6.SSR FOID CA HK1 NI610102199901011234/P1
 7.SSR ADTK 1E BY PEK12JAN23/ 0535 OR CXL CA1835 Y12JAN
 8.OSI CA CTCM 13700000000/P1                                                  +
▸|
```

2）根据要求变更承运人，将国航变更为南航。

① 查询 12JAN 北京到上海的南航航班。

```
▸AV PEKSHA/12JAN/CZ
 12JAN(THU) BJSSHA
1-  CZ6412  PEKSHA   0640    0900     321   0 S E DS# F9 CS YA B5 M6 H5 K9 L3 EL VL*
2   CZ3951  PEKSHA   0850    1105     321   0 S E DS# F9 C8 Y4 B6 MS HA K2 L8 EQ VQ*
3   CZ6366  PEKWUH   0725    0950     733   0 S E DS# FL CQ YQ BQ MS HS K9 L9 E6 VQ*
    CZ6197     PVG   1110    1240     738   0 S E DS# F9 CL YA B9 M1 H6 K6 L7 E4 V5*
4   CZ3180  PEKCGO   0735    0905     738   0 S E DS# F8 CA Y9 B8 M9 H7 K7 LQ EQ VS*
    CZ3591     PVG   0810+1  0945+1 738   0 S E DS# F1 C3 Y8 B6 M9 H4 KL L9 E7 V3*
5+  CZ3180  PEKCGO   0735    0905     738   0 S E DS# F6 CL YA B9 M7 H4 K1 L3 E9 V3*
    CZ3591     PVG   0810+1  0945+1 738   0 S E DS# F3 CS YQ BA M6 H9 KA L5 EA V6*
▸|
```

② 提取 PNR 记录。

```
▸RT L7V8K2
 1.罗丹 L7V8K2
 2.  CA1835 Y  TH12JAN   PEKSHA  HK1  0735  0955   333 S 0 ^ E T3T2
 3.PEK/T PEK/T010-80**5338/BEIJING ORIENT BLUE SKY INTERNATIONAL AVIATION SERVIC
    E CO.,LTD//GEXING ABCDEFG
 4.TL/0500/12JAN/PEK211
 5.FC/A/PEK CA SHA 930 CNY930.00END
 6.SSR FOID CA HK1 NI610102199901011234/P1
 7.SSR ADTK 1E BY PEK12JAN23/ 0535 OR CXL CA1835 Y12JAN
 8.OSI CA CTCM 13700000000/P1                                                  +
▸|
```

③ 变更承运人。

```
▸RT L7V8K2
 1.罗丹 L7V8K2
 2.  CA1835 Y  TH12JAN   PEKSHA  HK1  0735  0955   333 S 0 ^ E T3T2
 3.PEK/T PEK/T010-80**5338/BEIJING ORIENT BLUE SKY INTERNATIONAL AVIATION SERVIC
    E CO.,LTD//GEXING ABCDEFG
 4.TL/0500/12JAN/PEK211
 5.FC/A/PEK CA SHA 930 CNY930.00END
 6.SSR FOID CA HK1 NI610102199901011234/P1
 7.SSR ADTK 1E BY PEK12JAN23/ 0535 OR CXL CA1835 Y12JAN
 8.OSI CA CTCM 13700000000/P1                                                  +
▸XE 2
SS CZ3951/Y/12JAN/PEKSHA/NN1/0850 1105
▸|
```

④ 重新提取 PNR 记录，查看变更后的 PNR 记录。

```
▸RT
 1.罗丹 L7V8K2
 2.  CZ3951 Y  TH12JAN   PEKSHA  DK1  0850  1105   321 S 0 ^ E T2T2
 3.PEK/T PEK/T010-80**5338/BEIJING ORIENT BLUE SKY INTERNATIONAL AVIATION SERVIC
    E CO.,LTD//GEXING ABCDEFG
 4.TL/0500/12JAN/PEK211
 5.SSR FOID CA HK1 NI610102199901011234/P1
 6.OSI CA CTCM 13700000000/P1
 7.RMK AUTOMATIC FARE QUOTE
 8.RMK CA/LFZ257                                                               +
▸|
```

学习笔记

屏幕输出显示“CZ3951 Y TH12JAN PEKSHA DK1 0850 1105”就是变更承运人，即将国航航班变更为南航航班的操作结果。变更结束后，重新出票并打印电子行程单，如下所示。

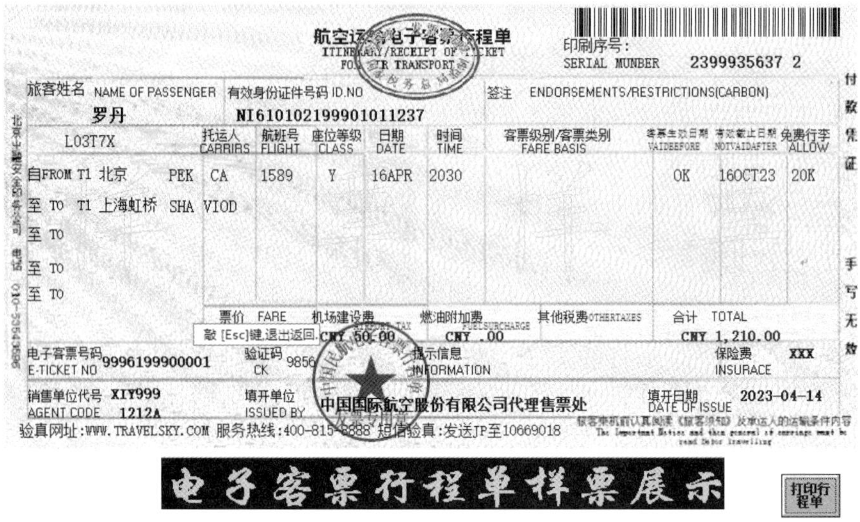

情景 2　民航电子客票出票后承运人的变更

出票后变更，旅客自愿要求变更承运人按照相关规定应收取相应的手续费。此情景涉及的知识包含：AV 航班查询，SD、SS 建立旅客订座记录号，基本项和其他组项，RT 提取旅客订座记录（PNR），ETDZ 电子客票出票，XE 删除指令，DETR 提取电子客票信息等。

【案例 4-1-2】 旅客张东购买了国航 12JAN 北京到广州 Y 舱机票后，由于某些缘故要求将承运人改为南航。

具体操作过程如下。

1）提取 PNR 记录，查看 PNR 信息是否完整。

```
▶RT HKIS9R
**ELECTRONIC TICKET PNR**
 1.张东 HKIS9R
 2.  CA1321 Y  TH12JAN   PEKCAN  HK1  0900  1200    330 S 0 ^ E T3--
 3.PEK/T PEK/T010-80**5338/BEIJING ORIENT BLUE SKY INTERNATIONAL AVIATION SERVIC
    E CO.,LTD//GEXING ABCDEFG
 4.T
 5.SSR FOID CA HK1 NI610102199101011234/P1
 6.SSR TKNE CA HK1 PEKCAN 1321 Y12JAN 9992027711301/1/P1
 7.SSR ADTK 1E BY PEK12JAN23/ 0700 OR CXL CA1321 Y12JAN                          +
▶
```

2）根据要求变更承运人，将国航变更为南航。

① 查询 12JAN 北京到广州的南航航班。

学习笔记

```
▸AV PEKCAN/12JAN/CZ
 12JAN(THU) BJSCAN
1-  CZ3108  PEKCAN   0915   1220   332  0 S E DS# FA C9 YQ B9 M4 H4 KS LA E4 V9*
2   CZ3162  PEKCAN   1015   1310   AB6  0 S E DS# F8 CS YL BS MA H7 K8 LQ EA V6*
3   CZ3102  PEKCAN   1215   1505   77A  0 S E DS# F7 C9 Y1 BL MA HQ KS LA E9 VA*
4   CZ3231  PEKCAN   1415   1720   321  0 S E DS# FL CL YS BA M9 H9 K9 LA E3 V6*
5   CZ3110  PEKCAN   1915   2205   77A  0 S E DS# F8 C3 Y6 BL M9 H2 KA L1 E9 V8*
6   CZ6366  PEKWUH   0725   0950   733  0 S E DS# F1 C1 Y2 B2 MQ HA K9 L8 E8 V8*
    CZ3370     CAN   1130   1300   738  0 S E DS# FQ C9 Y5 B7 M2 H9 K1 L4 EL VQ*
7   CZ3180  PEKCGO   0735   0905   738  0 S E DS# F3 C6 YA B3 MS HS KA LA E9 V8*
    CZ3971     CAN   1050   1305   738  0 S E DS# FL CA Y1 B4 M5 HQ K9 L9 E4 VA*
▸
```

② 提取PNR记录。

```
▸RT LN34W3
**ELECTRONIC TICKET PNR**
 1.张东 LN34W3
 2.  CA1339 Y  TH12JAN   PEKCAN  HK1  1200  1500   321 S 0 ^ E T3--
 3.PEK/T PEK/T010-80**5338/BEIJING ORIENT BLUE SKY INTERNATIONAL AVIATION SERVIC
    E CO.,LTD//GEXING ABCDEFG
 4.T
 5.SSR FOID CA HK1 NI610102199101011234/P1
 6.SSR TKNE CA HK1 PEKCAN 1339 Y12JAN 9992027711301/1/P1
 7.SSR ADTK 1E BY PEK12JAN23/ 1000 OR CXL CA1339 Y12JAN                         +
▸
```

③ 变更承运人。

```
▸RT LN34W3
**ELECTRONIC TICKET PNR**
 1.张东 LN34W3
 2.  CA1339 Y  TH12JAN   PEKCAN  HK1  1200  1500   321 S 0 ^ E T3--
 3.PEK/T PEK/T010-80**5338/BEIJING ORIENT BLUE SKY INTERNATIONAL AVIATION SERVIC
    E CO.,LTD//GEXING ABCDEFG
 4.T
 5.SSR FOID CA HK1 NI610102199101011234/P1
 6.SSR TKNE CA HK1 PEKCAN 1339 Y12JAN 9992027711301/1/P1
 7.SSR ADTK 1E BY PEK12JAN23/ 1000 OR CXL CA1339 Y12JAN                         +
▸XE 2
SS CZ3110/Y/12JAN/PEKCAN/NN1/1915 2210
@
```

④ 重新提取PNR记录，查看变更后的PNR记录。

```
▸RT
**ELECTRONIC TICKET PNR**
 1.张东 LN34W3
 2.  CZ3110 Y  TH12JAN   PEKCAN  HK1  1915  2205   77A S   ^ E T2--
 3.PEK/T PEK/T010-80**5338/BEIJING ORIENT BLUE SKY INTERNATIONAL AVIATION SERVIC
    E CO.,LTD//GEXING ABCDEFG
 4.T
 5.SSR FOID CA HK1 NI610102199101011234/P1
 6.SSR TKNE CA HK1 PEKCAN 1339 Y12JAN 9992027711301/1/P1
 7.OSI CA CTCM 13700000000/P1                                                   +
▸
```

屏幕输出显示“CZ3110 Y TH12JAN PEKCAN HK1 1915 2205”就是变更承运人，即将国航航班变更为南航航班的操作结果。

⑤ 出票后变更，需要重新为旅客计算票价并出票。

```
 1.张东 H67P0W
 2.  CZ3110 Y  TH12JAN   PEKCAN  HK1  1915  2205   77A S 0 ^ E T2--
 3.PEK/T PEK/T010-80**5338/BEIJING ORIENT BLUE SKY INTERNATIONAL AVIATION SERVIC
    E CO.,LTD//GEXING ABCDEFG
 4.TL/0600/12JAN/PEK211
 5.FC/A/PEK CZ CAN 1600 CNY1600.00END
 6.SSR FOID CZ HK/NI610012199101011234/P1
 7.SSR ADTK 1E BY PEK12JAN23/ 1715 OR CXL CZ3110 Y12JAN
 8.OSI CZ CTCM 13700000000/P1                                                   +
▸
```

学习笔记

```
▶ETDZ 13
CNY1820.00      H67P0W
784-2027711302
ET PROCESSING...PLEASE WAIT!
ELECTRONIC TICKET ISSUED
▶
```

航空运输电子客票行程单
ITINERARY/RECEIPT OF E-TICKET FOR AIR TRANSPORT
印刷序号：SERIAL NUMBER 2399961872 2
旅客姓名 NAME OF PASSENGER 张东
有效身份证件号码 ID.NO NI610102199901011237
签注 ENDORSEMENTS/RESTRICTIONS(CARBON)
CVA8W1

	承运人 CARRIERS	航班号 FLIGHT	座位等级 CLASS	日期 DATE	时间 TIME	客票级别/客票类别 FARE BASIS	客票生效日期 NOT VALID BEFORE	有效截止日期 NOT VALID AFTER	免费行李 ALLOW
自FROM T1 北京大兴 PKX	CZ	3110	Y	16APR	1930		OK	16OCT23	20K
至 TO T2 广州 CAN	VIOD								
至 TO									
至 TO									
至 TO									

票价 FARE CNY 1,880.00　机场建设费 AIRPORT TAX CNY 50.00　燃油附加费 FUEL SURCHARGE CNY .00　其他税费 OTHER TAXES　合计 TOTAL CNY 1,930.00
电子客票号码 E-TICKET NO 7846199900002　验证码 CK 7782　提示信息 INFORMATION　保险费 INSURANCE XXX
销售单位代号 AGENT CODE XIY999 1212A　填开单位 ISSUED BY 中国南方航空股份有限公司代理售票处　填开日期 DATE OF ISSUE 2023-04-14
验真网址：WWW.TRAVELSKY.COM 服务热线：400-815-8888 短信验真：发送JP至10669018

电子客票行程单样票展示

情景 3　民航电子客票非全程承运人的变更

非全程承运人变更是在多个航程行程中，旅客根据实际情况只变更其中某一段航程的承运人。此情景涉及的知识包含：AV 航班查询，SD、SS 建立旅客订座记录号，基本项和其他组项，RT 提取旅客订座记录（PNR），ETDZ 电子客票出票，XE 删除指令等。

【案例 4-1-3】旅客王松预订国航 12JAN 西安到北京、15JAN 北京到广州的 Y 舱客票，在 15JAN 由于某些缘故要求将北京到广州的航班改为南航航班。

具体操作过程如下。

1）提取 PNR 记录，查看 PNR 信息是否完整。

```
▶RT HR4R07
 1.王松 HR4R07
 2.  CA1206 Y  TH12JAN   XIYPEK  HK1  0830  1020   321 S 0 ^ E --T3
 3.  CA1351 Y  SU15JAN   PEKCAN  HK1  0805  1100   333 S 0 ^ E T3--
 4.PEK/T PEK/T010-80**5338/BEIJING ORIENT BLUE SKY INTERNATIONAL AVIATION SERVIC
   E CO.,LTD//GEXING ABCDEFG
 5.TL/0500/12JAN/PEK211
 6.FC/A/XIY CA PEK 1020 CA CAN 1600 CNY2620.00END
 7.SSR FOID CA HK1 NI610102199201011234/P1
 8.SSR ADTK 1E BY PEK12JAN23/ 0630 OR CXL CA1206 Y12JAN                    +
▶
```

学习笔记

2）根据要求变更其中一个航程承运人，将国航变更为南航。

① 查询15JAN北京到广州的南航航班。

```
▶AV PEKCAN/15JAN/CZ
 15JAN(SUN) BJSCAN
1-  CZ3108  PEKCAN   0915   1220   332  0 S E DS# F4 C8 YL B9 MS HS KA L2 E9 VQ*
2   CZ3162  PEKCAN   1015   1310   AB6  0 S E DS# F7 C9 YA B9 M3 H1 K6 L6 E2 V1*
3   CZ3102  PEKCAN   1215   1505   77A  0 S E DS# FQ CS YS BQ M9 H5 K6 L1 E5 V9*
4   CZ3231  PEKCAN   1415   1720   321  0 S E DS# F9 CA YL B9 MS HQ KS LA E5 VA*
5   CZ3110  PEKCAN   1915   2205   77A  0 S E DS# F9 C4 Y1 B1 M1 HS KQ LS EL VS*
6   CZ6366  PEKWUH   0725   0950   733  0 S E DS# F8 C9 Y4 B8 M4 HL KQ LQ ES V9*
    CZ3370     CAN   1130   1300   738  0 S E DS# FS C9 Y2 B4 M9 H6 K9 L4 E7 V7*
7   CZ3180  PEKCGO   0735   0905   738  0 S E DS# F9 C8 Y2 B8 M6 H7 K7 L8 E1 V6*
    CZ3971     CAN   1050   1305   738  0 S E DS# F5 CQ YS B9 M3 H5 K9 L4 E2 V3*
▶|
```

② 提取PNR记录。

```
▶RT HR4R07
 1.王松 HR4R07
 2.  CA1206 Y  TH12JAN   XIYPEK  HK1  0830  1020   321 S 0 ^ E --T3
 3.  CA1351 Y  SU15JAN   PEKCAN  HK1  0805  1100   333 S 0 ^ E T3--
 4.PEK/T PEK/T010-80**5338/BEIJING ORIENT BLUE SKY INTERNATIONAL AVIATION SERVIC
    E CO.,LTD//GEXING ABCDEFG
 5.TL/0500/12JAN/PEK211
 6.FC/A/XIY CA PEK 1020 CA CAN 1600 CNY2620.00END
 7.SSR FOID CA HK1 NI610102199201011234/P1
 8.SSR ADTK 1E BY PEK12JAN23/ 0630 OR CXL CA1206 Y12JAN                        +
▶|
```

③ 变更承运人。

```
▶RT HR4R07
 1.王松 HR4R07
 2.  CA1206 Y  TH12JAN   XIYPEK  HK1  0830  1020   321 S 0 ^ E --T3
 3.  CA1351 Y  SU15JAN   PEKCAN  HK1  0805  1100   333 S 0 ^ E T3--
 4.PEK/T PEK/T010-80**5338/BEIJING ORIENT BLUE SKY INTERNATIONAL AVIATION SERVIC
    E CO.,LTD//GEXING ABCDEFG
 5.TL/0500/12JAN/PEK211
 6.FC/A/XIY CA PEK 1020 CA CAN 1600 CNY2620.00END
 7.SSR FOID CA HK1 NI610102199201011234/P1
 8.SSR ADTK 1E BY PEK12JAN23/ 0630 OR CXL CA1206 Y12JAN                        +
▶XE 3
SS CZ3231/Y/15JAN/PEKCAN/NN1/1415 1720
@
```

④ 重新提取PNR记录，查看变更后的PNR记录。

```
▶RT
 1.王松 HR4R07
 2.  CA1206 Y  TH12JAN   XIYPEK  HK1  0830  1020   321 S 0 ^ E --T3
 3.  CZ3231 Y  SU15JAN   PEKCAN  DK1  1415  1720   321 S 0 ^ E T2--
 4.PEK/T PEK/T010-80**5338/BEIJING ORIENT BLUE SKY INTERNATIONAL AVIATION SERVIC
    E CO.,LTD//GEXING ABCDEFG
 5.TL/0500/12JAN/PEK211
 6.SSR FOID CA HK1 NI610102199201011234/P1
 7.SSR ADTK 1E BY PEK12JAN23/ 0630 OR CXL CA1206 Y12JAN
 8.OSI CA CTCM 13700000000/P1                                                   +
▶|
```

屏幕输出显示“CZ3231 Y SU15JAN PEKCAN DK1 1415 1720”就是某一段航程变更承运人，即将国航航班变更为南航航班的操作结果。变更结束后，重新出票并打印电子行程单，如下所示。

学习笔记

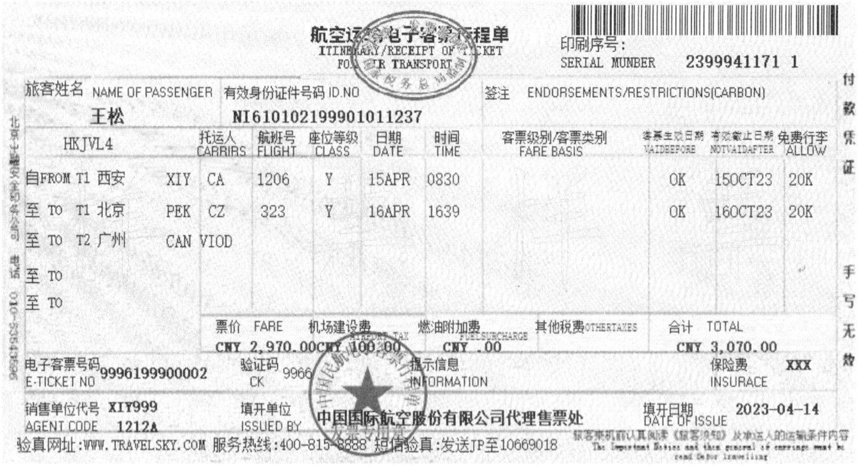

电子客票行程单样票展示

打印行程单

任务实施

一、任务设计

1．请学生分小组进行情景模拟：一组学生扮演旅客王松，另一组学生扮演客票销售员，为旅客王松完成变更承运人的操作要求。

2．讨论：请学生针对显示信息进行讨论，指出指令的正确性及为旅客完成变更航班承运人操作过程的完整性。

3．点评：请教师针对学生的演示过程和分析结果进行点评。

二、练习操作

1．旅客李伟订购 10 月 12 日国航的北京到上海 I 舱机票后，要求改为南航航班。

2．旅客张小明订购 10 月 15 日国航的北京到广州 J 舱、10 月 18 日广州到北京 M 舱机票，在 10 月 17 日要求将广州到北京航段的国航航班改为东航航班。

任务评价

民航电子客票承运人的变更学习任务评价表和学习任务总结表如表 4-1-1 和表 4-1-2 所示。

学习笔记

表 4-1-1 学习任务评价表

班级		姓名		总分	
日期		学号			
序号	评价内容	评价要求		分值	得分
1	未出票时承运人的变更	能否正确提取 PNR		10	
		能否按照要求变更承运人		10	
2	出票后承运人的变更	能否正确提取 PNR		10	
		能否按照要求变更承运人，并重新进行票价计算		20	
3	非全程承运人的变更	能否正确提取 PNR		10	
		能否按照要求变更某航段承运人		20	
4	素质要求	能否熟练掌握变更承运人的操作流程		10	
		能否快速并规范地按流程操作		10	

表 4-1-2 学习任务总结表

学习总结	学习的新知识
	掌握的新技能
学习反思	对本任务的学习表现是否满意，请写出自我反思

任务 2 民航电子客票航班日期的变更

知识目标

1. 掌握民航电子客票单程航段航班日期的变更。
2. 掌握民航电子客票联程非全程航班日期的变更。

学习笔记

能力目标

能够处理旅客对航班日期变更的要求。

素质目标

严格遵守变更航班日期服务流程与规范，养成“安全第一，旅客至上”的职业精神，具有良好的服务意识，注重服务细节。

案例引入

旅客在预订国航 1 月 16 日从北京飞往广州的航班后，由于旅客自身原因，要求将日期变更为 1 月 12 日，旅客需要缴纳相应的手续费。由于前期旅客不了解民航客票变更需要缴纳费用，旅客拒绝缴纳相应手续费而与售票员产生争执。

案例分析

一般情况下，旅客要求变更乘机日期、航班、航程或换乘人，均应按退票处理，重新购票。在更改航班时，应根据旅客购买客票的费用（舱位等级）收取改期费用，各航空公司的收费标准有一定差异。

情景 1　民航电子客票单程航段航班日期的变更

一般情况下，旅客要求变更乘机日期、航班、航程或换乘人，均应按退票处理，重新购票。然而，属于下列情况的变更乘机日期、航班，可不按退票处理。

1）由于承运人原因，航班取消、提前、延误、改变航程或不能提供座位，旅客要求变更日期及航班。

2）旅客因病要求变更乘机日期及航班，在班机规定起飞时间前提出且有医疗单位的诊断证明。

上述情况，承运人在征得旅客同意的情况下，可以更改旅客的乘机日期和航班。

此情景涉及的知识包含：AV 航班查询，SD、SS 建立旅客订座记录号，基本项和其他组项，RT 提取旅客订座记录（PNR），ETDZ 电子客票出票，XE 删除指令，DETR 提取电子客票信息等。

【案例 4-2-1】旅客罗琳预订海南航空 15JAN 西安到海口的 Y 舱客票，出票后因故要求将航班日期变更为 12JAN。

具体操作过程如下。

1）提取 PNR 记录，查看 PNR 信息是否完整。

学习笔记

```
▶RT LR1Y4L
**ELECTRONIC TICKET PNR**
 1.罗琳 LR1Y4L
 2.  HU6563 Y  SU15JAN   XIYHAK  HK1  0940  1310   190 S 0 ^ E ----
 3.PEK/T PEK/T010-80**5338/BEIJING ORIENT BLUE SKY INTERNATIONAL AVIATION SERVIC
    E CO.,LTD//GEXING ABCDEFG
 4.T
 5.SSR FOID HU HK1 NI610102199101011234/P1
 6.SSR TKNE HU HK1 XIYHAK 6563 Y15JAN 8802027711303/1/P1
 7.SSR ADTK 1E BY PEK15JAN23/ 0740 OR CXL HU6563 Y15JAN                          +
▶
```

2）根据要求变更航班日期。

① 查询 12JAN 西安到海口海南航空的同航班 HU6563。

```
▶AV XIYHAK/12JAN/HU
 12JAN(THU) SIAHAK
1-  HU6563  XIYHAK   0940   1310    190   0 S E DS# F7 C5 Y6 B9 HA K7 L6 M5 Q9 X9*
2   HU7806  XIYHAK   1510   1800    319   0 S E DS# F8 C9 YA B5 H6 K1 L4 M2 Q5 X9*
3   HU7868  XIYHAK   2140   0005+1  319   0 S E DS# F9 C7 Y9 B9 H4 K9 L6 M1 QL X9*
4   HU7845  XIYPVG   0920   1135    738   0 S E DS# F1 C5 Y7 B7 HQ K9 L3 M3 Q9 XS*
    HU7120     HAK   1150   1510    738   0 S E DS# F9 C7 Y1 B3 H6 K4 LA M9 Q8 X9*
5   HU7845  XIYPVG   0920   1135    738   0 S E DS# F3 C1 Y9 BS HA K5 L6 M7 QA XL*
    HU7120     HAK   1150   1510    738   0 S E DS# F9 C7 Y6 B9 H1 K5 LL MQ QL X9*
6   HU7845  XIYPVG   0920   1135    738   0 S E DS# FS CA Y2 B5 H4 K9 L3 M5 Q3 XQ*
    HU7220     HAK   1905   2225    738   0 S E DS# F6 C2 Y7 B6 HA K1 L3 M8 Q8 X8*
▶
```

② 提取 PNR 记录。

```
▶RT LR1Y4L
**ELECTRONIC TICKET PNR**
 1.罗琳 LR1Y4L
 2.  HU6563 Y  SU15JAN   XIYHAK  HK1  0940  1310   190 S 0 ^ E ----
 3.PEK/T PEK/T010-80**5338/BEIJING ORIENT BLUE SKY INTERNATIONAL AVIATION SERVIC
    E CO.,LTD//GEXING ABCDEFG
 4.T
 5.SSR FOID HU HK1 NI610102199101011234/P1
 6.SSR TKNE HU HK1 XIYHAK 6563 Y15JAN 8802027711303/1/P1
 7.SSR ADTK 1E BY PEK15JAN23/ 0740 OR CXL HU6563 Y15JAN                          +
▶
```

③ 变更航班日期。

```
▶RT LR1Y4L
**ELECTRONIC TICKET PNR**
 1.罗琳 LR1Y4L
 2.  HU6563 Y  SU15JAN   XIYHAK  HK1  0940  1310   190 S 0 ^ E ----
 3.PEK/T PEK/T010-80**5338/BEIJING ORIENT BLUE SKY INTERNATIONAL AVIATION SERVIC
    E CO.,LTD//GEXING ABCDEFG
 4.T
 5.SSR FOID HU HK1 NI610102199101011234/P1
 6.SSR TKNE HU HK1 XIYHAK 6563 Y15JAN 8802027711303/1/P1
 7.SSR ADTK 1E BY PEK15JAN23/ 0740 OR CXL HU6563 Y15JAN                          +
▶XE 2
SS HU6563/Y/12JAN/XIYHAK/NN1/0940 1310
@
```

④ 重新提取 PNR 记录，查看变更后的 PNR 记录。

```
◆rt

1.   罗琳      KZENHF
2.   HU7166  Y Sun 16APR XIYHAK HK1 1448 1657    B738 S 1     R E T1 T1 2:09
3.   CT    /13700000000/P1
4.   TTL   1200/16APR/XIY999
5.   SSR   FOID HU HK1/NI610102199901011237/P1
6.   FC    XIY HU HAK 1670.00 YB100 1670.00 CNY 1670.00 END
7.   FN    FCNY1670.00/SCNY1670.00/C3.5/XCNY50.00/TCNY50.00CN/TCNY0.00YQ/ACNY1720.00
8.   FP    CASH,CNY
9.   RMK   HU/RL83X3
10.  XIY999
```

学习笔记

屏幕输出显示“HU7166 Y Sun 16APR XIYHAK HK1 1448 1657”就是航程日期变更操作结果，变更结束后，应重新出票并打印电子行程单，如下所示。

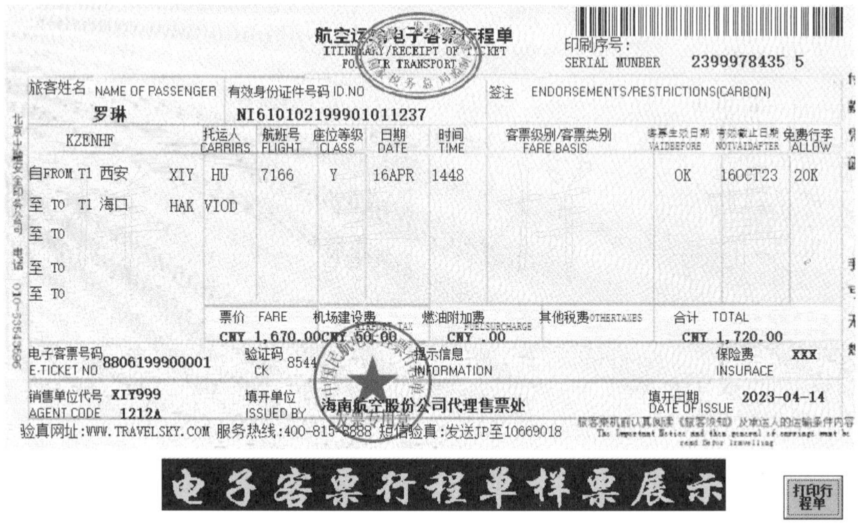

情景 2　民航电子客票联程非全程航班日期的变更

旅客购买联程机票后要求变更，旅客已经乘坐完第一段航程，要求变更第二段航程，属于出票后非全程变更；旅客自愿要求变更航班飞行日期，按照相关规定应收取相应的手续费。

此情景中涉及的知识包含：AV 航班查询，SD、SS 建立旅客订座记录号，基本项和其他组项，RT 提取旅客订座记录（PNR），ETDZ 电子客票出票，XE 删除指令，DETR 提取电子客票信息等。

【案例 4-2-2】旅客刘波和王东预订国航 12JAN 北京到广州 Y 舱客票、15JAN 广州到北京 Y 舱客票，1 月 13 日要求将 15JAN 航班日期变更为 16JAN。

具体操作过程如下。

1）提取 PNR 记录，查看 PNR 信息是否完整。

```
►RT LHDYPH
**ELECTRONIC TICKET PNR**
 1.刘波  2.王东 LHDYPH
 3.  CA1339 Y  TH12JAN   PEKCAN  HK2  1200  1500   321 S 0 ^ E T3--
 4.  CA1352 Y  SU15JAN   CANPEK  HK2  1300  1600   333 S 0 ^ E --T3
 5.PEK/T PEK/T010-80**5338/BEIJING ORIENT BLUE SKY INTERNATIONAL AVIATION SERVIC
    E CO.,LTD//GEXING ABCDEFG
 6.T
 7.SSR FOID CA HK1 NI610102199101011212/P1
 8.SSR FOID CA HK1 NI610103199101011234/P2                                    +
►
```

学习笔记

2）根据要求变更航班日期。

① 查询16JAN广州到北京的同航班CA1352。

```
▶AV CANPEK/16JAN
 16JAN(MON) CANBJS
1-  CA1310  CANPEK   0805   1100   777   0 S E DS# F5 CL YS BS MA H1 K4 L5 Q5 G6*
2   HU7804  CANPEK   0830   1130   738   0 S E DS# F2 C3 Y6 B7 HQ KL LS M9 QS XQ*
3   CZ3105  CANPEK   0900   1150   321   0 S E DS# FA CS YA B6 M9 HS K9 L2 EL VS*
4   MU7113  CANPEK   0900   1150   321   0 S E DS# F9 CL YS B9 ES HL KQ LS NQ R9*
5   CZ3451  CANPEK   1000   1235   77B   0 S E DS# F6 CS YL BL MQ HQ KA L5 E4 V1*
6   CA1330  CANPEK   1000   1300   738   0 S E DS# F5 C8 Y2 B2 M5 HS KS L9 Q5 GA*
7   UA5475  CANPEK   1000   1300   74E   0 S E DS# F1 C8 YL B9 MS HL KL LQ QQ GA*
8   CZ3103  CANPEK   1100   1400   321   0 S E DS# FQ CL YS BA M6 HL KL LL ES VS*
9+  CA1352  CANPEK   1300   1600   333   0 S E DS# F3 C3 Y6 B7 M2 H2 K5 L2 Q8 GS*
▶|
```

② 提取PNR记录。

```
▶RT LHDYPH
**ELECTRONIC TICKET PNR**
 1.刘波  2.王东 LHDYPH
 3.  CA1339 Y  TH12JAN   PEKCAN  HK2  1200  1500    321 S 0 ^ E T3--
 4.  CA1352 Y  SU15JAN   CANPEK  HK2  1300  1600    333 S 0 ^ E --T3
 5.PEK/T PEK/T010-80**5338/BEIJING ORIENT BLUE SKY INTERNATIONAL AVIATION SERVIC
    E CO.,LTD//GEXING ABCDEFG
 6.T
 7.SSR FOID CA HK1 NI610102199101011212/P1
 8.SSR FOID CA HK1 NI610103199101011234/P2                                      +
▶|
```

③ 变更航班日期。

```
▶RT LHDYPH
**ELECTRONIC TICKET PNR**
 1.刘波  2.王东 LHDYPH
 3.  CA1339 Y  TH12JAN   PEKCAN  HK2  1200  1500    321 S 0 ^ E T3--
 4.  CA1352 Y  SU15JAN   CANPEK  HK2  1300  1600    333 S 0 ^ E --T3
 5.PEK/T PEK/T010-80**5338/BEIJING ORIENT BLUE SKY INTERNATIONAL AVIATION SERVIC
    E CO.,LTD//GEXING ABCDEFG
 6.T
 7.SSR FOID CA HK1 NI610102199101011212/P1
 8.SSR FOID CA HK1 NI610103199101011234/P2                                      +
▶XE 4
SS CA1352/Y/16JAN/CANPEK/NN1/1300 1600
@|
```

④ 重新提取PNR记录，查看变更后的PNR记录。

```
▶RT LHDYPH
**ELECTRONIC TICKET PNR**
 1.刘波  2.王东 LHDYPH
 3.  CA1339 Y  TH12JAN   PEKCAN  HK2  1200  1500    321 S 0 ^ E T3--
 4.  CA1352 Y  MO16JAN   CANPEK  HK2  1300  1600    333 S 0 ^ E --T3
 5.PEK/T PEK/T010-80**5338/BEIJING ORIENT BLUE SKY INTERNATIONAL AVIATION SERVIC
    E CO.,LTD//GEXING ABCDEFG
 6.T
 7.SSR FOID CA HK1 NI610102199101011212/P1
 8.SSR FOID CA HK1 NI610103199101011234/P2                                      +
▶|
```

屏幕输出显示“CA1352 Y MO16JAN CANPEK HK2 1300 1600”就是航程日期变更操作结果。

⑤ 出票后变更，需要重新为旅客计算票价并出票。

```
▶PAT:A
01 YHS+YHS FARE:CNY3050.00 TAX:CNY220.00 YQ:CNY60.00 TOTAL:3270.00
▶SFC:01    ▶SFN:01/01    ▶SFN:01/02
▶|
```

学习笔记

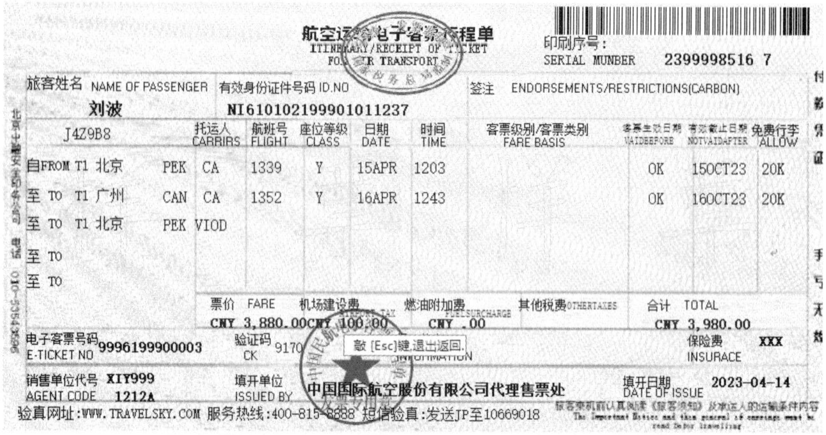

航空运输电子客票行程单
ITINERARY/RECEIPT OF TICKET FOR AIR TRANSPORT
印刷序号：SERIAL NUMBER 2399998516 7

旅客姓名 NAME OF PASSENGER：刘波
有效身份证件号码 ID.NO：NI610102199901011237
签注 ENDORSEMENTS/RESTRICTIONS(CARBON)

J4Z9B8		承运人 CARRIERS	航班号 FLIGHT	座位等级 CLASS	日期 DATE	时间 TIME	客票级别/客票类别 FARE BASIS	客票生效日期 NOT VALID BEFORE	有效截止日期 NOT VALID AFTER	免费行李 ALLOW
自 FROM T1 北京	PEK	CA	1339	Y	15APR	1203		OK	15OCT23	20K
至 TO T1 广州	CAN	CA	1352	Y	16APR	1243		OK	16OCT23	20K
至 TO T1 北京	PEK	VIOD								
至 TO										
至 TO										

票价 FARE：CNY 3,880.00　机场建设费 CNY 100.00　燃油附加费 FUEL SURCHARGE：CNY .00　其他税费 OTHER TAXES　合计 TOTAL：CNY 3,980.00

电子客票号码 E-TICKET NO：9996199900003　验证码 CK：9170　保险费 INSURANCE：XXX

销售单位代号 AGENT CODE：XIY999 1212A　填开单位 ISSUED BY：中国国际航空股份有限公司代理售票处　填开日期 DATE OF ISSUE：2023-04-14

验真网址：WWW.TRAVELSKY.COM 服务热线：400-815-8888 短信验真：发送JP至10669018

电子客票行程单样票展示

航空运输电子客票行程单
ITINERARY/RECEIPT OF TICKET FOR AIR TRANSPORT
印刷序号：SERIAL NUMBER 2399919082 7

旅客姓名 NAME OF PASSENGER：王东
有效身份证件号码 ID.NO：NI610103199901011233
签注 ENDORSEMENTS/RESTRICTIONS(CARBON)

J4Z9B8		承运人 CARRIERS	航班号 FLIGHT	座位等级 CLASS	日期 DATE	时间 TIME	客票级别/客票类别 FARE BASIS	客票生效日期 NOT VALID BEFORE	有效截止日期 NOT VALID AFTER	免费行李 ALLOW
自 FROM T1 北京	PEK	CA	1339	Y	15APR	1203		OK	15OCT23	20K
至 TO T1 广州	CAN	CA	1352	Y	16APR	1243		OK	16OCT23	20K
至 TO T1 北京	PEK	VIOD								
至 TO										
至 TO										

票价 FARE：CNY 3,880.00　机场建设费 CNY 100.00　燃油附加费 FUEL SURCHARGE：CNY .00　其他税费 OTHER TAXES　合计 TOTAL：CNY 3,980.00

电子客票号码 E-TICKET NO：9996199900004　验证码 CK：9174　提示信息 INFORMATION　保险费 INSURANCE：XXX

销售单位代号 AGENT CODE：XIY999 1212A　填开单位 ISSUED BY：中国国际航空股份有限公司代理售票处　填开日期 DATE OF ISSUE：2023-04-14

验真网址：WWW.TRAVELSKY.COM 服务热线：400-815-8888 短信验真：发送JP至10669018

电子客票行程单样票展示

任务实施

一、任务设计

1．请学生分小组进行情景模拟：一组学生扮演旅客刘波，另一组学生扮演客票销售员，为旅客刘波完成变更日期的操作要求。

2．讨论：请学生针对显示信息进行讨论，指出指令的正确性及为旅客完成变更航班承运人操作过程的完整性。

3．点评：请教师针对学生的演示过程和分析结果进行点评。

二、练习操作

1．旅客夏丹订购 10 月 15 日国航北京到上海 Y 舱客票后，要求将航班日期改为 10 月 18 日。

2. 旅客张军订购10月15日国航北京到广州J舱、10月19日广州到北京M舱的客票后，要求将北京到广州10月15日的日期改为10月16日、广州到北京10月19日的日期改为10月22日。

学习笔记

任务评价

民航电子客票航班日期的变更学习任务评价表和学习任务总结表如表4-2-1和表4-2-2所示。

表4-2-1 学习任务评价表

班级		姓名	总分	
日期		学号		
序号	评价内容	评价要求	分值	得分
1	单程航段的航班日期变更	能否正确提取PNR	10	
		能否按照要求变更航班日期，并重新进行票价计算	20	
2	非全程航班日期的变更	能否正确提取PNR	10	
		能否按照要求变更某航段日期，并重新进行票价计算	20	
3	素质要求	能否熟练掌握变更航班日期的操作流程	20	
		能否快速并规范地按流程操作	10	
		能否总结服务流程	10	

表4-2-2 学习任务总结表

学习总结	学习的新知识
	掌握的新技能
学习反思	对本任务的学习表现是否满意，请写出自我反思

学习笔记

任务3　民航电子客票子舱位的变更

知识目标

1. 掌握民航电子客票子舱位的降舱变更。
2. 掌握民航电子客票子舱位的升舱变更。

能力目标

能够处理旅客电子客票舱位的升降变更要求。

素质目标

严格遵守子舱位变更的服务流程与规范，养成“安全第一，旅客至上”的职业精神，具有良好的服务意识，注重服务细节。

案例引入

美国联合航空公司从纽瓦克飞往檀香山的 363 航班上周六本应由一架波音 777 客机执飞。由于某些原因，该航空公司将波音 777 客机换成了波音 767-300，这意味着商务舱的座位减少了，最后美国联合航空公司征集了 9 名商务舱乘客自愿降舱。

案例分析

遇到这种超售、换机型等可能出现需要征集乘客降舱或者改签下一个航班的情况，有些航空公司给予乘客的赔偿是现金卡，现金卡跟储蓄卡一样可以拿来刷卡消费。

情景1　民航电子客票子舱位的降舱变更

子舱位就是除了头等舱、商务舱、经济舱之外，在经济舱中依据机票价格折扣高低不同而分的舱位等级，这个只会在退换票和改签上有不同限制。子舱位的变更应遵循如下原则。

1）高舱位变更低舱位，按自愿退票处理。

2）低舱位变更高舱位，应补收实际舱位票价差额。

3）如果客票改期与低舱位变更高舱位同时进行，则比较取其高者收取。

子舱位变更后如需改期，应按子舱位变更后的舱位规定执行。

此情景涉及的知识包含：AV 航班查询，SD、SS 建立旅客订座记录号，

学习笔记

基本项和其他组项，RT 提取旅客订座记录（PNR），ETDZ 电子客票出票，XE 删除指令，DETR 提取电子客票信息，使用 TRFD 退票等相关知识。

【案例 4-3-1】旅客李琳购买海南航空 12JAN 西安到广州 H 舱客票，因故要将 Y 舱客票变更为 H 舱（高舱位变更低舱位）。

具体操作过程如下。

1）提取 PNR 记录，查看 PNR 信息是否完整。

```
▶RT HKR37P
**ELECTRONIC TICKET PNR**
 1.李琳 HKR37P
 2.  CZ3204 Y  TH12JAN   XIYCAN  HK1  1515  1730   757 S 0 ^ E ----
 3.PEK/T PEK/T010-80**5338/BEIJING ORIENT BLUE SKY INTERNATIONAL AVIATION SERVIC
   E CO.,LTD//GEXING ABCDEFG
 4.T
 5.SSR FOID CZ HK1 NI610114198901200329/P1
 6.SSR TKNE CZ HK1 XIYCAN 3204 Y12JAN 7842027711301/1/P1
 7.SSR ADTK 1E BY PEK12JAN23/ 1315 OR CXL CZ3204 Y12JAN                    +
▶|
```

2）提取客票信息。

```
▶DETR TN/7842027711301
ISSUED BY: CHINA SOUTHERN AIRWAYS     ORG/DST: XIY/CAN      ISI:SITI    BSP-D
TOUR CODE:
PASSENGER: 李琳
EXCH:                                       CONJ TKT:
O FM: 1XIY CZ    3204  Y 12JAN 1515 OK Y           12JAN/11JAN 20K OPEN FOR USE
           RL:HAR9MS  /HKR37P 1E
  TO: CAN
FARE:          CNY  1500.00|FOP:CASH
TAX:           CNY  50.00CN|OI:
TAX:           CNY  60.00YQ|
TOTAL:         CNY  1610.00|TKTN: 784-2027711301
▶|
```

3）高舱位变更低舱位，应该按照退票处理，使用 TRFD 退票。

```
▶TRFD L/7842027711301/A/13/D
    AIRLINE BSP   TICKET  REFUND  INFORMATION  FORM

Rfd Number:0              Refund Type:DOMESTIC           Device-ID:13
Date/Time:08JAN23/1703    Agent:763013   IATA:20200226   Office:PEK211

Airline Code: •784  Ticket NO: •2027711301-•_____            Check: •_13
Conjunction No:•1       Coupon NO:1:0000    2:0000    3:0000    4:0000
Passenger Name:•/李琳_____________________________________________________
Gross Refund:•1500.00___ Payment Form:•CASH____  Currency Code:•CNY-2

  SN CD AMOUNT(SN-sequence number;CD-tax code)                 ET-(Y/N):Y
T| 1•CN•50.00_____   2•YQ•60.00_____   3•__•__________   4•__•__________
 | 5•__•__________   6•__•__________   7•__•__________   8•__•__________
 | 9•__•__________  10•__•__________  11•__•__________  12•__•__________
A|13•__•__________  14•__•__________  15•__•__________  16•__•__________
 |17•__•__________  18•__•__________  19•__•__________  20•__•__________
 |21•__•__________  22•__•__________  23•__•__________  24•__•__________
X|25•__•__________  26•__•__________  27•__•__________  28•__•__________

COMMITMENT•_____%•  OTHER DEDUCTION:•__________  RMK:__/______________
NET REFUND:•1610.00________      CREDIT CARD:•____________________________

P(PRINT) C(COPY) S(SAVE) D(DELETE) I/F3(IGNO) R/F4(REF) E/F5(EXIT)•__|
```

异常票务处理——退票处理

学习笔记

自动退票时，相关退票信息将自动确认输入，售票员须检查无误后，在右下角处填上 S 并按 F12 键确认输入即可完成退票。

4）退票结束后，重新为旅客李琳预订客票并进行出票操作即可。

情景 2　民航电子客票子舱位的升舱变更

旅客订购机票后要求变更，由 Q 舱变更为 J 舱，属于升舱变更，根据相关规定承运人将不按退票办理，直接为旅客办理升舱业务并收取相应的舱位差价费用即可。此情景涉及的知识包含：AV 航班查询，SD、SS 建立旅客订座记录号，基本项和其他组项，RT 提取旅客订座记录（PNR），ETDZ 电子客票出票，XE 删除指令，DETR 提取电子客票信息，使用 TRFD 退票等。

【案例 4-3-2】旅客李霞购买国航 10JAN 北京到广州 L 舱客票，因个人原因要将 L 舱客票变更为 M 舱（低舱位变更高舱位）。

具体操作过程如下。

1）提取 PNR 记录，查看 PNR 信息是否完整。

```
▶RT
 1.李霞 HEGUAH
 2.  CA1321 L  TU10JAN   PEKCAN  HK1  0900  1200   330 S 0 ^ E T3--
 3.PEK/T PEK/T010-80**5338/BEIJING ORIENT BLUE SKY INTERNATIONAL AVIATION SERVIC
   E CO.,LTD//GEXING ABCDEFG
 4.TL/0600/10JAN/PEK211
 5.FC/A/PEK CA CAN 1120 CNY1120.00END
 6.SSR FOID CA HK/NI610103199001011234/P1
 7.SSR ADTK 1E BY PEK10JAN23/ 0700 OR CXL CA1321 L10JAN
 8.OSI CA CTCM 13700000000/P1                                                +
▶
```

```
▶ETDZ 13
CNY1340.00      HEGUAH
999-2027711310
ET PROCESSING...PLEASE WAIT!
ELECTRONIC TICKET ISSUED
▶
```

```
▶RT  HEGUAH
**ELECTRONIC TICKET PNR**
 1.李霞 HEGUAH
 2.  CA1321 L  TU10JAN   PEKCAN  HK1  0900  1200   330 S 0 ^ E T3--
 3.PEK/T PEK/T010-80**5338/BEIJING ORIENT BLUE SKY INTERNATIONAL AVIATION SERVIC
   E CO.,LTD//GEXING ABCDEFG
 4.T
 5.SSR FOID CA HK1 NI610103199001011234/P1
 6.SSR TKNE CA HK1 PEKCAN 1321 L10JAN 9992027711310/1/P1
 7.SSR ADTK 1E BY PEK10JAN23/ 0700 OR CXL CA1321 L10JAN                      +
▶
```

2）根据要求变更子舱位，L 舱升 M 舱。

① 查询 10JAN 北京到广州的同航班 CA1321 的 M 舱。

学习笔记

```
▶AV PEKCAN/10JAN
 10JAN(TUE) BJSCAN
1-  CA1351  PEKCAN   0805   1100   333   0 S E DS# F2 C1 Y7 BA MA H6 K5 LS QL GQ*
2   FM9853  PEKCAN   0805   1100   321   0 S E DS# F2 CQ YS BA E9 H2 KA L9 N9 R3*
3   CA1321  PEKCAN   0900   1200   330   0 S E DS# F9 CA Y1 B1 ML HQ K9 L8 Q7 G4*
4   MU7116  PEKCAN   0915   1220   332   0 S E DS# FQ CA YS BL EL HL KS LS NQ RS*
5   CZ3108  PEKCAN   0915   1220   332   0 S E DS# F8 C4 Y4 B3 MS HA K9 LL EQ VS*
6   CZ3162  PEKCAN   1015   1310   AB6   0 S E DS# F9 C9 YL BS ML H9 K9 L5 E9 V1*
7   CA1315  PEKCAN   1100   1400   330   0 S E DS# F5 C9 Y8 B4 M9 HA K6 L5 Q2 GL*
8   CA1339  PEKCAN   1200   1500   321   0 S E DS# F6 C5 Y1 BL MQ H9 K1 L9 QL GL*
9+  CZ3102  PEKCAN   1215   1505   77A   0 S E DS# F8 C1 Y6 B2 ML HL K9 L7 E9 V4*
▶|
```

② 提取 PNR 记录。

```
▶RT
**ELECTRONIC TICKET PNR**
 1.李霞 HEGUAH
 2.  CA1321 L  TU10JAN   PEKCAN  HK1  0900  1200   330 S 0 ^ E T3--
 3.PEK/T PEK/T010-80**5338/BEIJING ORIENT BLUE SKY INTERNATIONAL AVIATION SERVIC
    E CO.,LTD//GEXING ABCDEFG
 4.T
 5.SSR FOID CA HK1 NI610103199001011234/P1
 6.SSR TKNE CA HK1 PEKCAN 1321 L10JAN 9992027711310/1/P1
 7.SSR ADTK 1E BY PEK10JAN23/ 0700 OR CXL CA1321 L10JAN                          +
▶|
```

③ 变更舱位，L 舱升 M 舱。

```
▶RT
**ELECTRONIC TICKET PNR**
 1.李霞 HEGUAH
 2.  CA1321 L  TU10JAN   PEKCAN  HK1  0900  1200   330 S 0 ^ E T3--
 3.PEK/T PEK/T010-80**5338/BEIJING ORIENT BLUE SKY INTERNATIONAL AVIATION SERVIC
    E CO.,LTD//GEXING ABCDEFG
 4.T
 5.SSR FOID CA HK1 NI610103199001011234/P1
 6.SSR TKNE CA HK1 PEKCAN 1321 L10JAN 9992027711310/1/P1
 7.SSR ADTK 1E BY PEK10JAN23/ 0700 OR CXL CA1321 L10JAN                          +
▶XE 2
SS CA1321/M/10JAN/PEKCAN/NN1/0900 1200
@
```

④ 重新提取 PNR 记录，查看变更后的 PNR 记录。

```
▶RT
**ELECTRONIC TICKET PNR**
 1.李霞 HEGUAH
 2.  CA1321 M  TU10JAN   PEKCAN  DK1  0900  1200   330 S 0 ^ E T3--
 3.PEK/T PEK/T010-80**5338/BEIJING ORIENT BLUE SKY INTERNATIONAL AVIATION SERVIC
    E CO.,LTD//GEXING ABCDEFG
 4.T
 5.SSR FOID CA HK1 NI610103199001011234/P1
 6.SSR TKNE CA HK1 PEKCAN 1321 L10JAN 9992027711310/1/P1
 7.OSI CA CTCM 13700000000/P1                                                    +
▶|
```

屏幕输出显示“CA1321 M TU10JAN PEKCAN DK1 0900 1200”就是航程舱位变更操作结果。

⑤ 舱位变更后，需要给旅客李霞重新出票。

```
▶RT

1.   李霞        LLWWXJ
2.   CA1321  M Sat 15APR PEKCAN HK1 0912 1232     A330 S 0      R E T1 T2 3:20
3.   CT    /13700000000/P1
4.   TTL   0600/15APR/XIY999
5.   SSR   FOID CA HK1/NI610102199901011237/P1
6.   FC    PEK CA CAN 1940.00 YB68 1310.00 CNY 1310.00 END
7.   FN    FCNY1940.00/SCNY1310.00/C3.5/XCNY50.00/TCNY50.00CN/TCNY0.00YQ/ACNY1360.00
8.   FP    CASH,CNY
9.   RMK   CA/QKELXH
10.  EI    不得转签!/S1/P1
11.  XIY999
```

学习笔记

航空运输电子客票行程单
ITINERARY/RECEIPT OF TICKET FOR AIR TRANSPORT
印刷序号：SERIAL NUMBER 2399959018 1

旅客姓名 NAME OF PASSENGER 李雷
有效身份证件号码 ID.NO NI610102199901011237
签注 ENDORSEMENTS/RESTRICTIONS(CARBON) 不得转签!/S1

LLWWXJ

		托运人 CARRIRS	航班号 FLIGHT	座位等级 CLASS	日期 DATE	时间 TIME	客票级别/客票类别 FARE BASIS	客票生效日期 VAIDBEFORE	有效截止日期 NOTVAIDAFTER	免费行李 ALLOW
自FROM T1 北京	PEK	CA	1321	M	15APR	0912		OK	15OCT23	20K
至 TO T2 广州	CAN	VIOD								
至 TO										
至 TO										
至 TO										

票价 FARE CNY 1,310.00　机场建设费 CNY 50.00　燃油附加费 FUELSURCHARGE CNY .00　其他税费 OTHERTAXES　合计 TOTAL CNY 1,360.00

电子客票号码 E-TICKET NO 9996199900005　验证码 CK 9266　保险费 INSURANCE XXX

销售单位代号 AGENT CODE XIY999 1212A　填开单位 ISSUED BY 中国国际航空股份有限公司代理售票处　填开日期 DATE OF ISSUE 2023-04-14

验真网址：WWW.TRAVELSKY.COM 服务热线：400-815-8888 短信验真：发送JP至10669018

电子客票行程单样票展示

打印行程单

任务实施

一、任务设计

1. 请学生分小组进行情景模拟：一组学生扮演旅客李琳，另一组学生扮演客票销售员，为旅客李琳完成变更舱位的操作要求。

2. 讨论：请学生针对显示信息进行讨论，指出指令的正确性及为旅客完成变更航班舱位操作过程的完整性。

3. 点评：请教师针对学生的演示过程和分析结果进行点评。

二、练习操作

1. 旅客王敏订购 10 月 20 日国航北京到上海 Z 舱机票后，要求将航班舱位改为 B 舱。

2. 旅客张笑订购 10 月 19 日国航北京到广州 J 舱、10 月 23 日广州到北京 M 舱机票后，要求将全部航程的舱位变更为 Y 舱。

任务评价

民航电子客票子舱位的变更学习任务评价表和学习任务总结表如表 4-3-1 和表 4-3-2 所示。

学习笔记

表 4-3-1 学习任务评价表

<table>
<tr><td>班级</td><td></td><td>姓名</td><td></td><td rowspan="2">总分</td><td rowspan="2"></td></tr>
<tr><td>日期</td><td></td><td>学号</td><td></td></tr>
<tr><td>序号</td><td>评价内容</td><td colspan="2">评价要求</td><td>分值</td><td>得分</td></tr>
<tr><td rowspan="2">1</td><td rowspan="2">子舱位的降舱变更</td><td colspan="2">能否正确提取 PNR</td><td>10</td><td></td></tr>
<tr><td colspan="2">能否按照要求进行降舱处理，并重新进行票价计算</td><td>20</td><td></td></tr>
<tr><td rowspan="2">2</td><td rowspan="2">子舱位的升舱变更</td><td colspan="2">能否正确提取 PNR</td><td>10</td><td></td></tr>
<tr><td colspan="2">能否按照要求进行升舱处理，并重新进行票价计算</td><td>20</td><td></td></tr>
<tr><td rowspan="3">3</td><td rowspan="3">素质要求</td><td colspan="2">能否熟练掌握子舱位升舱、降舱服务的操作流程</td><td>20</td><td></td></tr>
<tr><td colspan="2">能否快速并规范地操作</td><td>10</td><td></td></tr>
<tr><td colspan="2">能否总结服务流程</td><td>10</td><td></td></tr>
</table>

表 4-3-2 学习任务总结表

<table>
<tr><td rowspan="2">学习总结</td><td>学习的新知识</td></tr>
<tr><td>掌握的新技能</td></tr>
<tr><td>学习反思</td><td>对本任务的学习表现是否满意，请写出自我反思</td></tr>
</table>

任务 4 民航电子客票舱位等级的变更

知识目标

1. 掌握民航电子客票单程舱位等级的变更。
2. 掌握民航电子客票联程航班非全程舱位的变更。

能力目标

能够处理旅客电子客票舱位等级的变更要求。

学习笔记

素质目标

严格遵守舱位等级变更的服务流程与规范，养成“安全第一，旅客至上”的职业精神，具备良好的服务意识，注重服务细节。

案例引入

顾先生年初带着小孩前往新加坡亲子游，上飞机前却被突然告知公务舱已满员，只能变更为经济舱。愉快的亲子游还没出发就打了折扣，因此顾先生向法院起诉，要求航空公司因机票超售而进行赔偿。经诉前调解，双方当事人自愿达成协议，航空公司一次性支付顾先生机票降舱差价款6 000 元，赔偿 1 500 元。

案例分析

航空公司“擅自降舱”的行为是否构成商业欺诈？公务舱舱位超售造成航班舱位调动是因天气原因导致，并非对原告进行虚假宣传或故意隐瞒真实情况，主观方面不具有欺诈的故意，客观方面也没有实施故意陈述虚假事实或故意隐瞒事实情况使他人陷入错误的行为，因此不构成商业欺诈。

同时，航空旅客运输合同属于客运合同。本案例中，顾先生购买了航班公务舱位，同时打印了行程单并完成支付义务，旅客与航空公司之间电子形式的客运合同即成立。虽然航空公司在发现因天气原因导致原定的航班无法返航后及时安排其他机型，但客观上机型的改变已造成原告无法乘坐其合同中所购买的公务舱位，从性质上看，航空公司的行为违反了合同义务，故航空公司“擅自降舱”构成违约。

情景 1　民航电子客票单程的舱位等级变更

旅客购票后，在航班起飞前，旅客提出要进行变更舱位，经承运人同意后可在头等舱、商务舱和经济舱之间进行舱位变更。

提高舱位等级（升舱），按照票面价格与变更后适用舱位票价的差价收取差额。

降低舱位等级（降舱），按照旅客自愿原则退票处理。特殊情况可作降舱操作，但要收取变更手续费。此情景涉及的知识包含：AV 航班查询，SD、SS 建立旅客订座记录号，基本项和其他组项，RT 提取旅客订座记录（PNR），ETDZ 电子客票出票，XE 删除指令，DETR 提取电子客票信息等。

【案例 4-4-1】旅客周波购买国航 11JAN 北京到广州 Y 舱客票，因故要将 Y 舱变更为 F 舱（升舱位等级）。

具体操作过程如下。

1）提取 PNR 记录，查看 PNR 信息是否完整。

学习笔记

```
▶RT
 1.周波 HSRG83
 2.  CA1351 Y  WE11JAN   PEKCAN  HK1  0805  1100   333 S 0 ^ E T3--
 3.PEK/T PEK/T010-80**5338/BEIJING ORIENT BLUE SKY INTERNATIONAL AVIATION SERVIC
    E CO.,LTD//GEXING ABCDEFG
 4.TL/0600/11JAN/PEK211
 5.FC/A/PEK CA CAN 1600 CNY1600.00END
 6.SSR FOID CA HK/NI610102199101010011/P1
 7.SSR ADTK 1E BY PEK11JAN23/ 0605 OR CXL CA1351 Y11JAN
 8.OSI CA CTCM 13700000000/P1                                                   +
▶ETDZ 13
```

2）根据要求变更子舱位，Y 舱升 F 舱。

① 查询 11JAN 北京到广州的同航班 CA1351 的 F 舱。

```
▶AV PEKCAN/11JAN
 11JAN(WED) BJSCAN
1-  CA1351  PEKCAN   0805   1100   333   0 S E DS# F9 C4 Y2 B6 MS H9 K9 L7 Q5 G8*
2   FM9853  PEKCAN   0805   1100   321   0 S E DS# F7 CA Y6 B9 ES HA K1 L9 N9 RA*
3   CA1321  PEKCAN   0900   1200   330   0 S E DS# F2 C6 Y9 B2 M7 H8 KS LS QQ GS*
4   MU7116  PEKCAN   0915   1220   332   0 S E DS# F7 C4 Y9 B6 E2 HQ KQ LL NQ RS*
5   CZ3108  PEKCAN   0915   1220   332   0 S E DS# FA C2 YS BS ML HA K5 L6 EQ VS*
6   CZ3162  PEKCAN   1015   1310   AB6   0 S E DS# F9 C2 Y9 BS MA HA K7 L9 ES VQ*
7   CA1315  PEKCAN   1100   1400   330   0 S E DS# F9 C9 Y2 B4 M6 H6 K9 LA QL GS*
8   CA1339  PEKCAN   1200   1500   321   0 S E DS# F3 C9 YQ BL MQ HS KQ L9 Q5 G9*
9+  CZ3102  PEKCAN   1215   1505   77A   0 S E DS# F9 C6 Y2 B4 MA H1 K4 L6 EL VS*
▶
```

② 提取 PNR 记录。

```
▶RT
**ELECTRONIC TICKET PNR**
 1.周波 HSRG83
 2.  CA1351 Y  WE11JAN   PEKCAN  HK1  0805  1100   333 S 0 ^ E T3--
 3.PEK/T PEK/T010-80**5338/BEIJING ORIENT BLUE SKY INTERNATIONAL AVIATION SERVIC
    E CO.,LTD//GEXING ABCDEFG
 4.T
 5.SSR FOID CA HK1 NI610102199101010011/P1
 6.SSR TKNE CA HK1 PEKCAN 1351 Y11JAN 9992027711311/1/P1
 7.SSR ADTK 1E BY PEK11JAN23/ 0605 OR CXL CA1351 Y11JAN                       +
▶
```

③ 变更舱位，Y 舱升 F 舱。

```
▶RT
**ELECTRONIC TICKET PNR**
 1.周波 HSRG83
 2.  CA1351 Y  WE11JAN   PEKCAN  HK1  0805  1100   333 S 0 ^ E T3--
 3.PEK/T PEK/T010-80**5338/BEIJING ORIENT BLUE SKY INTERNATIONAL AVIATION SERVIC
    E CO.,LTD//GEXING ABCDEFG
 4.T
 5.SSR FOID CA HK1 NI610102199101010011/P1
 6.SSR TKNE CA HK1 PEKCAN 1351 Y11JAN 9992027711311/1/P1
 7.SSR ADTK 1E BY PEK11JAN23/ 0605 OR CXL CA1351 Y11JAN                       +
▶XE 2
SS CA1351/F/11JAN/PEKCAN/NN1 0805 1100
@
```

④ 重新提取 PNR 记录，查看变更后的 PNR 记录。

```
▶RT HSRG83
**ELECTRONIC TICKET PNR**
 1.周波 HSRG83
 2.  CA1351 F  WE11JAN   PEKCAN  HK1  0805  1100   333 S   ^ E T3--
 3.PEK/T PEK/T010-80**5338/BEIJING ORIENT BLUE SKY INTERNATIONAL AVIATION SERVIC
    E CO.,LTD//GEXING ABCDEFG
 4.T
 5.SSR FOID CA HK1 NI610102199101010011/P1
 6.SSR TKNE CA HK1 PEKCAN 1351 Y11JAN 9992027711311/1/P1
 7.OSI CA CTCM 13700000000/P1                                                   +
▶
```

学习笔记

屏幕输出显示“CA1351 F WE11JAN PEKCAN HK1 0805 1100”就是航程舱位变更操作结果，变更结束后，重新出票并打印电子行程单，如下所示。

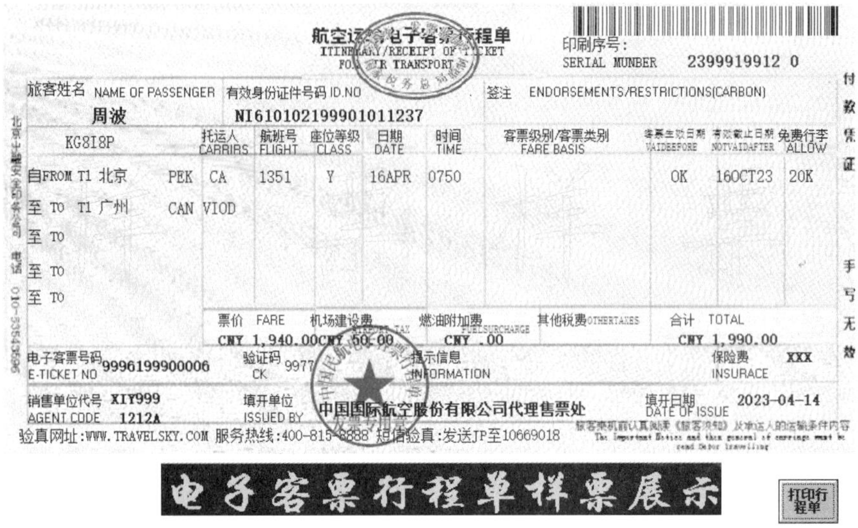

航空运输电子客票行程单
ITINERARY/RECEIPT OF E-TICKET FOR AIR TRANSPORT
印刷序号：SERIAL NUMBER 2399919912 0

旅客姓名 NAME OF PASSENGER	有效身份证件号码 ID.NO				签注 ENDORSEMENTS/RESTRICTIONS(CARBON)			
周波	NI610102199901011237							
KG8I8P	承运人 CARRIERS	航班号 FLIGHT	座位等级 CLASS	日期 DATE	时间 TIME	客票级别/客票类别 FARE BASIS	客票生效日期 NOTVALIDBEFORE	有效截止日期 NOTVALIDAFTER	免费行李 ALLOW
自FROM T1 北京 PEK	CA	1351	Y	16APR	0750		OK	16OCT23	20K
至 TO T1 广州 CAN	VIOD								
至 TO									
至 TO									
至 TO									

票价 FARE CNY 1,940.00　机场建设费 CNY 50.00　燃油附加费 FUELSURCHARGE CNY .00　其他税费 OTHERTAXES　合计 TOTAL CNY 1,990.00

电子客票号码 E-TICKET NO 9996199900006　验证码 CK 9977　提示信息 INFORMATION　保险费 INSURANCE XXX

销售单位代号 AGENT CODE XIY999 1212A　填开单位 ISSUED BY 中国国际航空股份有限公司代理售票处　填开日期 DATE OF ISSUE 2023-04-14

验真网址：WWW.TRAVELSKY.COM 服务热线：400-815-8888 短信验真：发送JP至10669018

付款凭证　手写无效

电子客票行程单样票展示

打印行程单

情景 2　民航电子客票联程航班非全程的舱位变更

旅客订购联程机票后要求变更，旅客要求只变更其中一段航程舱位等级，属于非全程变更，根据相关规定按照退票办理（特殊情况除外）。此情景涉及的知识包含：AV 航班查询，SD、SS 建立旅客订座记录号，基本项和其他组项，RT 提取旅客订座记录（PNR），ETDZ 电子客票出票，XE 删除指令，DETR 提取电子客票信息，使用 TRFD 退票等。

【案例 4-4-2】旅客夏天购买国航 13JAN 北京到广州 F 舱客票、14JAN 广州到北京 F 舱客票，由于个人原因要将广州到北京 F 舱变更为 Y 舱。

具体操作过程如下。

1）提取 PNR 记录，查看 PNR 信息是否完整。

```
▸RT
 1.夏天 HYECRZ
 2.  CA1339 F  FR13JAN   PEKCAN  HK1  1200  1500   321 S 0 ^ E T3--
 3.  CA1352 F  SA14JAN   CANPEK  HK1  1300  1600   333 S 0 ^ E --T3
 4.PEK/T PEK/T010-80**5338/BEIJING ORIENT BLUE SKY INTERNATIONAL AVIATION SERVIC
    E CO.,LTD//GEXING ABCDEFG
 5.TL/0600/13JAN/PEK211
 6.FC/A/PEK CA CAN 2400 CA PEK 2180 CNY4580.00END
 7.SSR FOID CA HK/NI610103199002021234/P1
 8.SSR ADTK 1E BY PEK13JAN23/ 1000 OR CXL CA1339 F13JAN                       +
▸ETDZ 13
```

学习笔记

2）提取票面信息。

```
►DETR TN/9992027711312
ISSUED BY: AIR CHINA                  ORG/DST: PEK/PEK      ISI:SITI    BSP-D
TOUR CODE:
PASSENGER: 夏天
EXCH:                                   CONJ TKT:
O FM: 1PEK CA    1339  F 13JAN 1200 OK F          13JAN/07JAN 40K OPEN FOR USE
          RL:HY3YR4  /HYECRZ 1E
X TO: 2CAN CA    1352  F 14JAN 1300 OK F          14JAN/07JAN 40K OPEN FOR USE
          RL:HY3YR4  /HYECRZ 1E
  TO: PEK
FARE:           CNY  4580.00|FOP:CASH
TAX:            CNY 100.00CN|OI:
TAX:            CNY 120.00YQ|
TOTAL:          CNY  4800.00|TKTN: 999-2027711312
►|
```

3）将 F 舱变更为 Y 舱，应该按照退票处理，使用 TRFD 指令进行退票。

```
►TRFD L/9992027711312/A/13/D
    AIRLINE BSP   TICKET  REFUND  INFORMATION  FORM

Rfd Number:0              Refund Type:DOMESTIC          Device-ID:  13
Date/Time:07JAN23/0332    Agent:763013   IATA:20200226   Office:PEK211

Airline Code: ▪999  Ticket NO: ▪2027711312-▪_____        Check: ▪_13
Conjunction No:▪1      Coupon NO:1:0000     2:0000     3:0000     4:0000
Passenger Name:▪/夏天_____________________________________________
Gross Refund:▪4580.00___  Payment Form:▪CASH____   Currency Code:▪CNY-2

  SN CD AMOUNT(SN-sequence number;CD-tax code)              ET-(Y/N):Y
T | 1▪CN▪50.00_____   2▪YQ▪60.00_____   3▪CN▪50.00_____   4▪YQ▪60.00_____
  |  5▪__▪_________   6▪__▪_________   7▪__▪_________   8▪__▪_________
  |  9▪__▪_________  10▪__▪_________  11▪__▪_________  12▪__▪_________
A |13▪__▪_________  14▪__▪_________  15▪__▪_________  16▪__▪_________
  |17▪__▪_________  18▪__▪_________  19▪__▪_________  20▪__▪_________
  |21▪__▪_________  22▪__▪_________  23▪__▪_________  24▪__▪_________
X |25▪__▪_________  26▪__▪_________  27▪__▪_________  28▪__▪_________

COMMITMENT▪_____%▪  OTHER DEDUCTION:▪__________  RMK:__/_____________
NET REFUND:▪4800.00________       CREDIT CARD:▪_______________________

P(PRINT) C(COPY) S(SAVE) D(DELETE) I/F3(IGNO) R/F4(REF) E/F5(EXIT)▪_|
```

4）退票结束后，重新为旅客夏天预订客票。

```
1.  夏天      Z92Q05
2.  CA1302  Y Fri 14APR CANPEK HK1 1948 2308    A330 S 0     R E T1 T2 3:20
3.  CT   /13700000000/P1
4.  TTL  0600/14APR/XIY999
5.  SSR  FOID CA HK1/NI610102199901011237/P1
6.  FC   CAN CA PEK 1940.00 YB100 1940.00 CNY 1940.00 END
7.  FN   FCNY1940.00/SCNY1940.00/C3.5/XCNY50.00/TCNY50.00CN/TCNY0.00YQ/ACNY1990.00
8.  FP   CASH,CNY
9.  RMK  CA/RR8TWG
10. XIY999
```

学习笔记

5）出票后打印行程单。

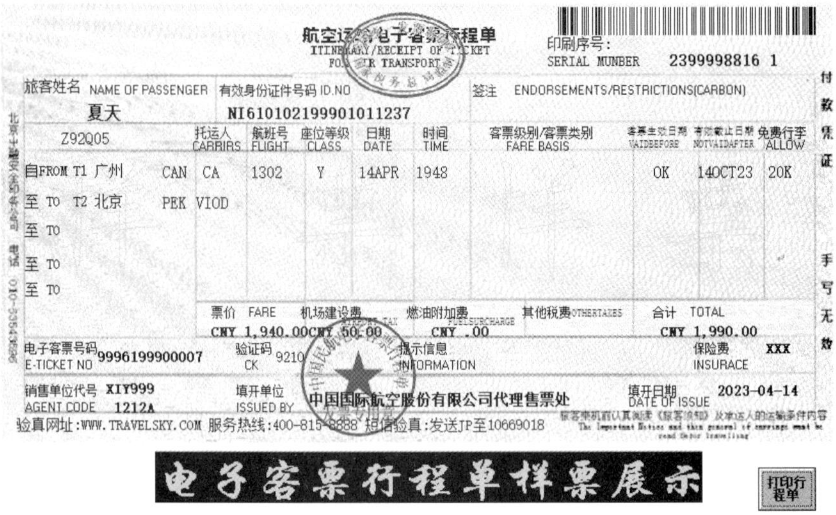
航空运输电子客票行程单
ITINERARY/RECEIPT OF TICKET FOR AIR TRANSPORT
印刷序号: SERIAL NUMBER 2399998816 1
旅客姓名 NAME OF PASSENGER 夏天
有效身份证件号码 ID.NO NI610102199901011237
签注 ENDORSEMENTS/RESTRICTIONS(CARBON)
Z92Q05

		托运人 CARRIRS	航班号 FLIGHT	座位等级 CLASS	日期 DATE	时间 TIME	客票级别/客票类别 FARE BASIS	客票生效日期 VAIDBEFORE	有效截止日期 NOTVAIDAFTER	免费行李 ALLOW
自FROM T1 广州	CAN	CA	1302	Y	14APR	1948		OK	14OCT23	20K
至 TO T2 北京	PEK	VIOD								
至 TO										
至 TO										
至 TO										

票价 FARE CNY 1,940.00　机场建设费 CNY 50.00　燃油附加费 FUELSURCHARGE CNY .00　其他税费 OTHERTAXES　合计 TOTAL CNY 1,990.00
电子客票号码 E-TICKET NO 9996199900007　验证码 CK 9210　提示信息 INFORMATION　保险费 INSURACE XXX
销售单位代号 AGENT CODE XIY999 1212A　填开单位 ISSUED BY 中国国际航空股份有限公司代理售票处　填开日期 DATE OF ISSUE 2023-04-14
验真网址:WWW.TRAVELSKY.COM 服务热线:400-815-8888 短信验真:发送JP至10669018
付款凭证　手写无效

电子客票行程单样票展示

打印行程单

任务实施

一、任务设计

1. 请学生分小组进行情景模拟：一组学生扮演旅客刘涛，另一组学生扮演客票销售员，为旅客刘涛完成变更舱位的操作要求。

2. 讨论：请学生针对显示信息进行讨论，指出指令的正确性及为旅客完成变更航班舱位操作过程的完整性。

3. 点评：请教师针对学生的演示过程和分析结果进行点评。

二、练习操作

1. 旅客杨国明订购 10 月 10 日国航西安到上海 I 舱客票后，要求将 I 舱变更为 Q 舱。

2. 旅客张军龙订购 10 月 11 日国航北京到广州 Y 舱、10 月 14 日广州到北京 J 舱客票，在 10 月 17 日要求将广州到北京航段的 J 舱变更为 K 舱。

任务评价

民航电子客票舱位等级的变更学习任务评价表和学习任务总结表如表 4-4-1 和表 4-4-2 所示。

学习笔记

表 4-4-1 学习任务评价表

班级		姓名		总分	
日期		学号			
序号	评价内容	评价要求		分值	得分
1	单程的舱位等级变更	能否正确提取 PNR		10	
		能否按照要求变更单程舱位等级，并重新计算票价进行出票		20	
2	联程航班非全程的舱位变更	能否正确提取 PNR		10	
		能否按照要求变更非全程的舱位变更，并重新计算票价进行出票		20	
3	素质要求	能否熟练掌握舱位等级变更服务的操作流程		20	
		能否快速并规范地按流程操作		10	
		能否总结服务流程		10	

表 4-4-2 学习任务总结表

学习总结	学习的新知识
	掌握的新技能
学习反思	对本任务的学习表现是否满意，请写出自我反思

任务5 民航电子客票航程的变更

知识目标

1. 掌握民航电子客票单程航程的变更。
2. 掌握民航电子客票联非全程带婴儿航程的变更。
3. 掌握民航电子客票团体部分旅客航程的变更。

能力目标

能够处理旅客对航程的变更要求。

学习笔记

素质目标

严格遵守客票航程变更的服务流程与规范，养成坚持以旅客为中心的职业精神，具有良好的服务意识。

案例引入

顾先生提前订购了2月3日由上海飞往新加坡航班的公务舱位。然而，当天顾先生带着未满3岁的孩子及家人前往机场办理登机手续时，航空公司突然告知他，由于调换机型公务超售，已将顾先生购买的公务舱J舱降至经济舱 Y 舱。新加坡亲子游行程早已计划好，无奈之下，顾先生在航空公司出具《电子客票非自愿降舱证明》并支付降舱费后，怏怏登机离港。

案例分析

航空公司表示，由于天气原因，导致顾先生原定乘坐的飞机未能按时返航，为了能使所有旅客安全到达目的地，航空公司临时调换了机型。由于机型改变及超售原因，导致原售公务舱位不足，这才为顾先生等人调换舱位，顾先生同意支付降舱费并支付了降舱费，不存在商业欺诈行为。

情景 1　民航电子客票单程航程的变更

民航电子客票单程航程的变更有两种情况：自愿变更航程和非自愿变更航程。

1）自愿变更航程。一般情况按照自愿退票的规定办理，退票后重新出票。

2）非自愿变更航程。一般情况按照非自愿退票的规定办理，退票后重新出票。

此情景涉及的知识包含：AV 航班查询，SD、SS 建立旅客订座记录号，基本项和其他组项，RT 提取旅客订座记录（PNR），ETDZ 电子客票出票，XE 删除指令，DETR 提取电子客票信息，使用 TRFD 退票等。

【案例 4-5-1】旅客王新华购买国航 11JAN 北京到广州 Y 舱客票后，由于个人原因要求变更航程，变更为北京到深圳的航程。

具体操作过程如下。

1）提取 PNR 记录，查看 PNR 信息是否完整。

学习笔记

```
▶RT
 1.王新华 L7KFPS
 2.  CA1351 Y  WE11JAN   PEKCAN  HK1  0805  1100   333 S 0 ^ E T3--
 3.PEK/T PEK/T010-80**5338/BEIJING ORIENT BLUE SKY INTERNATIONAL AVIATION SERVIC
    E CO.,LTD//GEXING ABCDEFG
 4.TL/0600/11JAN/PEK211
 5.FC/A/PEK CA CAN 1600 CNY1600.00END
 6.SSR FOID CA HK/NI610103199809091212/P1
 7.SSR ADTK 1E BY PEK11JAN23/ 0605 OR CXL CA1351 Y11JAN
 8.OSI CA CTCM 13700000000/P1                                                +
▶ETDZ 13
```

2）根据旅客要求变更航程，应该按照退票处理，提取票面信息。

```
▶DETR TN/9992027711315
ISSUED BY: AIR CHINA                          ORG/DST: PEK/CAN       ISI:SITI     BSP-D
TOUR CODE:
PASSENGER: 王新华
EXCH:                                           CONJ TKT:
O FM: 1PEK CA     1351  Y 11JAN 0805 OK Y               11JAN/07JAN 20K OPEN FOR USE
             RL:LG2VTC   /L7KFPS 1E
  TO: CAN
FARE:           CNY  1600.00|FOP:CASH
TAX:            CNY   50.00CN|OI:
TAX:            CNY   60.00YQ|
TOTAL:          CNY  1710.00|TKTN: 999-2027711315
▶
```

3）旅客自愿变更航程，应该按照退票处理，收取票价30%的手续费。使用TRFD指令进行退票。

```
▶TRFD L/9992027711315/A/13/D
     AIRLINE BSP    TICKET  REFUND  INFORMATION  FORM

Rfd Number:0                Refund Type:DOMESTIC             Device-ID:  13
Date/Time:07JAN23/0401      Agent:763013    IATA:20200226    Office:PEK211

Airline Code: •999  Ticket NO: •2027711315-•_____            Check: •_13
Conjunction No:•1       Coupon NO:1:0000    2:0000    3:0000      4:0000
Passenger Name:•/王新华________________________________________________
Gross Refund:•1600.00___  Payment Form:•CASH____   Currency Code:•CNY-2

  SN CD AMOUNT(SN-sequence number;CD-tax code)                   ET-(Y/N):Y
T| 1•CN•50.00_____   2•YQ•60.00_____   3•__•__________    4•__•__________
 |  5•__•__________   6•__•__________   7•__•__________    8•__•__________
 |  9•__•__________  10•__•__________  11•__•__________   12•__•__________
A|13•__•__________   14•__•__________  15•__•__________   16•__•__________
 |17•__•__________   18•__•__________  19•__•__________   20•__•__________
 |21•__•__________   22•__•__________  23•__•__________   24•__•__________
X|25•__•__________   26•__•__________  27•__•__________   28•__•__________

COMMITMENT•_____%•  OTHER DEDUCTION:•__________  RMK:__/______________
NET REFUND:•1710.00________       CREDIT CARD:•_________________________

P(PRINT) C(COPY) S(SAVE) D(DELETE) I/F3(IGNO) R/F4(REF) E/F5(EXIT)•_|
```

4）重新为旅客预订11JAN北京到深圳的客票。

```
▶RT
 1.王新华 H2JX74
 2.  CA1313 Y  WE11JAN   PEKSZX  HK1  1130  1440   767 S 0 ^ E ----
 3.PEK/T PEK/T010-80**5338/BEIJING ORIENT BLUE SKY INTERNATIONAL AVIATION SERVIC
    E CO.,LTD//GEXING ABCDEFG
 4.TL/0600/11JAN/PEK211
 5.FC/A/PEK CA SZX 1650 CNY1650.00END
 6.SSR FOID CA HK/NI610102199009091212/P1
 7.SSR ADTK 1E BY PEK11JAN23/ 0930 OR CXL CA1313 Y11JAN
 8.OSI CA CTCM 137000000000/P1                                               +
▶ETDZ 13
```

学习笔记

5）出票后打印行程单。

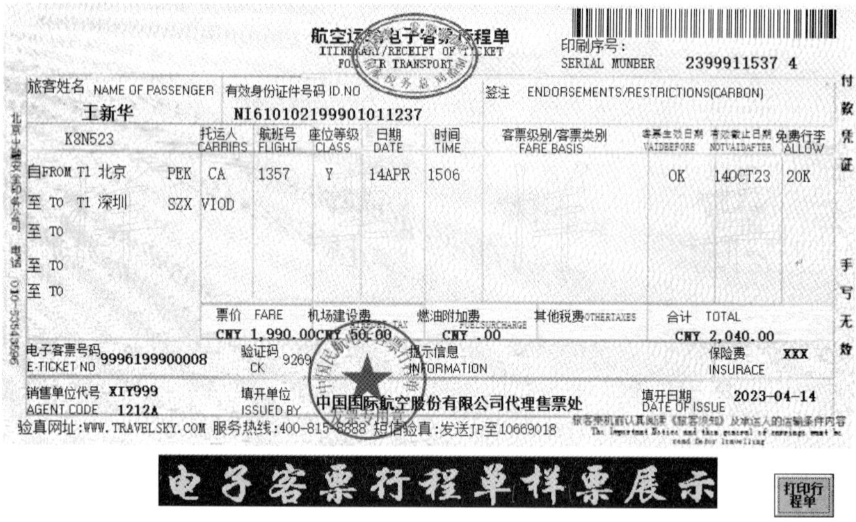

航空运输电子客票行程单
ITINERARY/RECEIPT OF TICKET FOR AIR TRANSPORT
印刷序号：SERIAL NUMBER 2399911537 4

旅客姓名 NAME OF PASSENGER 王新华
有效身份证件号码 ID.NO NI610102199901011237
签注 ENDORSEMENTS/RESTRICTIONS(CARBON)
K8N523

		托运人 CARRIRS	航班号 FLIGHT	座位等级 CLASS	日期 DATE	时间 TIME	客票级别/客票类别 FARE BASIS	客票生效日期 VAIDBEFORE	有效截止日期 NOTVAIDAFTER	免费行李 ALLOW
自FROM T1 北京	PEK	CA	1357	Y	14APR	1506		OK	14OCT23	20K
至 TO T1 深圳	SZX	VIOD								
至 TO										
至 TO										
至 TO										

票价 FARE CNY 1,990.00　机场建设费 CNY 50.00　燃油附加费 FUELSURCHARGE CNY .00　其他税费 OTHERTAXES　合计 TOTAL CNY 2,040.00

电子客票号码 E-TICKET NO 9996199900008　验证码 CK 9269　提示信息 INFORMATION　保险费 INSURANCE XXX

销售单位代号 AGENT CODE XIY999 1212A　填开单位 ISSUED BY 中国国际航空股份有限公司代理售票处　填开日期 DATE OF ISSUE 2023-04-14

验真网址:WWW.TRAVELSKY.COM 服务热线:400-815-8888 短信验真:发送JP至10669018

付款凭证　手写无效

电子客票行程单样票展示

打印行程单

情景 2　民航电子客票非全程带婴儿航程的变更

旅客订购机票联程航班后，要求将广州到北京的航程变更为广州到上海的航程，并携带一名婴儿，属于多人非全程带婴儿自愿变更航程，根据相关规定应按照退票办理（特殊情况除外）。

此情景涉及的知识包含：AV 航班查询，SD、SS 建立旅客订座记录号，基本项和其他组项，RT 提取旅客订座记录（PNR），ETDZ 电子客票出票，XE 删除指令，DETR 提取电子客票信息，使用 TRFD 退票等。

【案例 4-5-2】旅客刘祥、汪明睿购买国航 11JAN 北京到广州、15JAN 广州到北京 Y 舱客票后，因故要求变更航程，将 15JAN 广州到北京的航程变更为广州到上海的航程，同时携带一名婴儿（多人非全程带婴儿变更）。

具体操作过程如下。

1）提取 PNR 记录，查看 PNR 信息是否完整。

```
►RT
 1.刘祥  2.汪明睿 LTDBCJ
 3.  CA1315 Y  WE11JAN   PEKCAN  HK2  1100  1400   330 S 0 ^ E T3--
 4.  CA1330 Y  SU15JAN   CANPEK  HK2  1000  1300   738 S 0 ^ E --T3
 5.PEK/T PEK/T010-80**5338/BEIJING ORIENT BLUE SKY INTERNATIONAL AVIATION SERVIC
   E CO.,LTD//GEXING ABCDEFG
 6.TL/0600/11JAN/PEK211
 7.FC/A/PEK CA CAN 1600 CA PEK 1450 CNY3050.00END
 8.SSR FOID CA HK/NI610190199009090101/P1
 9.SSR FOID CA HK/NI610102199801010202/P2                                         +
►ETDZ 13
```

学习笔记

2）根据旅客要求变更航程，变为15JAN广州到上海的航程。

① 查询国航15JAN广州到上海的航班情况。

```
▸AV CANPVG/15JAN
 15JAN(SUN) CANSHA
1-  HO1288  CANPVG   0655   0915   320   0 S E DS# FL CS YQ B9 MA H3 K6 L9 Q8 G1*
2   FM9302  CANPVG   0730   0950   73H   0 S E DS# F3 C9 Y3 B9 ES H9 K7 LS N9 R1*
3   CZ3523  CANPVG   0805   1020   77W   0 S E DS# F9 CL YA BL MQ HA K4 L9 E9 V9*
4   HU7141  CANPVG   0820   1040   738   0 S E DS# F9 C9 YS BA H9 K8 L5 MQ QQ X9*
5   FM9304  CANPVG   0830   1050   738   0 S E DS# F9 C8 YA B6 E4 H9 K1 L7 NL RQ*
6   CZ3609  CANPVG   0900   1120   320   0 S E DS# F7 C9 Y6 B3 M1 H9 K3 L3 EA V9*
7   CA1838  CANPVG   0920   1135   333   0 S E DS# F9 C5 Y9 B9 M9 H8 K6 L3 QQ GL*
8   FM9306  CANPVG   0930   1145   738   0 S E DS# F4 C2 Y9 BA EL HL KA LQ N9 RA*
9+  FM9308  CANPVG   0955   1215   763   0 S E DS# F3 CQ Y9 B9 E3 H1 K2 LQ NS RS*
▸|
```

② 提取PNR记录。

```
▸RT LTDBCJ
**ELECTRONIC TICKET PNR**
 1.刘祥  2.汪明睿 LTDBCJ
 3.  CA1315 Y  WE11JAN   PEKCAN  HK2  1100  1400   330 S 0 ^ E T3--
 4.  CA1330 Y  SU15JAN   CANPEK  HK2  1000  1300   738 S 0 ^ E --T3
 5.PEK/T PEK/T010-80**5338/BEIJING ORIENT BLUE SKY INTERNATIONAL AVIATION SERVIC
    E CO.,LTD//GEXING ABCDEFG
 6.T
 7.SSR FOID CA HK1 NI610190199009090101/P1
 8.SSR FOID CA HK1 NI610102199801010202/P2                                        +
▸|
```

③ 根据旅客要求变更航程。

```
▸RT LTDBCJ
**ELECTRONIC TICKET PNR**
 1.刘祥  2.汪明睿 LTDBCJ
 3.  CA1315 Y  WE11JAN   PEKCAN  HK2  1100  1400   330 S 0 ^ E T3--
 4.  CA1330 Y  SU15JAN   CANPEK  HK2  1000  1300   738 S 0 ^ E --T3
 5.PEK/T PEK/T010-80**5338/BEIJING ORIENT BLUE SKY INTERNATIONAL AVIATION SERVIC
    E CO.,LTD//GEXING ABCDEFG
 6.T
 7.SSR FOID CA HK1 NI610190199009090101/P1
 8.SSR FOID CA HK1 NI610102199801010202/P2                                        +
▸XE 4
SS CA1838/Y/15JAN/CANPVG/NN2/0920 1135
@|
```

④ 重新提取PNR记录，查看变更后的PNR记录。

```
▸RT

1.  刘祥   2. 汪明睿      GWLHT3
3.  CA1385  Y Fri 14APR PEKCAN HK2 1939 2314    B737 S 0     R E T1 T2 3:35
4.  CA3210  Y Sat 15APR CANSHA HK2 0704 0844    A321 S 0     R E T1 T2 1:40
5.  CT    /13700000000/P1
6.  TTL   0600/14APR/XIY999
7.  SSR   FOID CA HK1/NI610103199901011233/P2
8.  SSR   FOID CA HK1/NI610102199901011237/P1
9.  SSR   INFT CA KK1 小夏 6MTHS/P1/S4
10. FC    PEK CA CAN 1940.00 YB100 1940.00 CA SHA 1270.00 YB100 1270.00 CNY 3210.00 END
           PEK CA CAN 1940.00 YB10 194.00 CA SHA 1270.00 YB10 127.00 CNY 320.00 END
11. FN    FCNY3210.00/SCNY3210.00/C3.5/XCNY100.00/TCNY100.00CN/TCNY0.00YQ/ACNY3310.00
           F/IN/CNY3210.00/SCNY321.00/C0.00/TEXEMPTCN/TEXEMPTYQ/ACNY320.00
12. FP    CASH,CNY
13. RMK   CA/PZ0L9M
14. XN    小夏INF(6MTHS)/S4/P1
15. XIY999
```

学习笔记

⑤ 重新出票后打印电子行程单。

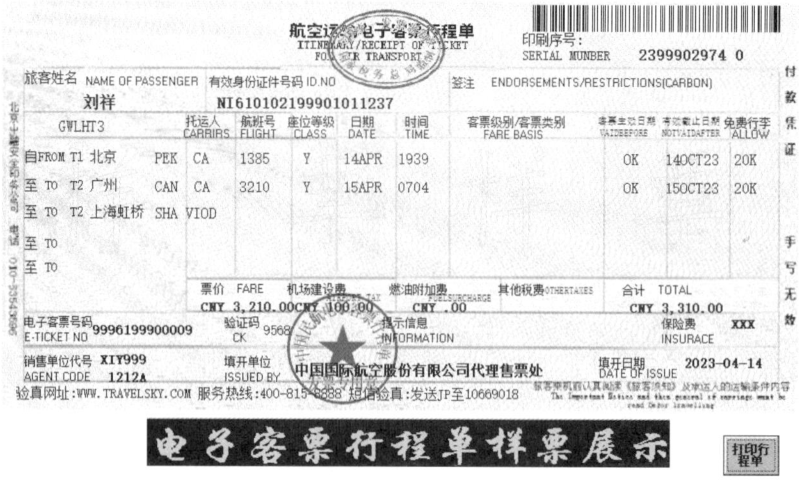

航空运输电子客票行程单
ITINERARY/RECEIPT OF E-TICKET
FOR AIR TRANSPORT

印刷序号：SERIAL NUMBER 2399902974 0

旅客姓名 NAME OF PASSENGER：刘祥
有效身份证件号码 ID.NO：NI610102199901011237
签注 ENDORSEMENTS/RESTRICTIONS(CARBON)

GWLHT3

		承运人 CARRIERS	航班号 FLIGHT	座位等级 CLASS	日期 DATE	时间 TIME	客票级别/客票类别 FARE BASIS	客票生效日期 VAIDBEFORE	有效截止日期 NOTVAIDAFTER	免费行李 ALLOW
自FROM T1 北京	PEK	CA	1385	Y	14APR	1939		OK	14OCT23	20K
至 TO T2 广州	CAN	CA	3210	Y	15APR	0704		OK	15OCT23	20K
至 TO T2 上海虹桥	SHA	VIOD								
至 TO										
至 TO										

票价 FARE CNY 3,210.00 机场建设费 AIRPORT TAX CNY 100.00 燃油附加费 FUELSURCHARGE CNY .00 其他税费 OTHERTAXES 合计 TOTAL CNY 3,310.00

电子客票号码 E-TICKET NO 9996199900009 验证码 CK 9568 提示信息 INFORMATION 保险费 INSURACE XXX

销售单位代号 AGENT CODE XIY999 1212A 填开单位 ISSUED BY 中国国际航空股份有限公司代理售票处 填开日期 DATE OF ISSUE 2023-04-14

验真网址：WWW.TRAVELSKY.COM 服务热线：400-815-8888 短信验真：发送JP至10669018

付款凭证 手写无效

电子客票行程单样票展示

打印行程单

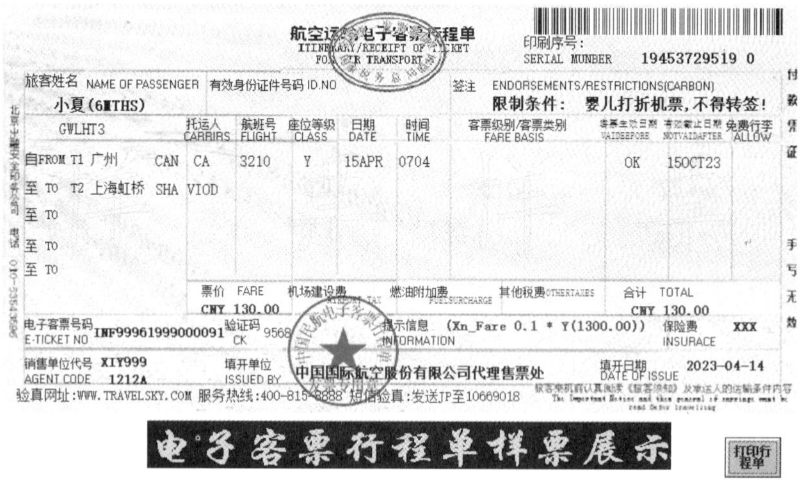

航空运输电子客票行程单
ITINERARY/RECEIPT OF E-TICKET
FOR AIR TRANSPORT

印刷序号：SERIAL NUMBER 19453729519 0

旅客姓名 NAME OF PASSENGER：小夏（6MTHS）
有效身份证件号码 ID.NO
签注 ENDORSEMENTS/RESTRICTIONS(CARBON)：限制条件：婴儿打折机票，不得转签！

GWLHT3

		承运人 CARRIERS	航班号 FLIGHT	座位等级 CLASS	日期 DATE	时间 TIME	客票级别/客票类别 FARE BASIS	客票生效日期 VAIDBEFORE	有效截止日期 NOTVAIDAFTER	免费行李 ALLOW
自FROM T1 广州	CAN	CA	3210	Y	15APR	0704		OK	15OCT23	
至 TO T2 上海虹桥	SHA	VIOD								
至 TO										
至 TO										
至 TO										

票价 FARE CNY 130.00 机场建设费 AIRPORT TAX 燃油附加费 FUELSURCHARGE 其他税费 OTHERTAXES 合计 TOTAL CNY 130.00

电子客票号码 E-TICKET NO INF99961999000091 验证码 CK 9568 提示信息 INFORMATION (Xn_Fare 0.1 * Y(1300.00)) 保险费 INSURACE XXX

销售单位代号 AGENT CODE XIY999 1212A 填开单位 ISSUED BY 中国国际航空股份有限公司代理售票处 填开日期 DATE OF ISSUE 2023-04-14

验真网址：WWW.TRAVELSKY.COM 服务热线：400-815-8888 短信验真：发送JP至10669018

付款凭证 手写无效

电子客票行程单样票展示

打印行程单

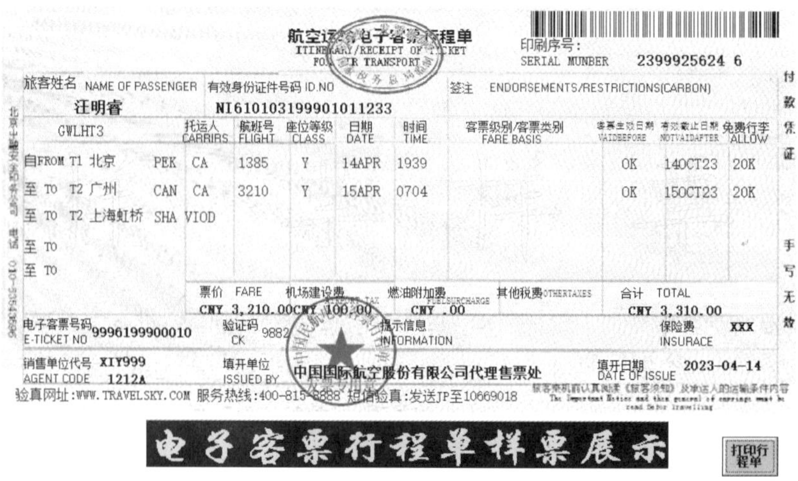

航空运输电子客票行程单
ITINERARY/RECEIPT OF E-TICKET
FOR AIR TRANSPORT

印刷序号：SERIAL NUMBER 2399925624 6

旅客姓名 NAME OF PASSENGER：汪明睿
有效身份证件号码 ID.NO：NI610103199901011233
签注 ENDORSEMENTS/RESTRICTIONS(CARBON)

GWLHT3

		承运人 CARRIERS	航班号 FLIGHT	座位等级 CLASS	日期 DATE	时间 TIME	客票级别/客票类别 FARE BASIS	客票生效日期 VAIDBEFORE	有效截止日期 NOTVAIDAFTER	免费行李 ALLOW
自FROM T1 北京	PEK	CA	1385	Y	14APR	1939		OK	14OCT23	20K
至 TO T2 广州	CAN	CA	3210	Y	15APR	0704		OK	15OCT23	20K
至 TO T2 上海虹桥	SHA	VIOD								
至 TO										
至 TO										

票价 FARE CNY 3,210.00 机场建设费 AIRPORT TAX CNY 100.00 燃油附加费 FUELSURCHARGE CNY .00 其他税费 OTHERTAXES 合计 TOTAL CNY 3,310.00

电子客票号码 E-TICKET NO 9996199900010 验证码 CK 9882 提示信息 INFORMATION 保险费 INSURACE XXX

销售单位代号 AGENT CODE XIY999 1212A 填开单位 ISSUED BY 中国国际航空股份有限公司代理售票处 填开日期 DATE OF ISSUE 2023-04-14

验真网址：WWW.TRAVELSKY.COM 服务热线：400-815-8888 短信验真：发送JP至10669018

付款凭证 手写无效

电子客票行程单样票展示

打印行程单

学习笔记

情景3 民航电子客票团体部分旅客航程的变更

团体案例的综合性很强。例如，旅客订购机票联程航班后，要求将广州到北京的航程变更为广州到昆明的航程。属于多人非全程自愿变更航程，根据相关规定按照退票办理（特殊情况除外）。此情景中的团体部分旅客的航程变更，应按特殊情况签转办理。

此情景涉及的知识包含：AV 航班查询，SD、SS 建立旅客订座记录号，基本项和其他组项，RT 提取旅客订座记录（PNR），ETDZ 电子客票出票，XE 删除指令，DETR 提取电子客票信息，SP 电子客票分离等。

【案例 4-5-3】青年旅行社为 12 名旅客预订国航 13JAN 西安到广州、16JAN 广州到西安的客票后，其中 2 名旅客要求变更 16JAN 广州到西安的航程，改为广州到成都的航程。

具体操作过程如下。

1）提取 PNR 记录，查看 PNR 信息是否完整。

```
►RT N
 0.12TUAN  NM4
 1.马琳  2.孙苗苗  3.张伟  4.赵恒 HQVK3W
 5.  CZ3220 B  FR13JAN   XIYCAN  HN12  1245  1505   321 S 0 ^ E ----
 6.  CZ3219 M  MO16JAN   CANXIY  HN12  0920  1200   321 S 0 ^ E ----
 7.PEK/T PEK/T010-80**5338/BEIJING ORIENT BLUE SKY INTERNATIONAL AVIATION SERVIC
    E CO.,LTD//GEXING ABCDEFG
 8.TL/1200/13JAN/PEK211
 9.SSR ADTK 1E BY PEK13JAN23/ 1045 OR CXL CZ3220 B13JAN
10.OSI CZ CTCM 1778920****/P3                                                  +
►|
```

2）根据旅客要求变更航程，变为 15JAN 广州到上海的航程。

① 将两位旅客分离出来生成新的 PNR 记录。

```
►SP 1/3
 0.2TUAN  NM2
 1.马琳  2.张伟
 1.   CZ3220 B  FR13JAN  XIYCAN  HN2  1245  1505   321 S 0 ^ E ----
 2.   CZ3219 M  MO16JAN  CANXIY  HN2  0920  1200   321 S 0 ^ E ----
 3.PEK/T PEK/T010-80**5338/BEIJING ORIENT BLUE SKY INTERNATIONAL AVIATION SERVIC
    E CO.,LTD//GEXING ABCDEFG
 4.TL/1200/13JAN/PEK211                                                          +
►|
```

```
►RT N
 0.2TUAN  NM2
 1.孙苗苗  2.张伟 HBHP2F
 3.   CZ3220 B  FR13JAN   XIYCAN  HN2  1245  1505   321 S 0 ^ E ----
 4.   CZ3219 M  MO16JAN   CANXIY  HN2  0920  1200   321 S 0 ^ E ----
 5.PEK/T PEK/T010-80**5338/BEIJING ORIENT BLUE SKY INTERNATIONAL AVIATION SERVIC
    E CO.,LTD//GEXING ABCDEFG
 6.TL/1200/13JAN/PEK211
 7.SSR ADTK 1E BY PEK13JAN23/ 1045 OR CXL CZ3220 B13JAN
 8.OSI CZ CTCM 1778920****/P2                                                    +
►|
```

② 删除原航班，查询国航 16JAN 广州到成都的航班情况。

学习笔记

```
►XE 4
 0.2TUAN  NM2
 1.孙苗苗  2.张伟 HBHP2F
 3.  CZ3220 B  FR13JAN    XIYCAN  HN2  1245  1505    321 S 0 ^ E ----
 4.PEK/T PEK/T010-80**5338/BEIJING ORIENT BLUE SKY INTERNATIONAL AVIATION SERVIC
    E CO.,LTD//GEXING ABCDEFG
 5.TL/1200/13JAN/PEK211
 6.SSR ADTK 1E BY PEK13JAN23/ 1045 OR CXL CZ3220 B13JAN
 7.OSI CZ CTCM 1778920****/P2
 8.RMK CA/HMPEZI                                                              +
►|
```

```
►AV CANCTU/16JAN
 16JAN(MON) CANCTU
1-  ZH9673  CANCTU  0750  1015  733  0 S E DS# F1 CQ YQ BQ MA K9 L6 JA Q9 Z1*
2   ZH9674  CANCTU  0750  1015  733  0 S E DS# FA CQ Y9 B9 M7 K5 L3 JA QA ZA*
3   CA4310  CANCTU  0830  1050  32S  0 S E DS# F2 CS YQ BL MQ HA K6 L8 Q5 G1*
4   CZ3401  CANCTU  1000  1210  319  0 S E DS# F5 C4 Y5 B9 M6 HL K9 LS EL V9*
5   3U8738  CANCTU  1035  1240  319  0 S E DS# FQ CA Y2 T2 H9 M7 G9 S6 L3 Q2*
6   3U9236  CANCTU  1045  1255  319  0 S E DS# F9 C8 Y5 T3 H9 M9 G9 SL LL QQ*
7   EU2236  CANCTU  1045  1255  319  0 S E DS# F4 C3 Y9 BS MQ H9 KQ L9 Q9 G9*
8   3U8740  CANCTU  1105  1315  320  0 S E DS# F6 C9 YS TQ HS MS GS S9 LS QS*
9+  CA4306  CANCTU  1130  1345  32S  0 S E DS# F2 C9 Y3 BA M3 HA K5 LQ Q9 G3*
►|
```

③ 根据旅客要求变更航程。

```
►RT N
 0.2TUAN  NM2
 1.孙苗苗  2.张伟 HBHP2F
 3.  CZ3220 B  FR13JAN    XIYCAN  HN2  1245  1505    321 S 0 ^ E ----
 4.  CZ3401 Y  MO16JAN    CANCTU  DK2  1000  1210    319 S 0 ^ E ----
 5.PEK/T PEK/T010-80**5338/BEIJING ORIENT BLUE SKY INTERNATIONAL AVIATION SERVIC
    E CO.,LTD//GEXING ABCDEFG
 6.TL/1200/13JAN/PEK211
 7.SSR ADTK 1E BY PEK13JAN23/ 1045 OR CXL CZ3220 B13JAN
 8.OSI CZ CTCM 1778920****/P2                                                 +
►|
```

④ 重新提取 PNR 记录，查看变更后的 PNR 记录。

```
►|
 0.2TUAN  NM2
 1.孙苗苗  2.张伟 HBHP2F
 3.  CZ3220 B  FR13JAN    XIYCAN  HN2  1245  1505    321 S 0 ^ E ----
 4.  CZ3401 Y  MO16JAN    CANCTU  DK2  1000  1210    319 S 0 ^ E ----
 5.PEK/T PEK/T010-80**5338/BEIJING ORIENT BLUE SKY INTERNATIONAL AVIATION SERVIC
    E CO.,LTD//GEXING ABCDEFG
 6.TL/1200/13JAN/PEK211
 7.SSR ADTK 1E BY PEK13JAN23/ 1045 OR CXL CZ3220 B13JAN
 8.OSI CZ CTCM 1778920****/P2                                                 +
►
```

任务实施

一、任务设计

1．请学生分小组进行情景模拟：一组学生扮演旅客梦雨、张良，另一组学生扮演客票销售员，为旅客梦雨和张良完成变更航程的操作要求。

2．讨论：请学生针对显示信息进行讨论，指出指令的正确性及为旅客完成变更航班承运人操作过程的完整性。

3．点评：请教师针对学生的演示过程和分析结果进行点评。

二、练习操作

1．旅客周李静、罗星订购 10 月 1 日西安到北京 M 舱、10 月 5 日北京到西安 Q 舱机票后，10 月 4 日旅客周李静要求将北京到西安的航程改为北京到成都的航程。

2．创意旅行社一行20人团队（输入旅客姓名）订购10月1日西安到北京M舱、10月4日北京到西安S舱机票后，10月3日其中的5名旅客要求将10月4日北京到西安的航程改为10月6日北京到重庆的M舱。

任务评价

民航电子客票航程的变更学习任务评价表和学习任务总结表如表4-5-1和表4-5-2所示。

表4-5-1 学习任务评价表

班级		姓名		总分	
日期		学号			
序号	评价内容	评价要求		分值	得分
1	单程航程的变更	能否正确提取PNR		10	
		能否按照要求变更航程，并重新进行票价计算		10	
2	非全程带婴儿航程的变更	能否正确提取PNR		10	
		能否按照要求变更航程，同时添加婴儿行程，并重新进行票价计算		30	
3	团体部分旅客的航程的变更	能否正确提取PNR		10	
		能否按照要求变更团体部分旅客的航程		10	
4	素质要求	能否熟练掌握航程变更服务的操作流程		10	
		能否快速并规范地按流程操作		10	

表4-5-2 学习任务总结表

学习总结	学习的新知识
	掌握的新技能
学习反思	对本任务的学习表现是否满意，请写出自我反思

项目5　技 能 拓 展

民航售票员除了要根据旅客的需求进行航班信息的查询，帮助旅客选择合适的航班进行预订，根据旅客行程的变更进行退改签处理的主要工作外，还有一些公用信息的查询工作。

在国际客票销售中必须使用国家的二字代码，一般都可以在公用信息中查询到，而计算功能、里程换算、销售情况的统计等，可以在民航订座系统中完成。民航订座系统提供了大量的公用信息，系统会根据实际情况进行更新，以方便民航售票员查询。

知识目标

1. 掌握系统公用信息的查询。
2. 掌握城市/机场代码信息的查询。
3. 掌握系统计算功能。
4. 掌握销售结算的处理操作。
5. 掌握 QUEUE 信箱的处理工作。

能力目标

1. 能够根据工作需要进行系统公用信息的查询。
2. 能够根据工作安排进行客票销售的结算统计。
3. 能够处理系统 QUEUE 信箱的信件。

考证标准

中国航信 BSP 自动出票证书。

学习笔记

任务1 系统公用信息查询

知识目标

1. 了解公用信息查询的方法。
2. 掌握进入系统动态公告牌的指令。
3. 掌握公用静态数据信息的查询指令。
4. 掌握国家、城市及机场信息查询的指令。

能力目标

1. 能够使用 YI 指令显示所有的静态信息目录。
2. 能够使用 YI 指令进行静态信息查询。
3. 能够正确使用 CNTD 指令查询国家、城市、机场的信息。

素质目标

1. 养成勤于思考、刻苦钻研、勇于探索的良好作风。
2. 培养分析问题、解决问题的能力。

案例引入

售票员在进入民航订座系统后，需要查看系统公告信息。

案例分析

前面学习进入民航订座系统时，看到系统中有一些公用信息的提示，那么对于这些公用信息，应该怎样查询呢?

民航订座系统为方便广大代理人使用，提供了公用信息查询子系统，随着民航订座系统的发展，该功能正在进一步完善。

系统公用信息包括：系统动态公告信息、公用静态数据信息、功能帮助系统、城市/机场信息查询/旅游信息查询系统、其他信息功能。

系统动态公告信息查询

情景1 系统动态公告信息查询

民航售票员进入民航订座系统时，会看到系统动态公告信息，如下所示。

学习笔记

```
▶SI
PEK211  SIGNED IN A
****************停 机 通 知****************
为进行主机系统维护,订座系统将于2022年
08月28日00:00:00 到 2022年08 月28日
01:00:00进行计划停机,请您提前做好准备工
作, 由此给您造成的不便,敬请谅解,如有不明,
请致电:中国航信在线支持中心010-84018401
****************************************************
*中国航信'历史记录自助提取平台'上线通知 YI:TRAVEL/TZ581
*******************************************************
*ABR 国际行李自动化规则上线              YI:NOTES/TZ315
*中航信推出历史记录自助提取平台的通知    YI:NOTES/TZ574
*******************************************************
V3.1.2.0添加功能: （1）添加CI BR KA CX HX等国际航班; （2）添加国际儿童和婴儿出票; （3）修复国际SK
▶
```

系统动态公告信息是中国航信根据航空公司或有关部门的要求，将公告内容输入系统。如果内容过多不便显示，则会把详细内容输入 YI 文件中，可用 YI 指令功能查询详细内容。对于这类动态公告信息的查看，直接输入公告后面的指示指令即可。

例如，重要通知“中国航信‘历史记录自助提取平台’上线通知”，我们要查看这条通知时，直接在系统中输入指令▶YI:TRAVEL/TZ581 即可查看。

有时，当我们进入系统后，因进行了其他操作而看不到公告信息时，可用 SIIF 指令进行查看，重新显示系统公告。

指令格式：

▶SIIF:

```
▶SIIF
****************停 机 通 知****************
为进行主机系统维护,订座系统将于2022年
08月28日00:00:00 到 2022年08 月28日
01:00:00进行计划停机,请您提前做好准备工
作, 由此给您造成的不便,敬请谅解,如有不明,
请致电:中国航信在线支持中心010-84018401
****************************************************
*中国航信'历史记录自助提取平台'上线通知 YI:TRAVEL/TZ581
*******************************************************
*ABR 国际行李自动化规则上线              YI:NOTES/TZ315
*中航信推出历史记录自助提取平台的通知    YI:NOTES/TZ574
*******************************************************
▶
```

情景 2　系统公用静态信息查询 YI

系统公用静态信息查询

YI 系统公用静态信息的查询是将大量的静态数据（如航空公司电话等）由维护人员存入 YI 静态数据文件，然后用户用 YI 指令功能调用查询的过程。CRS 将大量有关信息存储在不同标题的公用静态信息系统中，利用 YI 指令功能可以分类查询。

1. 显示所有的静态信息的目录

指令格式：

▶YI:

输出显示：

学习笔记

```
►YI
YI:GENERAL INFORMATION INDEX
    1.   MHOTEL                       2.   SHOTEL/CITY
    3.   HOTEL/!/9999                 4.   MAIRFARE
    5.   SAIRFARE/AIRLINE             6.   MAIRAGRE
    7.   SAIRAGRE/AIRLINE             8.   MITPHON
    9.   SITPHON/CITY                10.   MAIRPHON
   11.   SAIRPHON/AIRLINE            12.   MCAAC
   13.   SCAAC/AREA                  14.   MAPTPHON
   15.   SAPTPHON/AREA               16.   MCITY
   17.   SCITY/COUNTRY               18.   SITAFARE/INFO
   19.   MTKTINFO                    20.   CA/INFO
   21.   CZ/INFO                     22.   MU/INFO
►
```

【说明】

1）在上面显示内容中，每一项都是一个标题，如 MHOTEL。

2）标题中有“/”连接符，如 SITPHON/CITY，说明该标题有副标题。

2. 静态信息的查询

阅读标题内容有两种类型：不含副标题的公告内容和有副标题的公告内容。

（1）不含副标题的公告内容

这类标题是独立的，不含其他项目。例如，MHOTEL 就是不含副标题的公告，查看此项信息时，输入指令格式如下：

►YI:标题

例：查看 MHOTEL 信息时，输入指令►YI:MHOTEL 即可。

系统显示：

```
YI:MHOTEL
         ***  国内各城市主要酒店信息 ***
----------------------------------------------------------
1. 北京       YI:SHOTEL/PEK  2. 天津      YI:SHOTEL/TSN
3. 石家庄     YI:SHOTEL/SJW  4. 秦皇岛    YI:SHOTEL/SHP
5. 太原       YI:SHOTEL/TYN  6. 大同      YI:SHOTEL/DAT
7. 呼和浩特   YI:SHOTEL/HET  8. 包头      YI:SHOTEL/BAV
9. 海拉尔     YI:SHOTEL/HLD  10.沈阳      YI:SHOTEL/SHE
11.大连       YI:SHOTEL/DLC  12.丹东      YI:SHOTEL/DDG
13.长春       YI:SHOTEL/CGQ  14.延吉      YI:SHOTEL/YNJ
15.吉林       YI:SHOTEL/JIL  16.哈尔滨    YI:SHOTEL/HRB        +
►
```

对于显示的信息，若要进一步查询，可按照城市名称后面的提示输入即可。例如，查询北京的酒店信息，直接输入指令►YI:SHOTEL/PEK 即可。

系统显示：

```
YI:SHOTEL/PEK
          *** 北京市主要酒店信息 ***
101.  王府饭店                       YI:HOTEL/101
102.  北京香格里拉饭店               YI:HOTEL/102
103.  北京贵宾楼饭店                 YI:HOTEL/103
104.  长富宫饭店                     YI:HOTEL/104
105.  北京昆仑饭店                   YI:HOTEL/105
106.  北京长城饭店                   YI:HOTEL/106
107.  中国大饭店                     YI:HOTEL/107
108.  京广新世界饭店                 YI:HOTEL/108
109.  燕莎中心凯拿斯基饭店           YI:HOTEL/109
►
```

（2）有副标题的公告内容

在许多主标题下面有副标题，查询主标题中的副标题内容用如下格式

学习笔记

通过两步操作完成。

指令格式：

►YI: I/某标题

►YI:某标题/副标题

例：根据前面的查询，在 YI 显示内容中，第 2 项 SHOTEL/CITY，由于主标题 SHOTEL 后面有“/CITY”，说明 SHOTEL 是一个拥有副标题的主标题，要查看 SHOTEL 后面副标题内容，需通过以下两步操作来完成。

第一步输入：►YI: I/SHOTEL

系统显示：

```
YI I/SHOTEL
     1.   BAV                          2.   CGQ
     3.   DAT                          4.   DDG
     5.   DLC                          6.   HET
     7.   HLD                          8.   HRB
     9.   JIL                         10.   JMU
    11.   MDG                         12.   PEK
    13.   SHE                         14.   SHP
    15.   SJW                         16.   TSN
    17.   TYN                         18.   YNJ
►
```

显示结果中，从 1～18 都是副标题，若要进一步查看，则须进行第二步操作。

第二步输入：►YI:SHOTEL/PEK

系统显示：

```
YI SHOTEL/PEK
        *** 北京市主要酒店信息 ***
101. 王府饭店                      YI:HOTEL/101
102. 北京香格里拉饭店              YI:HOTEL/102
103. 北京贵宾楼饭店                YI:HOTEL/103
104. 长富宫饭店                    YI:HOTEL/104
105. 北京昆仑饭店                  YI:HOTEL/105
106. 北京长城饭店                  YI:HOTEL/106
107. 中国大饭店                    YI:HOTEL/107
108. 京广新世界饭店                YI:HOTEL/108
109. 燕莎中心凯拿斯基饭店          YI:HOTEL/109
►
```

通过以上两步操作，就可以看到副标题的详细信息了。

情景 3　国家/城市/机场信息查询

国家/城市/机场信息查询

民航售票员的工作，需要记忆大量的城市/机场三字代码，但有时难免会忘记一些机场三字代码或航空公司信息，这时可以直接在系统中通过指令来进行查询。

1. 根据国家二字代码查询国家全称

指令格式：

►CNTZ:C/国家二字代码

学习笔记

例：查询 LB 是哪个国家。

输入：►CNTZ:C/LB

系统显示：

```
►CNTZ C/LB
CNTD:C/LB▪
LB,LBN,LEBANON            黎巴嫩                    BEY,ASIA
►|
```

【显示说明】

二字代码为 LB 的国家全称为 LEBANON 黎巴嫩。

2. 根据国家全称查询国家二字代码

指令格式：

►CNTZ:N/国家名称

例：查询中国 CHINA 的二字代码。

输入：►CNTZ:N/CHINA

系统显示：

```
CNTZ:N/CHINA▪
HK,CN,CHINA EXCL.HONG KONG SAR AND MACAO SAR            BJS,ASIA
          中国
CN,CHN,CHINA                                            BJS,ASIA
          中国
►|
```

【显示说明】

可以看到，中国的二字代码为 CN。

3. 根据城市名称查询城市/机场三字代码

指令格式：

►CNTZ:T/城市名称

例：查询大连的三字代码

输入：►CNTZ:T/DALIAN

系统显示：

```
►CNTZ T/DALIAN
CNTD:T/DALIAN▪
DLC,DALIAN               大连                      -  /CN  0
►|
```

【显示说明】

可以看到，大连的三字代码是 DLC，CN 是中国的二字代码。

4. 根据城市名称前几个字母查询三字代码

指令格式：

►CNTZ:A/城市名称前几个字母

例：查询城市名称前几个字母为 BEI 的三字代码。

学习笔记

输入：▶CNTZ:A/BEI

系统显示：

```
▶CNTZ:A/BEI
CNTD:A/BEI▪
BJS        BEIJING   北京        -/CN/CHN  0
SIGN:
PEK,BEIJING CAPITAL APT          北京          N40:04.8E116:35.1
BHY,BEIHAI                       北海          N21:32.4E109:17.6
NAY,BEIJING NANYUAN APT          北京          N39:53.1E116:17.2
BEI,BEICA                        贝卡          N9:21.0E34:31.0
BEW,BEIRA                        贝拉          S19:47.8W34:54.5
BEY,BEIRUT                       贝鲁特        N33:49.2E35:29.3
BHN,BEIHAN                       拜汉          N14:47.0E45:44.0
BYD,BEIDAH                       贝达          N14:08.0E46:33.0
LAQ,BEIDA                        贝达          N32:47.3E21:57.9
▶|
```

【显示说明】

第 1 列：城市三字代码。

第 2 列：机场名称。

第 3 列：城市名称。

第 4 列：该城市的地理位置。

5. 根据三字代码查询城市

指令格式：

▶CD:三字代码

例：查询 TAO 是哪个城市的三字代码。

输入：▶CD:TAO

系统显示：

```
▶CD TAO
TAO,TAO/LA,QINGDAO,Qingdao,CN,+8,   ,N36:16.0,E120:22.4
类型一 A:多机场中的一个 L:该城市只有一个机场
M:该城市有多个机场
类型二 A:机场 B:公交车站 C:城市代码
H:直升机机场 L:轿车服务站 M:军用机场 O:无航班机场
R:火车站 S:水上飞机站 V:货车站
▶|
```

【显示说明】

TAO 是青岛的三字代码。

6. 根据航空公司名称查询二字代码

指令格式：

▶CNTZ:M/航空公司名称

例：查询 AIR CHINA 的二字代码。

输入：▶CNTZ:M/AIR CHINA

系统显示：

```
CNTZ:M/AIR CHINA▪

CA,CCA,AIR CHINA                         中国国际航空▶|
```

【显示说明】

AIR CHINA 的二字代码为 CA，中文名称为中国国际航空公司。

7. 根据航空公司二字代码查询名称

指令格式：

►CNTD:D/航空公司二字代码

例：查询 MU 是哪家航空公司。

输入：►CNTD:D/MU

系统显示：

```
►CNTD D/MU
CNTD:D/MU•
MU,CES,CHINA EASTERN AIRLINES          中国东方航空          95530
WWW.CEAIR.COM
►|
```

【显示说明】

二字代码为 MU 的航空公司名称为 CHINA EASTERN AIRLINES，即中国东方航空股份有限公司，服务热线为 95530，网站为 www.ceair.com。

情景 4　系统其他公用信息查询

在国际航班预订中，因为时差问题，需要对该城市的具体时间进行查询，可以在民航订座系统中使用指令进行查询。

1. 四则运算

指令：

►CO:四则运算表达式

输入：►CO:100/3

系统显示：

```
►CO 100/3
     = 33.3333
►|
```

【显示说明】

CO 指令后面的四则运算中，乘号用“*”表示，除号用“/”表示（计算结果精确到小数点后四位）。

2. 时差计算

（1）用于显示某城市时间的格林尼治标准时间（GMT）

指令格式：

►CO:T 城市代码/日期/时间

学习笔记

例：查询上海2023年1月2日上午9点的GMT。

输入：►CO T/SHA/02JAN/0900

系统显示：

```
►CO T/SHA/02JAN/0900
SHA: 02JAN23 0900
GMT: 02JAN23 0100
►|
```

【显示说明】

北京时间2023年1月2日上午9点是GMT2023年1月2日凌晨1点。

（2）用于计算两城市间的时差

指令格式：

►CO:T/城市对

例：查询PEK与NYC的时差。

输入：►CO T/PEKNYC

系统显示：

```
►CO T/PEKNYC
PEK: 02JAN23 1119    NYC: 01JAN23 2219
GMT: 02JAN23 0319    TIM DIF: 13
►|
```

【显示说明】

TIM DIF:13，表示两个城市之间有13个小时的时差。

3．英里/千米换算

（1）千米换算成英里

指令格式：

►CO:K/需换算千米数

例：将15千米换算成英里。

输入：►CO K/15

系统显示：

```
►CO K/15
    KM:15              MILE:10
►|
```

【显示说明】

15千米可换算成10英里。

CO指令换算的结果是直接进整为整数，而下面将学习到的CV指令在进行里程换算时，则是精确到小数点后两位。

（2）英里换算成千米

指令格式：

►CO:M/需换算英里数

学习笔记

例：将 15 英里换算成千米。

输入：▶CO M/15

系统显示：

```
▶CO M/15
    KM:25              MILE:15
▶
```

【显示说明】

15 英里可换算成 25 千米。

4. 日期显示

（1）显示某天前后若干天的日期及星期

指令格式：

▶DATE:日期/天数/天数...

例：显示 10 月 28 日前 15、9 天的日期及后 23、48、69 天的日期。

输入：▶DATE:02JAN/15/9/−23/−48/−69

系统显示：

```
▶DATE:02JAN/15/9/-23/-48/-69
-69 25OCT22 TUE
-48 15NOV22 TUE
-23 10DEC22 SAT
+0  02JAN23 MON
+9  11JAN23 WED
+15 17JAN23 TUE
▶
```

日期/时间查询与对比显示

【显示说明】

可看到具体要求的日期及星期。

（2）时间查询与对比显示

指令格式：

▶TIME:城市/日期/时间/城市/城市...

例：查询广州 2023 年 1 月 1 日零时，伦敦和旧金山的时间。

输入：▶TIME:CAN/01JAN23/0000/LON/SFO

系统显示：

```
▶TIME:CAN/01JAN23/0000/LON/SFO

           CAN        LON        SFO
TIME DIFF  0.0        -8.0       -15.0
▶
```

【显示说明】

时差：负号表示比广州晚，正号表示比广州早。

5. 长度、重量、温度各进制间的转换

指令格式：

▶CV:符号数字单位

学习笔记

“符号”：有正（+）、负（-）区分。

“单位”：有英里（MI）、千米（KM）、摄氏度（C）、华氏度（F）、英镑（LB）、千克（KG）。

例：将零下 20 摄氏度换算成华氏度。

输入：►CV -20C

系统显示：

```
►CV -20C
CELSIUS FAHRENHEIT
 -20    -4.0
►
```

【显示说明】

零下 20 摄氏度是零下 4 华氏度。

任务实施

一、任务设计

1．请学生分小组进行情景模拟：查看系统动态公告及系统公用静态信息、查看城市及航空公司的相关信息，进行城市时差的查看。

2．讨论：请学生针对演示结果进行讨论，分析正确的指令操作及显示结果的含义。

3．点评：请教师针对学生的演示过程和分析结果进行点评。

二、练习操作

1．查看系统动态公告。

2．查看系统公用静态信息目录。

3．查看不带副标题的系统公用静态信息。

4．查看带副标题的系统公用静态信息。

5．查询英国的二字代码。

6．查询二字代码为 CA 的国家全称。

7．查询银川的三字代码。

8．查询三字代码为 CKG 的城市信息。

9．查询深圳航空有限责任公司的二字代码。

10．查询二字代码为 JP 的航空公司信息。

11．进行多名旅客票价的计算。

12．查询当地当天当时的 GMT。

学习笔记

13．查询墨尔本与首尔的时差。

14．查询当天 15 天前及当天 28 天后的日期。

15．查询 18 英里换算成千米的结果。

任务评价

系统公用信息查询学习任务评价表和学习任务总结表如表 5-1-1 和表 5-1-2 所示。

表 5-1-1 学习任务评价表

<table>
<tr><td>班级</td><td></td><td>姓名</td><td></td><td rowspan="2">总分</td><td rowspan="2"></td></tr>
<tr><td>日期</td><td></td><td>学号</td><td></td></tr>
<tr><td>序号</td><td>评价内容</td><td colspan="2">评价要求</td><td>分值</td><td>得分</td></tr>
<tr><td rowspan="2">1</td><td rowspan="2">系统公用信息查询</td><td colspan="2">能否根据需要正确查询系统动态公告信息</td><td>10</td><td></td></tr>
<tr><td colspan="2">能否根据需要正确查询系统公用静态信息</td><td>10</td><td></td></tr>
<tr><td rowspan="3">2</td><td rowspan="3">国家/城市/机场信息查询</td><td colspan="2">能否正确查询国家的代码信息</td><td>10</td><td></td></tr>
<tr><td colspan="2">能否正确查询城市及机场代码的信息</td><td>10</td><td></td></tr>
<tr><td colspan="2">能否正确查询航空公司的相关信息</td><td>10</td><td></td></tr>
<tr><td rowspan="3">3</td><td rowspan="3">其他公用信息查询</td><td colspan="2">是否会进行四则运算</td><td>10</td><td></td></tr>
<tr><td colspan="2">是否会进行时差的查询</td><td>10</td><td></td></tr>
<tr><td colspan="2">是否会进行计量单位的相关换算</td><td>10</td><td></td></tr>
<tr><td rowspan="2">4</td><td rowspan="2">素质要求</td><td colspan="2">指令操作是否正确、快速</td><td>10</td><td></td></tr>
<tr><td colspan="2">学习参与度是否高</td><td>10</td><td></td></tr>
</table>

表 5-1-2 学习任务总结表

<table>
<tr><td rowspan="2">学习总结</td><td>学习的新知识</td></tr>
<tr><td>掌握的新技能</td></tr>
<tr><td>学习反思</td><td>对本任务的学习表现是否满意，请写出自我反思</td></tr>
</table>

学习笔记

任务2 销售情况统计与检查

知识目标

1. 掌握票号的管理操作。
2. 掌握日常销售的统计操作。

能力目标

完成当天销售情况的统计与检查。

素质目标

1. 培养团队合作精神。
2. 养成勤于思考、做事认真的良好工作作风。

案例引入

民航售票员要对当天的民航客票销售情况进行统计，分别统计客票销售数、销售金额、退票数、退票金额，以及在系统上怎么进行查询。

案例分析

售票员当天上班后要对票号进行相关管理，当天工作完成后进行相关统计。当售票员完成旅客订座记录的建立后，须为旅客出票，必须有可以使用的票号。另外，售票员须对当天的销售情况进行统计以便做出分析。

电子客票打票机票号使用，包括查询、上票和卸票等功能。在给电子客票打票机上票之前，必须查看票控部门分配给本单位（OFFICE）的票号情况，然后才可以执行上票和卸票等操作。

情景1 票号使用

1. 票证信息查询指令TOL

TOL指令是票证管理系统中的报表统计查询指令，用户可以用它查看本单位的票号库存和使用情况。

指令格式：

►TOL:[选项]/[AIRLINE CODE]

选项：

A——显示所有的票证信息。

学习笔记

D——显示票证的卸票历史信息。

不加选项时默认显示本单位中未使用、当前正在使用和已经使用的客票。

输入：▶TOL

系统显示：

```
******************************************************************************
*                      TICKET STORE/USE REPORT                              *
*        AGENT :8888                              AIRLINE:BSP
*        OFFICE:PEK099                            IATA NO:1330116           *
*        DATE  :07JAN23                           TIME   :14:20             *
------------------------------------------------------------------------------
      Form First     Last   Granted    Granted By  Granted   Ticket Allo
  office Code TKT no.  TKT  Qua By OFF   Agent/Pid    Date     T/TP/M Tp/ST
------------------------------------------------------------------------------
   System  Ticket Range        Qua      Start/End Date office    Agent/Pid   Dev Use
------------------------------------------------------------------------------
 PEK099   341-0000000-0244999 245000  PEK099    26881/14449  07JAN23  I/DC/E ST/UU
```

2. 打票机输入票号指令 TN

使用 TN 指令来给打票机上票。

指令格式：

▶TN:打票机序号 X/起始票号-结束票号后 5 位

输入：▶TN 13X/2027711301-11400

系统显示：

```
▶TN 13X/2027711301-11400
ACTIVE
▶|
```

【说明】

给第 8 台打票机输入票号，其中“X”是固定格式。

打票机输入票号以后，可以用 DI 指令查看打票机的上票结果。

系统显示：

```
▶DI 13
                 DEVICE INFORMATION DISPLAY -DEVICE 13
        DEVICE STATUS                DEVICE DEFINITION
       ---------------               -----------------
      CONTROL PID:12312               OFFICE:PEK211
    CONTROL AGRNT:763013                 PID:20619
           STATUS:UP               TTRIBUTE:TAT/ET
            INPUT:ACTIVE                MODE:DEMAND
           OUTPUT:ACTIVE                TYPE:4
             NACK:                  CURRENCY:CNY2
          TICKETS:0
    BOARDING PASS:0
          AMS PID:
▶|
```

【说明】

1）所输入票号必须是在前述可利用的票号号段范围之内（用 TOL 指令查询）。一次上票的票号范围最多不超过 2 000 张。

2）电子客票上票必须遵循如下原则：先分配的票号范围优先使用，在上一原则基础上序列号小的票号范围优先使用。

学习笔记

3）打票机上的客票用完后控制终端会收到“票证用完”的消息，即在票证用完之后会提示“DEVICE-×× OOS”，需要再次输入票号。其中，××代表打票机序号，OOS 是 OUT OF STOCK 的缩写。

4）如果分配的某票号段全部用完，系统会定期将用完的票号段放入历史记录中。用户再执行 TOL 指令时将不会看见该票号段。

5）该指令要求在建立控制的终端上完成。

6）上票前要求打票机的输出端（OUTPUT）必须是未使用的（INACTIVE），否则系统会提示“ACTIVE”。

3. 打票机卸票指令 TN

TN 指令不仅能给打票机上票，也可以给打票机卸票。

指令格式：

►TN:打票机序号 D

例：►TN:2D。

【说明】

1）该指令要求在建立控制的终端上完成。

2）卸票前要求打票机的 OUTPUT 必须是 INACTIVE，否则系统会提示“ACTIVE”。

情景 2 销 售 统 计

1. 当日销售报告 TSL

销售结算

民航售票员在结束一天的工作后或在工作中，须对出票量进行统计，包括对售票员出票量的统计、对本部门所有打票机出票量的统计和对一段时间内某一台打票机出票量的统计。

TSL 是专门为 BSP 中性客票代理人提供的指令，它可以帮助售票员及时、动态地了解当日客票的销售情况，同时可以灵活、准确地得到各种统计数据，为实现对 BSP 中性客票日常使用的有效管理及制作相关的销售日报带来极大方便。同时，TSL 还可以帮助财务人员检查客票的使用情况及作废、退票的情况。

建议售票员每天工作结束后，将 TSL 的内容打印并保存下来，以备日后核对和检查使用。

指令格式：

►TSL:[选项]/打票机序号/[数据类型]

选项：

无——查询打票机打出的最近 10 张客票情况。

学习笔记

A——显示每个售票员的出票量。

C——完整数据显示，当选择它时，系统不仅显示每一张客票的有关数据，而且显示根据全部客票得出的统计数据；统计数据包括总票款、应付航空公司票款应得代理费和税款。如果不选择 C 项，则系统默认为不显示统计数据。

F——按照航空公司显示出票量。

V——作废数据显示。当使用 V 选项时，系统仅显示当日作废的客票数据，其他正常客票的数据不显示出来。如果不选择 V 项，则系统默认为显示全部数据（包括作废客票）。

R——退票数据显示。当使用 R 选项时，系统仅显示当日退票的客票数据，其他正常客票的数据不显示出来。如果不选择 R 项，则系统默认为显示全部数据（包括退票）。

T——仅显示统计小结数据，不显示具体客票信息。

L——显示全部客票信息。

数据类型：可以由用户选择指定的数据。目前，可以由用户指定的数据类型有 3 种：航空公司代码、售票员工作号、起始票号（票号后 7 位）。

当用户指定数据类型后，系统仅显示与此类型有关的数据及相应的统计结果。

如果不指定数据类型，则系统默认为显示全部数据。

输入：►TSL:C/8

显示第 8 台打票机上全部数据（包括统计数据）。

```
*******************************************************************************
*         CAAC MIS OPTAT DAILY-SALSS-REPORT                                    *
*  OFFICE  :PEK099      IATA NUMBER:13301116      DEVICE :8/81865              *
*  DATE    :07JAN                                 AIRLINE:  ALL                *
--------------------------------------------------------------------------------
  TKT-NUMBER       ORIG-DEST    COLLECTION     TAXS      COMM%     PNR       AGENT
--------------------------------------------------------------------------------
 880-5440200002   BJS CAN        1200.00       50.00       3.00    M4802L     8888
 880-5440200001   XIY BJS        10.00                     3.00    S5405M     8888
 999-1234567891   PEK PVG        1130.00       50.00       3.00    QPWOT9     8888
*==============================================================================*
    TOTAL TICKETS:        3  (   0  TICKETS VOID/   0   TICKETS REFUND  )
-------------------NORMAL      TICKETS-----------------------------------------
     NORMAL  FARE--AMOUNT:          2340.00                   CNY
         CARRIERS--AMOUNT:          2269.80                   CNY
           COMMIT--AMOUNT:            70.20                   CNY
     NORMAL   TAX--AMOUNT:           100.00                   CNY
-------------------REFUND      TICKETS-----------------------------------------
     NET REFUND  --AMOUNT:             0.00                   CNY
      DEDUCTION  --AMOUNT:             0.00                   CNY
      REFUND TAX --AMOUNT:             0.00                   CNY
```

各数据项含义如下：

OFFICE	代理人的 OFFICE 号
IATA NUMBER	在 IATA 中的编号

学习笔记

DEVICE	打票机序号/打票机 PID 号
DATE	查看的日期
AIRLINE	航空公司代码
TKT-NUMBER	票号
ORIG-DEST	始发城市和到达城市，如果是作废客票则显示 VOID
COLLECTION	实收旅客票款
TAXS	税款
COMM%	代理费率
PNR	订座记录编号
AGENT	售票员工作号
FARE—AMOUNT	实收票款总和
CARRIERS—AMOUNT	应付承运人票款总额
COMMIT—AMOUNT	代理费总额
TAX—AMOUNT	税款总额
NET REFUND	实际退票金额
DEDUCTION	退票费
REFUND TAX	退票的税款

【说明】

1）使用 TSL 指令查看结算数据时，如果当天某台打票机出票过多，可能会出现数据显示不全的现象，会在屏幕的右下角显示“&”，此时我们可以通过指定票号后 7 位的方式来查看剩下显示不全的票号数据。

2）TSL 指令对广大 BSP 代理人来说是非常有用的统计指令，它可以帮助代理人对一天的出票量有一个准确的量化概念。

3）每天工作结束后可以用此指令统计一下出票量，这对于制作销售日报和加强票证的管理都有很大帮助。

2. 过期销售报告的查询 TPR

除了 TSL 之外，系统还向用户提供了用于统计当前报告期内打票情况的指令 TPR。TPR 可以统计本单位在一个报告期内，某台指定的打票机的出票数据。

指令格式：

►TPR:[选项]/打票机序号/日期/[数据类型]

选项：

A——显示每个售票员的出票量。

C——完整数据显示，当选择它时，系统不仅显示每一张客票的有关数据，而且显示根据全部客票得出的统计数据。

F——按照航空公司显示出票量。

V——作废数据显示。当使用 V 选项时，系统仅显示作废的客票数据，其他正常客票的数据不显示出来。

R——退票数据显示。当使用 R 选项时，系统仅显示退票的客票数据，其他正常客票的数据不显示出来。

T——仅显示统计小结数据，不显示具体客票信息。

数据类型：可以由用户选择指定的数据。目前，可以由用户指定的数据类型有 3 种：航空公司代码、售票员工作号、起始票号（票号后 7 位）。

当用户指定数据类型后，系统仅显示与此类型有关的数据及相应的统计结果。如果不指定数据类型，则系统默认为显示全部数据。

任务实施

一、任务设计

1．请学生分小组进行情景模拟：售票员在售票过程中应及时对本部门的销售情况进行统计查看。

2．讨论：请学生针对演示结果进行讨论，分析正确的指令操作及显示结果的含义。

3．点评：请教师针对学生的演示过程和分析结果进行点评。

二、练习操作

1．售票员查看本部门的票号库存情况。

2．售票员为本部门不足的票池上票号。

3．售票员统计本部门当天的销售情况。

任务评价

销售情况统计与检查学习任务评价表和学习任务总结表如表 5-2-1 和表 5-2-2 所示。

表 5-2-1　学习任务评价表

<table>
<tr><td>班级</td><td></td><td>姓名</td><td></td><td rowspan="2">总分</td><td rowspan="2"></td></tr>
<tr><td>日期</td><td></td><td>学号</td><td></td></tr>
<tr><td>序号</td><td>评价内容</td><td colspan="2">评价要求</td><td>分值</td><td>得分</td></tr>
<tr><td rowspan="4">1</td><td rowspan="4">票号管理</td><td colspan="2">能否正确进行票证的信息查询</td><td>15</td><td></td></tr>
<tr><td colspan="2">能否正确识别各项票证信息</td><td>15</td><td></td></tr>
<tr><td colspan="2">能否进行打票机的上票操作</td><td>15</td><td></td></tr>
<tr><td colspan="2">能否进行打票机的卸票操作</td><td>15</td><td></td></tr>
<tr><td rowspan="2">2</td><td rowspan="2">销售统计</td><td colspan="2">能否正确进行当日销售统计</td><td>10</td><td></td></tr>
<tr><td colspan="2">能否正确查询过往销售统计</td><td>10</td><td></td></tr>
</table>

学习笔记

续表

序号	评价内容	评价要求	分值	得分
3	素质要求	指令操作是否正确、快速	10	
		学习参与度是否高	10	

表 5-2-2　学习任务总结表

学习总结	学习的新知识
	掌握的新技能
学习反思	对本任务的学习表现是否满意，请写出自我反思

任务 3　QUEUE 信箱的处理

知识目标

1. 掌握 QUEUE 信箱的信息提取。
2. 掌握 QUEUE 信箱信息的处理操作。

能力目标

根据工作需要完成 QUEUE 信箱信息的提取及处理。

素质目标

1. 养成认真负责、细致严谨的工作态度和工作作风。
2. 培养发现问题、分析问题、解决问题的能力。

案例引入

代理人帮助旅客李伟预订机票，行程里要携带一名婴儿，代理人如何向承运人进行申请？承运人的确认回复如何发送？

学习笔记

案例分析

代理人在航班超售时，需要帮助旅客进行候补座位申请，须经过承运人的同意；一些旅客的特殊服务申请（如携带婴儿等）也须经过承运人的同意。这些申请及承运人同意回复的信息，一般都直接发送到民航订座系统的专用信箱里。这个专用信箱就是 QUEUE 信箱，对于旅客的各类特殊服务申请，必须得到承运人的确认同意方可有效，航班延误等其他航班信息变更，承运人都以 QUEUE 信息的形式通知代理人。

情景 1　信箱显示 QT

1. OFFICE QUEUE 的概念

与本单位有关的一些需要提醒的 PNR，被系统发送到不同的信箱，我们称为 OFFICE QUEUE。

旅客订座记录建立——QUEUE 信箱处理

2. OFFICE QUEUE 的种类

查看本单位信箱的报文情况。

输入：►QT:

【说明】

显示本单位信箱（OFFICE QUEUE）情况。

```
               QT PEK211
GQ 0200 8888   RP 0000 0200   KK 0000 0200   RE 0000 0200
SR 0200 1000   TC 0000 0500   TL 0000 1000   SC 0000 1000

►
```

信箱种类：

KK——有航段座位状态修改回复（KKKLHX...）的 PNR。

SR——特殊服务电报（SSR）的 PNR。

TC——有机票更改（更改票号）的 PNR。

TL——到出票时限需要出票的 PNR。

SC——航班变更通知（UN TK...）的 PNR。

RE——旅客重复订座的 PNR。

GQ——综合信箱，用于无法识别其种类或本部门没有建立某种信箱时，放入 GQ 队列。

RP——自由格式的 QUEUE，主要用于代理人之间的相互联系。

3. 查看指定信箱的报文情况

指令格式：

►QS:信箱种类

学习笔记

【说明】

查看指定信箱种类的数量和涉及的售票员。

输入：►QS:SC

```
►QS SC
Q EMPTY
►
```

系统显示：Q EMPTY 指 SC QUEUE 信箱现在是空的，没有信件。

4. 查看指定工作号的报文情况

指令格式：

►QT:工作号

输入：►QT:763013

【格式说明】

查看工作号 763013 需要处理的信箱。

系统显示：

```
                QT PEK211 AGENT 763013
QNAME        AGENT    TOTAL
             763013   0004
  GQ         763013   0002
  SR         763013   0002

►
```

【显示说明】

第 1 行：所查 OFFICE 为 PEK211 的售票员 763013 需要处理的 QUEUE。

第 2 行：各列说明，信箱的种类名称，涉及售票员的工作号，需要处理的信箱总数。

第 3 行：工作号 763013 有 2 个 QUEUE 需要处理。

第 4～5 行：GQ 与 SR 两个信箱，有需要工作号 763013 处理的 QUEUE。

情景 2　信箱进入处理

1. 按 OFFICE 处理所有报文

指令格式：

►QS:信箱

【格式说明】

处理本单位的指定信箱。

输入：►QS:KK

系统显示：NO PNR

【显示说明】

太长时间没有处理 OFFICE QUEUE，涉及的 PNR 已经过期，目前已

学习笔记

经没有该编码对应的 PNR。

当记录中最后航段起飞 3 天后，记录编码过期，原编码将被重新分配，因此除显示“NO PNR”外，还可能显示与处理人没有关系的记录，所以 OFFICE QUEUE 处理要及时。当指定的信箱为空时，系统提示“Q EMPTY”。

2. 处理指定工作号的所有报文

指令格式：

►QS:工作号

【格式说明】

处理指定工作号涉及的 QUEUE。

输入：►QS:763013

系统显示：

```
►QS 763013
PEK211 GQ E-MAIL ( 0200 ) ( 0200 )

 1./T /T010-80885338/BEIJING ORIENT BLUE SKY INTERNATIONAL AVIATION SERVICE CO.,
    LTD//GEXING ABCDEFG
 2.
►
```

【显示说明】

PEK211 GQ E-MAIL：处理的 OFFICE 为 PEK211 的 GQ 信箱。

(0200)：除当前的内容外，工作号 763013 还需要处理 200 个 QUEUE。

(0200)：本次处理还有 200 个内容未查看。

3. 处理指定工作号的指定信箱

指令格式：

►QS:种类/工作号

【格式说明】

处理指定信箱中涉及指定工作号的 QUEUE。

输入：►QS:SR/763013

系统显示：

```
►QS SR/763013
PEK211 SR E-MAIL ( 0200 ) ( 0200 )

 1./T /T010-80885338/BEIJING ORIENT BLUE SKY INTERNATIONAL AVIATION SERVICE CO.,
    LTD//GEXING ABCDEFG
 2.
►
```

【显示说明】

PEK211 SR E-MAIL：处理的 OFFICE 为 PEK211 的 SR 信箱。

(0200)：除当前的内容外，工作号 763013 还需要处理 200 个 QUEUE。

学习笔记

(0200)：本次处理还有 200 个内容未查看。

4. 查看下一个 QD

输入：►QD:

系统显示：

```
►QD

1./T /T010-80885338/BEIJING ORIENT BLUE SKY INTERNATIONAL AVIATION SERVICE CO.,
   LTD//GEXING ABCDEFG
2.
►
```

【显示说明】

查看当前处理工作涉及的下一个 QUEUE 内容；当前提取的 QUEUE 内容被放回队列中，总数不会减少，本次未查看的数量会减少 1 个。

5. 释放当前报文并查看下一个 QN

输入：►QN:

【说明】

将当前提取的 QUEUE 内容从队列中释放，并查看下一个 QUEUE 内容。

当前处理的总数与本次查看的数量都会减少 1 个，全部处理完时系统提示“Q EMPTY”。

只是将涉及的信箱内容释放掉，不会造成 PNR 删除。但释放掉的内容，不会再次通知代理处，因此 QN 处理时须谨慎，应确认无误后再操作。

6. 重新显示当前报文 QR

输入：►QR:

【说明】

重新显示当前处理的 QUEUE；中途进行其他操作后或清理屏幕显示后，可以通过 QR 指令将正在处理的 QUEUE 内容再次显示出来。

7. 转移报文 QC

指令格式：

►QC:信箱/单位/E

【格式说明】

将当前处理的 QUEUE 转移到 OFFICE 的指定信箱中。

信箱：指定种类。

单位：OFFICE 号。

学习笔记

E：结束标志。

8. 结束信箱处理 QDE/QNE

输入：►QD:E

【说明】

当前提取的 QUEUE 内容放回队列中，并结束处理。已经结束处理，再次输入时，系统提示“NO DISPLAY”。

输入：►QN:E

【说明】

当前提取的 QUEUE 内容释放掉，并结束处理。已经结束处理，再次输入时，系统提示“NO DISPLAY”。

9. 发送信息到指定单位 QE

指令格式：

►QE:信箱/单位

【格式说明】

信箱：指定接收信息的 QUEUE 种类。

单位：指定接收信息的 OFFICE，省略为本单位。

文本内容：自由文本。

任务实施

一、任务设计

1．请学生进行情景模拟：售票员查看本部门的信息并进行信息的处理。

2．讨论：请学生针对演示结果进行讨论，分析正确的指令操作及显示结果的含义。

3．点评：请教师针对学生的演示过程和分析结果进行点评。

二、练习操作

1．查看本部门共有几类信箱。

2．提取本部门信箱的信息并进行处理。

任务评价

QUEUE 信箱的处理学习任务评价表和学习任务总结表如表 5-3-1 和表 5-3-2 所示。

学习笔记

表 5-3-1　学习任务评价表

<table>
<tr><td>班级</td><td></td><td>姓名</td><td></td><td rowspan="2">总分</td><td rowspan="2"></td></tr>
<tr><td>日期</td><td></td><td>学号</td><td></td></tr>
<tr><td>序号</td><td>评价内容</td><td colspan="2">评价要求</td><td>分值</td><td>得分</td></tr>
<tr><td rowspan="3">1</td><td rowspan="3">信箱显示</td><td colspan="2">能否认知信箱的含义</td><td>10</td><td></td></tr>
<tr><td colspan="2">能否正确识别各类信箱</td><td>10</td><td></td></tr>
<tr><td colspan="2">能否进行信箱的报文查看</td><td>10</td><td></td></tr>
<tr><td rowspan="6">2</td><td rowspan="6">信箱处理</td><td colspan="2">能否按 OFFICE 处理所有报文</td><td>10</td><td></td></tr>
<tr><td colspan="2">能否查看下一个报文信息</td><td>5</td><td></td></tr>
<tr><td colspan="2">能否重新显示当前报文</td><td>5</td><td></td></tr>
<tr><td colspan="2">能否转移报文内容</td><td>10</td><td></td></tr>
<tr><td colspan="2">能否结束信箱的处理</td><td>10</td><td></td></tr>
<tr><td colspan="2">能否发送报文到指定单位</td><td>10</td><td></td></tr>
<tr><td rowspan="2">3</td><td rowspan="2">素质要求</td><td colspan="2">指令操作是否正确、快速</td><td>10</td><td></td></tr>
<tr><td colspan="2">学习参与度是否高</td><td>10</td><td></td></tr>
</table>

表 5-3-2　学习任务总结表

<table>
<tr><td rowspan="2">学习
总结</td><td>学习的新知识</td></tr>
<tr><td>掌握的新技能</td></tr>
<tr><td>学习
反思</td><td>对本任务的学习表现是否满意，请写出自我反思</td></tr>
</table>

参考文献

国家税务总局 中国民用航空局关于印发《航空运输电子客票行程单管理办法（暂行）》的通知[EB/OL].（2008-07-09）[2023-02-10]. http://www.caac.gov.cn/XXGK/XXGK/TZTG/201510/t20151022_2507.html.

中国民用航空局 国家发展和改革委员会关于进一步完善民航国内航空运输价格政策有关问题的通知[EB/OL].（2014-12-19）[2023-02-10]. http://www.caac.gov.cn/XXGK/XXGK/ZFGW/201601/t20160122_27668.html.

中国航信国内订座业务操作手册.

附　　录

附录 1　公共航空运输旅客服务管理规定

第一章　总　　则

第一条　为了加强公共航空运输旅客服务管理，保护旅客合法权益，维护航空运输秩序，根据《中华人民共和国民用航空法》《中华人民共和国消费者权益保护法》《中华人民共和国电子商务法》等法律、行政法规，制定本规定。

第二条　依照中华人民共和国法律成立的承运人、机场管理机构、地面服务代理人、航空销售代理人、航空销售网络平台经营者、航空信息企业从事公共航空运输旅客服务活动的，适用本规定。

外国承运人、港澳台地区承运人从事前款规定的活动，其航班始发地点或者经停地点在中华人民共和国境内（不含港澳台，下同）的，适用本规定。

第三条　中国民用航空局（以下简称民航局）负责对公共航空运输旅客服务实施统一监督管理。

中国民用航空地区管理局（以下简称民航地区管理局）负责对本辖区内的公共航空运输旅客服务实施监督管理。

第四条　依照中华人民共和国法律成立的承运人、机场管理机构应当建立公共航空运输旅客服务质量管理体系，并确保管理体系持续有效运行。

第五条　鼓励、支持承运人、机场管理机构制定高于本规定标准的服务承诺。

承运人、机场管理机构应当公布关于购票、乘机、安检等涉及旅客权益的重要信息，并接受社会监督。

第二章　一 般 规 定

第六条　承运人应当根据本规定制定并公布运输总条件，细化相关旅客服务内容。

承运人的运输总条件不得与国家法律法规以及涉及民航管理的规章相关要求相抵触。

第七条　承运人修改运输总条件的，应当标明生效日期。

修改后的运输总条件不得将限制旅客权利或者增加旅客义务的修改内容适用于修改前已购票的旅客，但是国家另有规定的除外。

第八条　运输总条件至少应当包括下列内容：

学习笔记

（一）客票销售和退票、变更实施细则；

（二）旅客乘机相关规定，包括婴儿、孕妇、无成人陪伴儿童、重病患者等特殊旅客的承运标准；

（三）行李运输具体要求；

（四）超售处置规定；

（五）受理投诉的电子邮件地址和电话。

前款所列事项变化较频繁的，可以单独制定相关规定，但应当视为运输总条件的一部分，并与运输总条件在同一位置以显著方式予以公布。

第九条　承运人应当与航空销售代理人签订销售代理协议，明确公共航空运输旅客服务标准，并采取有效措施督促其航空销售代理人符合本规定相关要求。

承运人应当将客票销售、客票变更与退票、行李运输等相关服务规定准确提供给航空销售代理人；航空销售代理人不得擅自更改承运人的相关服务规定。

第十条　航空销售网络平台经营者应当对平台内航空销售代理人进行核验，不得允许未签订协议的航空销售代理人在平台上从事客票销售活动。

航空销售网络平台经营者应当处理旅客与平台内航空销售代理人的投诉纠纷，并采取有效措施督促平台内的航空销售代理人符合本规定相关要求。

第十一条　承运人应当与地面服务代理人签订地面服务代理协议，明确公共航空运输旅客服务标准，并采取有效措施督促其地面服务代理人符合本规定相关要求。

第十二条　机场管理机构应当建立地面服务代理人和航站楼商户管理制度，并采取有效措施督促其符合本规定相关要求。

第十三条　航空信息企业应当完善旅客定座、乘机登记等相关信息系统功能，确保承运人、机场管理机构、地面服务代理人、航空销售代理人、航空销售网络平台经营者等能够有效实施本规定要求的服务内容。

第十四条　承运人、机场管理机构、地面服务代理人、航空销售代理人、航空销售网络平台经营者、航空信息企业应当遵守国家关于个人信息保护的规定，不得泄露、出售、非法使用或者向他人提供旅客个人信息。

第三章　客票销售

第十五条　承运人或者其航空销售代理人通过网络途径销售客票的，应当以显著方式告知购票人所选航班的主要服务信息，至少应当包括：

（一）承运人名称，包括缔约承运人和实际承运人；

（二）航班始发地、经停地、目的地的机场及其航站楼；

学习笔记

（三）航班号、航班日期、舱位等级、计划出港和到港时间；

（四）同时预订两个及以上航班时，应当明确是否为联程航班；

（五）该航班适用的票价以及客票使用条件，包括客票变更规则和退票规则等；

（六）该航班是否提供餐食；

（七）按照国家规定收取的税、费；

（八）该航班适用的行李运输规定，包括行李尺寸、重量、免费行李额等。

承运人或者其航空销售代理人通过售票处或者电话等其他方式销售客票的，应当告知购票人前款信息或者获取前款信息的途径。

第十六条　承运人或者其航空销售代理人通过网络途径销售客票的，应当将运输总条件的全部内容纳入到旅客购票时的必读内容，以必选项的形式确保购票人在购票环节阅知。

承运人或者其航空销售代理人通过售票处或者电话等其他方式销售客票的，应当提示购票人阅读运输总条件并告知阅读运输总条件的途径。

第十七条　承运人或者其航空销售代理人在销售国际客票时，应当提示旅客自行查阅航班始发地、经停地或者目的地国的出入境相关规定。

第十八条　购票人应当向承运人或者其航空销售代理人提供国家规定的必要个人信息以及旅客真实有效的联系方式。

第十九条　承运人或者其航空销售代理人在销售客票时，应当将购票人提供的旅客联系方式等必要个人信息准确录入旅客定座系统。

第二十条　承运人或者其航空销售代理人出票后，应当以电子或者纸质等书面方式告知旅客涉及行程的重要内容，至少应当包括：

（一）本规定第十五条第一款所列信息；

（二）旅客姓名；

（三）票号或者合同号以及客票有效期；

（四）出行提示信息，包括航班始发地停止办理乘机登记手续的时间要求、禁止或者限制携带的物品等；

（五）免费获取所适用运输总条件的方式。

第二十一条　承运人、航空销售代理人、航空销售网络平台经营者、航空信息企业应当保存客票销售相关信息，并确保信息的完整性、保密性、可用性。

前款规定的信息保存时间自交易完成之日起不少于 3 年。法律、行政法规另有规定的，依照其规定。

学习笔记

第四章　客票变更与退票

第二十二条　客票变更，包括旅客自愿变更客票和旅客非自愿变更客票。

退票，包括旅客自愿退票和旅客非自愿退票。

第二十三条　旅客自愿变更客票或者自愿退票的，承运人或者其航空销售代理人应当按照所适用的运输总条件、客票使用条件办理。

第二十四条　由于承运人原因导致旅客非自愿变更客票的，承运人或者其航空销售代理人应当在有可利用座位或者被签转承运人同意的情况下，为旅客办理改期或者签转，不得向旅客收取客票变更费。

由于非承运人原因导致旅客非自愿变更客票的，承运人或者其航空销售代理人应当按照所适用的运输总条件、客票使用条件办理。

第二十五条　旅客非自愿退票的，承运人或者其航空销售代理人不得收取退票费。

第二十六条　承运人或者其航空销售代理人应当在收到旅客有效退款申请之日起 7 个工作日内办理完成退款手续，上述时间不含金融机构处理时间。

第二十七条　在联程航班中，因其中一个或者几个航段变更，导致旅客无法按照约定时间完成整个行程的，缔约承运人或者其航空销售代理人应当协助旅客到达最终目的地或者中途分程地。

在联程航班中，旅客非自愿变更客票的，按照本规定第二十四条办理；旅客非自愿退票的，按照本规定第二十五条办理。

第五章　乘　　机

第二十八条　机场管理机构应当在办理乘机登记手续、行李托运、安检、海关、边检、登机口、中转通道等旅客乘机流程的关键区域设置标志标识指引，确保标志标识清晰、准确。

第二十九条　旅客在承运人或者其地面服务代理人停止办理乘机登记手续前，凭与购票时一致的有效身份证件办理客票查验、托运行李、获取纸质或者电子登机凭证。

第三十条　旅客在办理乘机登记手续时，承运人或者其地面服务代理人应当将旅客姓名、航班号、乘机日期、登机时间、登机口、航程等已确定信息准确、清晰地显示在纸质或者电子登机凭证上。

登机口、登机时间等发生变更的，承运人、地面服务代理人、机场管理机构应当及时告知旅客。

第三十一条　有下列情况之一的，承运人应当拒绝运输：

（一）依据国家有关规定禁止运输的旅客或者物品；

学习笔记

（二）拒绝接受安全检查的旅客；

（三）未经安全检查的行李；

（四）办理乘机登记手续时出具的身份证件与购票时身份证件不一致的旅客；

（五）国家规定的其他情况。

除前款规定外，旅客的行为有可能危及飞行安全或者公共秩序的，承运人有权拒绝运输。

第三十二条　旅客因本规定第三十一条被拒绝运输而要求出具书面说明的，除国家另有规定外，承运人应当及时出具；旅客要求变更客票或者退票的，承运人可以按照所适用的运输总条件、客票使用条件办理。

第三十三条　承运人、机场管理机构应当针对旅客突发疾病、意外伤害等对旅客健康情况产生重大影响的情形，制定应急处置预案。

第三十四条　因承运人原因导致旅客误机、错乘、漏乘的，承运人或者其航空销售代理人应当按照本规定第二十四条第一款、第二十五条办理客票变更或者退票。

因非承运人原因导致前款规定情形的，承运人或者其航空销售代理人可以按照本规定第二十三条办理客票变更或者退票。

第六章　行 李 运 输

第三十五条　承运人、地面服务代理人、机场管理机构应当建立托运行李监控制度，防止行李在运送过程中延误、破损、丢失等情况发生。

承运人、机场管理机构应当积极探索行李跟踪等新技术应用，建立旅客托运行李全流程跟踪机制。

第三十六条　旅客的托运行李、非托运行李不得违反国家禁止运输或者限制运输的相关规定。

在收运行李时或者运输过程中，发现行李中装有不得作为行李运输的任何物品，承运人应当拒绝收运或者终止运输，并通知旅客。

第三十七条　承运人应当在运输总条件中明确行李运输相关规定，至少包括下列内容：

（一）托运行李和非托运行李的尺寸、重量以及数量要求；

（二）免费行李额；

（三）超限行李费计算方式；

（四）是否提供行李声明价值服务，或者为旅客办理行李声明价值的相关要求；

（五）是否承运小动物，或者运输小动物的种类及相关要求；

（六）特殊行李的相关规定；

（七）行李损坏、丢失、延误的赔偿标准或者所适用的国家有关规定、

学习笔记

国际公约。

第三十八条　承运人或者其地面服务代理人应当在收运行李后向旅客出具纸质或者电子行李凭证。

第三十九条　承运人应当将旅客的托运行李与旅客同机运送。

除国家另有规定外，不能同机运送的，承运人应当优先安排该行李在后续的航班上运送，并及时通知旅客。

第四十条　旅客的托运行李延误到达的，承运人应当及时通知旅客领取。

除国家另有规定外，由于非旅客原因导致托运行李延误到达，旅客要求直接送达的，承运人应当免费将托运行李直接送达旅客或者与旅客协商解决方案。

第四十一条　在行李运输过程中，托运行李发生延误、丢失或者损坏，旅客要求出具行李运输事故凭证的，承运人或者其地面服务代理人应当及时提供。

第七章　航 班 超 售

第四十二条　承运人超售客票的，应当在超售前充分考虑航线、航班班次、时间、机型以及衔接航班等情况，最大程度避免旅客因超售被拒绝登机。

第四十三条　承运人应当在运输总条件中明确超售处置相关规定，至少包括下列内容：

（一）超售信息告知规定；

（二）征集自愿者程序；

（三）优先登机规则；

（四）被拒绝登机旅客赔偿标准、方式和相关服务标准。

第四十四条　因承运人超售导致实际乘机旅客人数超过座位数时，承运人或者其地面服务代理人应当根据征集自愿者程序，寻找自愿放弃行程的旅客。

未经征集自愿者程序，不得使用优先登机规则确定被拒绝登机的旅客。

第四十五条　在征集自愿者时，承运人或者其地面服务代理人应当与旅客协商自愿放弃行程的条件。

第四十六条　承运人的优先登机规则应当符合公序良俗原则，考虑的因素至少应当包括老幼病残孕等特殊旅客的需求、后续航班衔接等。

承运人或者其地面服务代理人应当在经征集自愿者程序未能寻找到足够的自愿者后，方可根据优先登机规则确定被拒绝登机的旅客。

第四十七条　承运人或者其地面服务代理人应当按照超售处置规定向被拒绝登机旅客给予赔偿，并提供相关服务。

第四十八条　旅客因超售自愿放弃行程或者被拒绝登机时，承运人或者其地面服务代理人应当根据旅客的要求，出具因超售而放弃行程或者被拒绝登机的证明。

第四十九条　因超售导致旅客自愿放弃行程或者被拒绝登机的，承运人应当按照本规定第二十四条第一款、第二十五条办理客票变更或者退票。

第八章　旅客投诉

第五十条　因公共航空运输旅客服务发生争议的，旅客可以向承运人、机场管理机构、地面服务代理人、航空销售代理人、航空销售网络平台经营者投诉，也可以向民航行政机关投诉。

第五十一条　承运人、机场管理机构、地面服务代理人、航空销售代理人、航空销售网络平台经营者应当设置电子邮件地址、中华人民共和国境内的投诉受理电话等投诉渠道，并向社会公布。

承运人、机场管理机构、地面服务代理人、航空销售代理人、航空销售网络平台经营者应当设立专门机构或者指定专人负责受理投诉工作。

港澳台地区承运人和外国承运人应当具备以中文受理和处理投诉的能力。

第五十二条　承运人、机场管理机构、地面服务代理人、航空销售代理人、航空销售网络平台经营者收到旅客投诉后，应当及时受理；不予受理的，应当说明理由。

承运人、机场管理机构、地面服务代理人、航空销售代理人、航空销售网络平台经营者应当在收到旅客投诉之日起 10 个工作日内做出包含解决方案的处理结果。

承运人、机场管理机构、地面服务代理人、航空销售代理人、航空销售网络平台经营者应当书面记录旅客的投诉情况及处理结果，投诉记录至少保存 3 年。

第五十三条　民航局消费者事务中心受民航局委托统一受理旅客向民航行政机关的投诉。

民航局消费者事务中心应当建立、畅通民航服务质量监督平台和民航服务质量监督电话等投诉渠道，实现全国投诉信息一体化。

旅客向民航行政机关投诉的，民航局消费者事务中心、承运人、机场管理机构、地面服务代理人、航空销售代理人、航空销售网络平台经营者应当在民航服务质量监督平台上进行投诉处理工作。

第九章　信息报告

第五十四条　承运人应当将运输总条件通过民航服务质量监督平台

学习笔记

进行备案。

运输总条件发生变更的，应当自变更之日起5个工作日内在民航服务质量监督平台上更新备案。

备案的运输总条件应当与对外公布的运输总条件保持一致。

第五十五条　承运人应当将其地面服务代理人、航空销售代理人的相关信息通过民航服务质量监督平台进行备案。

前款所述信息发生变更的，应当自变更之日起5个工作日内在民航服务质量监督平台上更新备案。

第五十六条　承运人、机场管理机构、地面服务代理人、航空销售代理人、航空销售网络平台经营者应当将投诉受理电话、电子邮件地址、投诉受理机构等信息通过民航服务质量监督平台进行备案。

前款所述信息发生变更的，应当自变更之日起5个工作日内在民航服务质量监督平台上更新备案。

第五十七条　承运人、机场管理机构、地面服务代理人、航空销售代理人、航空销售网络平台经营者、航空信息企业等相关单位，应当按照民航行政机关要求报送旅客运输服务有关数据和信息，并对真实性负责。

第十章　监督管理及法律责任

第五十八条　有下列行为之一的，由民航行政机关责令限期改正；逾期未改正的，依法记入民航行业严重失信行为信用记录：

（一）承运人违反本规定第六条、第七条、第八条，未按照要求制定、修改、适用或者公布运输总条件的；

（二）承运人或者其地面服务代理人违反本规定第四十四条、第四十五条、第四十六条第二款、第四十七条，未按照要求为旅客提供超售后的服务的；

（三）承运人、机场管理机构、地面服务代理人、航空销售代理人、航空销售网络平台经营者违反本规定第五十一条第一款、第二款，第五十二条第一款、第二款，未按照要求开展投诉受理或者处理工作的。

第五十九条　有下列行为之一的，由民航行政机关责令限期改正；逾期未改正的，处1万元以下的罚款；情节严重的，处2万元以上3万元以下的罚款：

（一）承运人、航空销售网络平台经营者、机场管理机构违反本规定第九条第一款、第十条第二款、第十一条、第十二条，未采取有效督促措施的；

（二）承运人、航空销售代理人违反本规定第九条第二款，未按照要求准确提供相关服务规定或者擅自更改承运人相关服务规定的；

（三）航空信息企业违反本规定第十三条，未按照要求完善信息系统

学习笔记

功能的；

（四）承运人或者其航空销售代理人违反本规定第十九条，未按照要求录入旅客信息的；

（五）承运人、航空销售代理人、航空信息企业违反本规定第二十一条，未按照要求保存相关信息的；

（六）承运人违反本规定第三十二条，未按照要求出具被拒绝运输书面说明的；

（七）承运人、机场管理机构违反本规定第三十三条，未按照要求制定应急处置预案的；

（八）承运人、地面服务代理人、机场管理机构违反本规定第三十五条第一款，未按照要求建立托运行李监控制度的；

（九）承运人或者其地面服务代理人违反本规定第四十一条，未按照要求提供行李运输事故凭证的；

（十）承运人或者其地面服务代理人违反本规定第四十八条，未按照要求出具相关证明的；

（十一）港澳台地区承运人和外国承运人违反本规定第五十一条第三款，未按照要求具备以中文受理和处理投诉能力的；

（十二）承运人、机场管理机构、地面服务代理人、航空销售代理人、航空销售网络平台经营者违反本规定第五十二条第三款，未按照要求保存投诉记录的；

（十三）承运人、机场管理机构、地面服务代理人、航空销售代理人、航空销售网络平台经营者违反本规定第五十三条第三款，未按照要求在民航服务质量监督平台上处理投诉的；

（十四）承运人违反本规定第五十四条、第五十五条，未按照要求将运输总条件、地面服务代理人、航空销售代理人的相关信息备案的；

（十五）承运人、机场管理机构、地面服务代理人、航空销售代理人、航空销售网络平台经营者违反本规定第五十六条，未按照要求将投诉相关信息备案的；

（十六）承运人、机场管理机构、地面服务代理人、航空销售代理人、航空销售网络平台经营者违反本规定第五十七条，未按照要求报送相关数据和信息的。

第六十条　航空销售网络平台经营者有本规定第十条第一款规定的行为，构成《中华人民共和国电子商务法》规定的不履行核验义务的，依照《中华人民共和国电子商务法》的规定执行。

第六十一条　承运人、机场管理机构、地面服务代理人、航空销售代理人、航空销售网络平台经营者、航空信息企业违反本规定第十四条，侵害旅客个人信息，构成《中华人民共和国消费者权益保护法》规定的侵害消费者个人信息依法得到保护的权利的，依照《中华人民共和国消费者权益保护法》的规定执行。

承运人或者其航空销售代理人违反本规定第二十三条、第二十四条、第二十五条、第二十六条、第二十七条，未按照要求办理客票变更、退票或者未履行协助义务，构成《中华人民共和国消费者权益保护法》规定的故意拖延或者无理拒绝消费者提出的更换、退还服务费用要求的，依照《中华人民共和国消费者权益保护法》的规定执行。

第六十二条　机场管理机构违反本规定第二十八条，未按照要求设置标志标识，构成《民用机场管理条例》规定的未按照国家规定的标准配备相应设施设备的，依照《民用机场管理条例》的规定执行。

第十一章　附　　则

第六十三条　本规定中下列用语的含义是：

（一）承运人，是指以营利为目的，使用民用航空器运送旅客、行李的公共航空运输企业。

（二）缔约承运人，是指使用本企业票证和票号，与旅客签订航空运输合同的承运人。

（三）实际承运人，是指根据缔约承运人的授权，履行相关运输的承运人。

（四）机场管理机构，是指依法组建的或者受委托的负责机场安全和运营管理的具有法人资格的机构。

（五）地面服务代理人，是指依照中华人民共和国法律成立的，与承运人签订地面代理协议，在中华人民共和国境内机场从事公共航空运输地面服务代理业务的企业。

（六）航空销售代理人，是指依照中华人民共和国法律成立的，与承运人签订销售代理协议，从事公共航空运输旅客服务销售业务的企业。

（七）航空销售网络平台经营者，是指依照中华人民共和国法律成立的，在电子商务中为承运人或者航空销售代理人提供网络经营场所、交易撮合、信息发布等服务，供其独立开展公共航空运输旅客服务销售活动的企业。

（八）航空信息企业，是指为公共航空运输提供旅客定座、乘机登记等相关系统的企业。

（九）民航行政机关，是指民航局和民航地区管理局。

（十）公共航空运输旅客服务，是指承运人使用民用航空器将旅客由出发地机场运送至目的地机场的服务。

（十一）客票，是运输凭证的一种，包括纸质客票和电子客票。

（十二）已购票，是指根据法律规定或者双方当事人约定，航空运输

学习笔记

合同成立的状态。

（十三）客票变更，是指对客票改期、变更舱位等级、签转等情形。

（十四）自愿退票，是指旅客因其自身原因要求退票。

（十五）非自愿退票，是指因航班取消、延误、提前、航程改变、舱位等级变更或者承运人无法运行原航班等情形，导致旅客退票的情形。

（十六）自愿变更客票，是指旅客因其自身原因要求变更客票。

（十七）非自愿变更客票，指因航班取消、延误、提前、航程改变、舱位等级变更或者承运人无法运行原航班等情形，导致旅客变更客票的情形。

（十八）承运人原因，是指承运人内部管理原因，包括机务维护、航班调配、机组调配等。

（十九）非承运人原因，是指与承运人内部管理无关的其他原因，包括天气、突发事件、空中交通管制、安检、旅客等因素。

（二十）行李，是指承运人同意运输的、旅客在旅行中携带的物品，包括托运行李和非托运行李。

（二十一）托运行李，是指旅客交由承运人负责照管和运输并出具行李运输凭证的行李。

（二十二）非托运行李，是指旅客自行负责照管的行李。

（二十三）票价，是指承运人使用民用航空器将旅客由出发地机场运送至目的地机场的航空运输服务的价格，不包含按照国家规定收取的税费。

（二十四）计划出港时间，是指航班时刻管理部门批准的离港时间。

（二十五）计划到港时间，是指航班时刻管理部门批准的到港时间。

（二十六）客票使用条件，是指定座舱位代码或者票价种类所适用的票价规则。

（二十七）客票改期，是指客票列明同一承运人的航班时刻、航班日期的变更。

（二十八）签转，是指客票列明承运人的变更。

（二十九）联程航班，是指被列明在单一运输合同中的两个（含）以上的航班。

（三十）误机，是指旅客未按规定时间办妥乘机手续或者因身份证件不符合规定而未能乘机。

（三十一）错乘，是指旅客搭乘了不是其客票列明的航班。

（三十二）漏乘，是指旅客办妥乘机手续后或者在经停站过站时未能搭乘其客票列明的航班。

（三十三）小动物，是指旅客托运的小型动物，包括家庭饲养的猫、狗或者其他类别的小动物。

（三十四）超售，是指承运人为避免座位虚耗，在某一航班上销售座位数超过实际可利用座位数的行为。

（三十五）经停地点，是指除出发地点和目的地点以外，作为旅客旅行路线上预定经停的地点。

（三十六）中途分程地，是指经承运人事先同意，旅客在出发地和目的地间旅行时有意安排在某个地点的旅程间断。

第六十四条　本规定以工作日计算的时限均不包括当日，从次日起计算。

第六十五条　本规定自 2021 年 9 月 1 日起施行。原民航总局于 1996 年 2 月 28 日公布的《中国民用航空旅客、行李国内运输规则》（民航总局令第 49 号）、2004 年 7 月 12 日公布的《中国民用航空总局关于修订〈中国民用航空旅客、行李国内运输规则〉的决定》（民航总局令第 124 号）和 1997 年 12 月 8 日公布的《中国民用航空旅客、行李国际运输规则》（民航总局令第 70 号）同时废止。

本规定施行前公布的涉及民航管理的规章中关于客票变更、退票以及旅客投诉管理的内容与本规定不一致的，按照本规定执行。

附录 2　各项目任务实施参考答案

项目 1

任务 1

一、任务设计

（略）

二、课后练习

1．ABCD　　2．A　　3．ABCD　　4．C

5．航空公司要经营某条航线必须考虑以下三个方面的因素：首先是航线的市场状况，包括市场的大小、市场预测、市场竞争情况及可能占据的市场份额。其次是技术要求，即要有怎样的机队、选用怎样的机型及相应的维修训练等配套设备和各类专业人员的水平。最后在满足前两项要求的前提下，应作出合理的班次计划、预测收入及利润水平。

6．第一，需要对航空运输生产的外部环境和内部条件进行调查研究和预测；第二，提出一定时期内的航空运输周转量、运输量、运输收入及

学习笔记

市场占有率等目标；第三，编制草案；第四，综合平衡，确定航班计划；第五，航班计划的执行与调整。

7．“CA”是中国国际航空股份有限公司二字代码，“1”是执飞该航班的航空公司的航班数字代号，“2”是航班终点站所属民航管理局的数字代号，“02”双数表示回程（飞回基地的航程）。

8．在进行航班信息的查询时，如果航班号前面有“*”，则代表为共享航班，和其相同起飞时间、同一机型的航班为实际运营航班。

任务 2

一、任务设计

（略）

二、课后练习

1．C　　2．CD　　3．B　　4．A　　5．C

6．目前存在的特种票价主要是按旅客类型、航班时刻和购买方式来制定的，如老人优惠、师生优惠、军人优惠、员工优惠、代理人优惠、团体优惠、首航优惠、来回程优惠、常旅客优惠等。

7．电子客票的销售模式有航空公司直销、网络直销、代理人分销、航空公司联运。

8．该团体共付票款为：1 430×60=85 800（元）。免费行李额为：20×60=1 200（kg）。

9．CHECKIN 表示已经办理值机。

项目 2

任务 1

一、任务设计

（略）

二、练习操作

1．指令：

DA

学习笔记

2．指令：

SI:工作号/密码/级别/OFFICE 号

3．指令：

SO

4．指令：

SI:工作号/密码/级别/OFFICE 号

AO

AI:工作区/工作号/密码

SO

5．对比系统操作进行查看。

6．对比系统操作进行查看，AO 临时退出后，工作号还继续显示在系统中，而 SO 完全退出后，工作号完全从系统中退出，工作区不显示。

7．指令：

SI:工作号/旧密码/级别/OFFICE 号

AN:旧密码/新密码

SO:

SI:工作号/新密码/级别/OFFICE 号

任务 2

一、任务设计

（略）

二、练习操作

1．指令：

DI:打票机序号

EC:打票机序号

TI:打票机序号

TO:打票机序号

2．指令：

DI:打票机序号

TE:打票机序号/U

3．指令：

DI:打票机序号

TE:打票机序号/X

学习笔记

项目 3

任务 1

一、任务设计

（略）

二、练习操作

1．AV:BJSCGQ/25APR
2．AV:XIYXNN/25APR
3．AV:URCSHA/22APR/CZ
4．AV:TSNLYG/07MAY/1000
5．AV:KMGTNA/28APR/1000/MU
6．AV:CTUSHE/12APR
AV:RA/+3
7．AV:CA1202/15JUN
8．AV:E/LHWSZX/06JUN
9．AV:NKGKWL/04MAY/D
10．AV:CGOWUH/01JUN/N
11．FV:BJSSHA/01JUN
12．FV:XIYURC/21MAY/Y
13．FV:TNANGB/5
14．FV:DLCHGH/16MAY/1100
15．FV:DNHXIY/20MAY/1400
16．FV:CANSHA/16APR/0900/8/CZ
17．AV:E/HFEZHU
18．SK:BJSXNN/15OCT
19．SK:SHACTU/18NOV/MU
20．SK:BJSCSX/01DEC/F
21．AV:BJSCAN/10DEC/1100/CA
22．SK:BJSLON/10NOV/D

学习笔记

23. AV:BJSPAR/26DEC/N
24. AV:BJSCSX/15OCT
25. DS:BJSCAN/10DEC
26. AV:CANSHA/16OCT/CZ
27. AV:A/PEKLAX/10DEC/1100/CA/D
28. AV:E/PEKHGH/10OCT
29. AV:CA929/09OCT
30. AC:CA1208/28DEC
31. FD:BJSSHA/CA

任务 2

一、任务设计

（略）

二、练习操作

1.

AV:BJSSHA/12DEC/Y
SD:2Y1
NM:1 王军
CT:BJS/T 17788992626
TK:TL/1200/18DEC/BJS001
@
RT NWH9JK
SSR FOID FM HK/NI610114200210022541/P1
PAT A
ETDZ:1

2.

AV:BJSHAK/20DEC
SD:2Y2
NM:1 高海亮 1 高晶晶 CHD
CT:BJS/T 17788992626
TK:TL/1200/10DEC/BJS001
@
RT WNU9JK
SSR FOID HU HK/NI610114200210022541/P1

学习笔记

SSR FOID HU HK/NI610114201310221429/P2
SSR CHLD HU NN1 22OCT13/P2
PAT A
ETDZ:1
3.
AV:CANBJS/20DEC
SD:2H1
NM:1 李敏
CT:BJS/T 17788992626
TK:TL/1200/18DEC/BJS001
@
RT NWH1RL
SSR FOID FM HK/NI610114200210022541/P1
PAT A
ETDZ:1

任务 3

一、任务设计

（略）

二、练习操作

1.
AV:XIYNKG/25NOV
SD:2Y1
AV:NKGCAN/05DEC
SD 3Y1
CS:2/1
NM:1 李浩
CT:BJS/T 17788992626
TK:TL/1200/18DEC/BJS001
@
RT MHU5RL
SSR FOID FM HK/NI610114200210022541/P1
PAT A
ETDZ:1

学习笔记

RT:MHU5RL
RT:UX
2.
GN 20HAIKOU
AV:BJSHAK/22DEC
SD:2Y20
CT:BJS/T 17788992626
TK:TL/1200/18DEC/BJS001
@
RT HKL2RM
NM 1 李琳 1 陈静 1 张倩 1 张浩 1 张敏 1 张林 1 赵红 1 赵敏 1 李强
@
RT:N
XE:P/2/9

项目 4

任务 1

一、任务设计

（略）

二、练习操作

1.
（1）RT 提取旅客订座记录
（2）
XE:2
SS:CZ3203/I/12OCT/PEKSHA/NN1/1200 1320
@
（3）再次 RT 提取旅客订座记录，查看修改后订座情况
2.
（1）RT 提取旅客订座记录
（2）
XE:3

学习笔记

SS:MU7607/M/17OCT/CANPEK/NN1/1400 1620
@
（3）再次 RT 提取旅客订座记录，查看修改后订座情况

任务 2

一、任务设计

（略）

二、练习操作

1.
（1）RT 提取旅客订座记录
（2）
XE:2
SS:CA1202/Y/18OCT/PEKSHA/NN1/1200 1320
@
（3）再次 RT 提取旅客订座记录，查看修改后订座情况
2.
（1）RT 提取旅客订座记录
（2）
XE:3
SS:CA1202/M/22OCT/CANPEK/NN1/1400 1620
@
（3）再次 RT 提取旅客订座记录，查看修改后订座情况

任务 3

一、任务设计

（略）

二、练习操作

1.
（1）RT 提取旅客订座记录
（2）
XE:2

SS:CA1202/B/20OCT/PEKSHA/NN1/1200 1320

@

（3）再次 RT 提取旅客订座记录，查看修改后订座情况

2.

（1）RT 提取旅客订座记录

（2）

XE:2

SS:CA1202/Y/19OCT/PEKCAN/NN1/1400 1620

@

（3）再次 RT 提取旅客订座记录

（4）

XE:3

SS:CA1203/Y/21OCT/PEKCAN/NN1/1620 1820

@

（5）再次 RT 提取旅客订座记录，查看修改后订座情况

任务 4

一、任务设计

（略）

二、练习操作

1.

（1）RT 提取旅客订座记录

（2）

XE:2

SS:CA1306/Q/10OCT/XIYSHA/NN1/1200 1320

@

（3）再次 RT 提取旅客订座记录，查看修改后订座情况

2.

（1）RT 提取旅客订座记录

（2）

XE:3

SS:CA1306/K/14OCT/CANPEK/NN1/1200 1320

@

（3）再次 RT 提取旅客订座记录，查看修改后订座情况

学习笔记

任务 5

一、任务设计

（略）

二、练习操作

1.
（1）RT 提取旅客订座记录
（2）SP:1
（3）RT 提取周李静旅客订座记录
（4）
XE:2
SS:CA1306/Q/10OCT/PEKCTU/NN1/1200 1320
@
（5）再次 RT 提取旅客订座记录，查看修改后订座情况
2.
（1）RT 提取旅客订座记录
（2）SP:1/2/3/4/5
（3）RT 提取分离出来的五名需要修改的旅客订座记录
（4）
XE:7
SS:CA1506/M/6OCT/PEKCKG/NN1/1200 1320
@
（5）再次 RT 提取旅客订座记录，查看修改后订座情况

项目 5

任务 1

一、任务设计

（略）

学习笔记

二、练习操作

1．SIIF:

2．YI:

3．YI:标题

4．YI:I/主标题

YI:主标题/副标题

5．CNTD:N/BRITAIN

6．CNTD:C/CA

7．CNTD:T/YINCHUAN

8．CD:CKG

9．CNTD:M/SHENZHEN AIRLINES

10．CNTD:C/JP

11．CO:1240.00*4

12．CO:T/XIY

13．CO:T/MELSEL

14．DATE:./-15/28

15．CO:M/18

CV:18MI

任务 2

一、任务设计

（略）

二、练习操作

1．TOL:打票机序号

2．TN:打票机序号 X/起始票号-结束票号后 5 位

3．TSL:打票机序号

任务 3

一、任务设计

（略）

学习笔记

二、练习操作

1. QT
2. QS:信箱种类

   QN:

   QD: